Die Nebenklage des Reichsstrafprozesses.

Ein Beitrag
zur Lehre von den Rechten des Verletzten
im Strafverfahren.

Von

Dr. jur. **Ernst Heinrich Rosenfeld,**
Privatdozent und Gerichtsassessor.

Berlin 1900.
J. Guttentag, Verlagsbuchhandlung,
G. m. b. H.

Meiner lieben Braut

Helene Buttler

zugeeignet.

Inhalt.

Historischer Teil.

Seite.

§ 1. Vorbemerkungen 3
§ 2. Das römische Recht 8
A. Die älteste Zeit 12
B. Die ältere Republik 14
C. Die Geschworenengerichte 18
D. Die Beamtengerichte des Prinzipates 20
E. Zivilansprüche des Verletzten 21
§ 3. Das deutsche Mittelalter 23
A. Grundzüge 23
B. Ältere Zeit 25
C. Spätere Fortbildung des Offizialprozesses 27
D. Zivilansprüche des Verletzten 29
§ 4. Das kanonische Recht 31
§ 5. Der gemeine deutsche Strafprozeß 35
A. Die Carolina 35
B. Territoriale Gesetzgebung 43
C. Der Adhäsionsprozeß 53
§ 6. Das reformirte deutsche Strafverfahren 61
A. Seitenblick auf das französische Recht 61
B. Der Satisfaktionstrieb des Verletzten 62
C. Der Reparationstrieb des Verletzten 69

Dogmatischer Teil.

§ 7. Vorbemerkungen 77
§ 8. Voraussetzungen der Nebenklage 81

Seite.

§ 9. Die Anschlußerklärung 92
§ 10. Der Zulassungsbeschluß 96
§ 11. Die Fälle der Neben-Anklage 99
A. Neben-Anklage bei Beleidigung und Körperverletzung . . 100
B. Neben-Anklage nach erzwungener öffentlicher Klage . . . 112
C. Neben-Anklage der Verwaltungsbehörde 115
D. Neben-Anklage des Bußberechtigten 124
§ 12. Die prozessuale Stellung des Neben-Anklägers: Grundlagen . 127
§ 13. Die prozessuale Stellung des Neben-Anklägers: Einzelheiten . 140
§ 14. Der Neben-Ankläger als Zeuge 150
§ 15. Unähnlichkeiten zwischen Staatsanwalt und Neben-Ankläger . 155
§ 16. Das Wesen der Neben-Anklage 160
§ 17. Der Bußanspruch in materiellrechtlichem Sinne 164
A. Die Fälle der Buße 164
B. Das Wesen der Buße 174
§ 18. Der Bußanspruch nach seiner prozessualen Seite 190
§ 19. Vergleich der Neben-Anklage und der Bußklage 199

Kriminalpolitische Schlußbemerkungen.

§ 20. Vorschläge zur künftigen Gestaltung der „Nebenklage" 207

Berichtigung.

Seite 160, Zeile 2 von unten ist statt „Resultat" zu lesen „Recht".

Historischer Teil.

§ 1. Vorbemerkungen.

Wer durch ein Verbrechen in seinen Rechtsgütern verletzt ist, wird im allgemeinen ein doppeltes Bestreben zeigen. Einmal wird es ihm darum zu thun sein, seinen Verlust — in erster Linie den materiellen — wieder einzubringen; er wird seinen alten Bestand an rechtlichem Haben und Genießen wiedergewinnen wollen, und zwar auf Kosten des Schuldigen (Reparationstrieb). Zweitens wird er den psychologisch wohl zu begreifenden, wenn auch ethisch vielleicht verwerflichen Wunsch hegen, auch seinen Widersacher und Verletzer eine Einbuße an Rechtsgütern erleiden zu sehen, und er wird das Seine dazu thun, um sich die in solchem Anblicke für ihn liegende Genugthuung zu verschaffen (Satisfaktionstrieb).

Für diese letztere Thätigkeit, in der sich sein Drang nach „Wiedervergeltung" äußert, hat das Recht verschiedener Zeiten und Entwickelungsstufen überaus verschiedene Formen und Gestaltungen aufgestellt. Man denke einerseits an die germanische Vorzeit, da der Verletzte oder seine Gesippen den Missethäter mit Fehde überzogen, ihn niederhieben und sein Haupt auf den Pfahl steckten oder ihn mit abgeschlagenen Gliedmaßen am Kreuzwege liegen ließen; — und andrerseits an den Injurienprozeß der letzten Jahrhunderte, wo der Geschlagene die staatlichen Gerichte anrief und diese, falls der Zorn des Gekränkten noch fortdauerte, den Schädiger in das Gefängnis setzten. Oder man halte nebeneinander einerseits die hohen Kompositionssummen der fränkischen Zeit, die den Geschädigten um so viel reicher machten und den Verbrecher vielleicht zwangen, hinzugeben, was er sein nannte über der Erde und unter der Erde, und zum Bettelstabe zu greifen, — und andrerseits das Verfahren bei einem modernen Antragsdelikt, das dem Missethäter eine Geldzahlung an die Staatskasse auferlegt und nach dem Verletzten nicht weiter fragt. So grundverschieden diese Formen sind, es sind Triebe aus einer Wurzel.

Versuchen wir, die Fülle der Erscheinungen zu ordnen, so lassen sich gewisse Typen aufstellen, wenn wir Scheidungen nach drei Richtungen vornehmen. Einmal fragt sich, ob ein privates Vorgehen oder ein staatliches vorliegt. Dies ist der grundlegendste Unterschied: hier Selbsthilfe! — hier Rechtshilfe! Nur diese letztere erfolgt in einem mehr oder minder geordneten Verfahren, mag es sich im übrigen als Civil- oder Kriminalprozeß darstellen. Wird dagegen der erstere Weg vom Rechte zugestanden, so liegt sein Beschreiten, seine weitere Verfolgung bis zum Ziele natürlich dem Privaten ohne weitere staatliche Einrichtung ob, und ebenso ist das erreichte Ziel ein privates.

Zweitens ergibt sich eine Sonderung, je nachdem ob das Vorgehen privaten oder staatlichen Interessen dient, ob der verfolgte Anspruch ein privater oder staatlicher ist. Ersteres war z. B. bei dem privaten Vorgehen in einer Fehde der Fall, wenn der Verbrecher den Rachetod erleiden sollte. Aber auch in späterer Epoche bei staatlichem Vorgehen ist noch lange Zeit der Strafanspruch ein privater. Insbesondere zeigt sich das bei Vermögensstrafen. Wo das zutrifft, da bleibt aber auch die Anregung zu der Bestrafung dem Einzelnen überlassen, und damit gewinnen wir die dritte Abgrenzung.

Es sind zu trennen die Fälle, in denen ein privates Betreiben den Anstoß zu Eröffnung, Fortgang und Durchführung des Vorgehens gibt, und diejenigen, wo auch der Betrieb des Prozesses staatlich ist, von Staatswegen erfolgt. Hier sind natürlich mancherlei Mischformen im einzelnen möglich. Man denke an ein Delikt, das nur auf Antrag verfolgbar ist und bei dem außer diesem ersten Anstoß von seiten des Privaten im übrigen sowohl Staatsanklage wie Staatsverfolgung stattfindet. Besonders scharf tritt diese Gestaltung hervor, wenn der Antrag nicht zurücknehmbar ist. Eine erheblich andere Sachlage finden wir bei der Privatanklage moderner Rechte, die in allen Formen — bei prinzipaler, bei subsidiärer oder bei popularer Privatanklage — ein bestimmendes Eingreifen staatlicher Funktionäre als ausgeschlossen erscheinen läßt und, soweit ein solches zulässiger Weise stattfindet, ihren Charakter als Privatanklage verliert. Denkbar ist endlich auch noch eine Einwirkung des Verletzten auf die Strafvollstreckung; ja, diese könnte ihm sogar ganz überlassen sein. Doch das letztere ist der Gegenwart unbekannt, auch bei gänzlicher Überweisung des Prozeßbetriebes an den Verletzten vollzieht heute der Staat die ausgesprochene Strafe selbst, wie es auch als das Natürliche erscheint, da es sich um die Verwirklichung seines Strafanspruches, dem durch das Urteil ein bestimmter Inhalt gegeben ist, handelt. Es gehört eben die Vollstreckung nicht mehr zum Prozeß, und dieser systematische Grund mag genügen, die sonstigen Einwirkungen des Verletzten auf den Strafvollzug hier nicht zu berücksichtigen[1]).

Die angedeuteten Mischformen im Prozeßbetrieb werden sich ohne Rest unter die beiden Kategorien des staatlichen und des privaten Betriebes aufteilen lassen, wenn wir nur erwägen, daß überall, wo neben dem Verletzten als freiwilligem Staatshelfer ein konkurrierendes Vorgehen staatlicher Mandatare, amtlicher oder ehrenamtlicher, stattfindet, diese letztere Thätigkeit als die weitaus bedeutsamere erscheint. Wir sind demnach berechtigt, diese Fälle unter den staatlichen Betrieb zu subsumieren.

Wenn wir nun bedenken, daß die soeben geschiedenen Gestaltungen sich logisch so zu einander stellen, daß die Selbsthilfe nie staatliche Interessen verfolgt, und daß bei der Auffassung der verfolgten Interessen als rein privater niemals ein ausschlaggebender staatlicher Betrieb stattfindet, so ergeben sich für die Art, wie sich die Rechtsordnung zu dem Verlangen des Verletzten nach Genugthuung verhält, vier Typen. Es kann sich der Rechtsgang in Strafsachen darstellen als:

I. Privates Vorgehen in privatem Interesse auf privaten Betrieb.

II. Staatliches Vorgehen in privatem Interesse auf privaten Betrieb.

III. Staatliches Vorgehen in staatlichem Interesse auf privaten Betrieb.

---

[1]) Dafür, daß sie auch heute vorkommen, vgl. etwa preußisches Gesetz vom 24. April 1854 betr. die Verletzung der Dienstpflichten des Gesindes und der ländlichen Arbeiter, § 1 Abs. 4: „Bis zum Anfang der Vollstreckung der Strafe ist die Zurücknahme des Strafantrags zulässig."

IV. Staatliches Vorgehen in staatlichem Interesse auf staatlichen Betrieb.

Es ist klar, daß auch geschichtlich in bekannter fortschreitender Sozialisierung des Strafrechts die Typen in dieser Reihe auf einander folgen, und daß für den modernen Gesetzgeber nur Typus III und IV in Frage stehen. Er kann beide nebeneinander je nach Art des Verbrechens verwenden, und er braucht auch bei Typus IV den Verletzten nicht gänzlich außer Acht zu lassen, sondern kann ihm eine konkurrierende oder auf Einzelheiten beschränkte Betriebsthätigkeit zugestehen.

Ist dies richtig, so gewinnen wir sogleich den wichtigen Satz, daß es sich im heutigen Rechte, falls dem Verletzten eine besondere und organisierte Stellung in dem auf Verhängung der Strafe gerichteten Verfahren eingeräumt wird, immer nur um Schaffung eigenartiger Prozeßbetriebsrechte handeln kann.

Durch die Beilegung solcher Befugnisse wird dem einen Bestreben des Verletzten, dem Verlangen nach Genugthuung, genügt, aber nur diesem. Das andere, sein Verlangen nach Wiederherstellung im ökonomischen Sinne, kennzeichnet sich als ein rein privates Interesse, zu dessen Dienst die Typen III und IV überhaupt nicht zur Verfügung stehen können. Hier kann es sich nur um Typus I oder II und heutzutage im wesentlichen nur um Typus II handeln. —

Es sei übrigens bemerkt, daß hierbei nicht der Unterschied zwischen Civil- und Strafprozeß in Frage steht. Die Verfolgung der Delicta privata im alten Rom geschah nach Typus II, die der Ehrenbeleidigungen in den altpreußischen Landen bis 1879 nach Typus III, und doch waren es in beiden Fällen Civilprozesse.

Die beiden Bestreben nennen wir, um einen kurzen und jetzt nicht weiter mißverständlichen Ausdruck zu haben, mit den eingangs gebrauchten Worten Satisfaktionstrieb und Reparationstrieb. Halten wir die Wege, welche die Rechtsordnung ihnen zur Verfügung stellt, neben einander und sehen wir von der Selbsthilfe (Typus I), obwohl diese für die Befriedigung des Reparationstriebes auch heute noch (BGB. §§ 230. 859. Einf. Ges. Art. 89) nicht unwichtig ist, ganz ab — so hat der Satisfaktionstrieb sein Genüge zu suchen in einem Verfahren nach Typus II, III oder IV, während dem Reparationstrieb entweder außerhalb des Prozesses in einem besonderen und dann stets als Civilprozeß zu bezeichnenden Verfahren nach Typus II, oder innerhalb des gleichen und nämlichen Prozesses durch eine stets nach Typus II ausgestaltete Mitwirkung Rücksicht zu teil wird.

Wenn die folgenden Blätter nunmehr auf die geschichtliche Entwickelung und Aufeinanderfolge der gekennzeichneten Typen in näherer Darstellung eingehen, so hat solche historische Betrachtung ihren Wert in mehrfacher Richtung. Sie wird die Anschauungen, von denen wir ausgehen, klären und bestimmter machen, das vorläufig gewonnene Bild in schärfere Beleuchtung rücken und im einzelnen berichtigen — wodurch die anzuknüpfenden dogmatischen Schlußfolgerungen eine bessere Stützung und eine Vermehrung erfahren. Sie wird die Art, wie die gedachten Typen sich an einander schließen und aus einander hervorgehen, aufzeigen können und damit die Richtung, in der — und das Ziel, auf welches hin die geschichtliche Entwickelung sich bewegt, zu erkennen geben. Sie wird hiermit auch die Erkenntnis und Beurteilung unseres geltenden Rechts fördern, insbesondere zeigen helfen, ob es einem bestimmten Typus entspricht, und ob somit die diesem gemäßen dogmatischen Satze auch — ausgesprochen oder unausgesprochen — unser heutiges Recht beherrschen. Oder, mit anderen Worten, nur an der Hand der geschichtlichen Entwickelung werden wir darüber zur Klarheit gelangen können, ob die Stellung, die unser neuestes Recht dem Verletzten im Strafverfahren zuweist, sich treu an früheres anschließt, oder mit dem bisherigen bricht. Auch ein rein negatives Ergebnis ist daher von hohem Wert. Hat die Reichsstrafprozeßordnung den Versuch einer Neuschöpfung gemacht — vielleicht einen mißglückten, und, wenn man sich so unjuristisch ausdrücken darf, unbewußten Versuch — so wissen wir, daß alle Hilfsmittel zur Auslegung solcher neugeschaffenen Institute lediglich in dem Ganzen der Prozeßordnung liegen, und daß jede spätere Gesetzgebung an ihre Aufgabe nicht ohne eine Würdigung des historischen Entwickelungsganges herantreten darf. Für die Dogmatik, wie für die Kritik des geltenden Rechtes muß somit die geschichtliche Betrachtung von unmittelbarem Nutzen werden. Hier wie überall öffnet uns nur die Vergangenheit die Augen für Gegenwart und Zukunft.

§ 2. Das römische Recht.

In Rom besaß der durch eine schuldhafte Handlung in seinen Rechtsgütern Verletzte von jeher und zu allen Zeiten in reichem Maße die Möglichkeit, auf die Bestrafung seines Schädigers hinzuwirken und sich an dem hierauf abzielenden staatlichen Verfahren zu beteiligen. Besonders bestimmt tritt diese ausschlaggebende Bedeutung des Verletzten bei den delicta privata [2]) an den Tag. Hier wird ein Civilprozeß angestellt, der auf Strafe geht, und die Klage will sogar, sofern sie eine actio mere poenalis ist, weiter nichts erreichen, als ausschließlich diese Bestrafung. Das Dasein, der Inhalt, die Fortdauer und Durchführung dieser Klage hängen durchaus von dem Willen des Geschädigten ab; denn nur diesen lassen die Regeln über die Aktivlegitimation zur Klägerrolle zu. Ja noch mehr — auch die Vollstreckung betreibt der Verletzte, und die bezahlte Geldstrafe fließt in seine Tasche.

Ist die Strafe für den Verbrecher eine Einbuße an Rechtsgütern, ein Übel, das er erleidet, so ist sie für den Verletzten ein Gewinn, dessen er sich freut. An dem Wesen der Strafe ändert diese „Kehrseite der Medaille" nichts: in unserer modernen Zeit wird ebenfalls durch jede Strafe pekuniären Charakters der Staat bereichert. Sie ist auch hier ein Gewinn, dessen er sich freut und den er in seinem Haushalt mit Sorgfalt bucht. Der Unterschied von jener römischen Auffassung besteht lediglich darin, daß in Rom der Verletzte ein subjektives Recht auf die Strafe hatte, daß das jus puniendi ihm zustand.

Also: auf dem breiten Gebiet des Privatdelikts ist der Verletzte Alleinherrscher, die Strafe ist seine Privatstrafe, das Verfahren sein privater Civilprozeß [3]).

---

[2]) Zur grundgedanklichen Einheit beider Arten von Unrecht s. Mommsen Röm.Str.R., S. 5. S. 524.

[3]) Diese Anschauung ist so eingewurzelt, daß sie auch bei den actiones populares sich geltend macht, obwohl hier doch eine überwiegende Rücksichtnahme auf gemeine Interessen zu erwarten wäre. De sepulcro violato klagt in erster Linie der Verletzte (is ad quem pertineat; is ad quem res pertinet), erst subsidiär quicumque agere volet. Dabei wird anerkannt, daß es hier nicht um Hab und Gut, um Einzelinteressen, sondern um ultio geht, (l. 3 pr., l. 6 D 47, 12.)

Wunderbar kann es nur erscheinen, daß diese Anschauung zu allen Zeiten römischer Rechtsgeschichte gegolten, daß sie auch in der spätesten Kaiserzeit von keiner entwickelteren abgelöst worden ist, und daß erst das neunzehnte Jahrhundert es endgiltig vermocht hat, dem Staate zu geben, was des Staates ist.

Zwar nicht dergestalt allmächtig, aber doch gleichfalls mit starken Machtmitteln ausgerüstet war der Verletzte im Falle eines öffentlichen Verbrechens. Nur stoßen wir hier — und das wird auch durch die Erscheinung gekennzeichnet, daß die öffentlichen Verbrechen dem Umfang nach die wichtigere Gruppe sind — auf jene kräftige und stramme Centralisierung, wie sie den römischen Staat von allem Anfang an charakterisiert und ihn in Gegensatz bringt zu der germanischen Welt, in der so viele rechtshistorische Erscheinungen sich nur aus der Schwäche der öffentlichen Gewalt, aus dem germanischen Individualismus erklären. Demgemäß gilt hier die Grundauffassung, daß der Träger des subjektiven Strafrechts nicht der Einzelne ist, sondern nur und ausschließlich die Gesamtheit. Ihr gegenüber ist der Verletzte einfach Privatmann, wie jeder andere, der nicht verletzt ist. Oder, mit anderen Worten, wenn der Verletzte sich auf seinen Satisfaktionstrieb berufen kann, so kann jeder andere Bürger ihm entgegenhalten, daß er zur Gesamtheit in denselben Beziehungen stehe, wie jener.

Indessen — der Verletzte steht niemals ungünstig bei einem Verfahren, das sich der akkusatorischen Form bedient und durch prinzipale Popularanklage in Gang gesetzt werden kann. Beide Kennzeichen sind im wesentlichen dem eigentlichen römischen Strafverfahren[4]) bis zur späteren Kaiserzeit eigen geblieben.

---

[4]) Anderes gilt freilich für das administrative Vorgehen, das keine Rechtsformen kennt. Die coercitio des Magistrates, die den „rein magistratlichen öffentlichen Strafprozeß" (Mommsen, S. 142 ff.) in seinem ganzen Umfang trägt und die auch das Vorverfahren im magistratisch-komitialen Prozeß (Mommsen, S. 151 ff.) beherrscht, ist ein reines Inquisitionsverfahren ohne Parteien (ebenda, S. 63. 148), das formaler Regelung nicht unterliegt (Mommsen, S. 340: „Ihr Wesen ist legalisierte Formlosigkeit."). Die coercitio kann aber, trotz ihrer praktischen Bedeutsamkeit zu allen Zeiten römischer Geschichte, unsere theoretische Auffassung nicht beirren, und hat auch die der klassischen

Diese Doppelbehauptung über den Charakter des römischen Strafprozesses ist allerdings in ihren beiden Teilen nicht unbestritten — und soweit die Angriffe sich gegen die Annahme einer prinzipalen Popularanklage richten, müssen sie für die crimina extraordinaria als berechtigt zugegeben werden. Aber gerade in diesem Punkte interessiert das Vorhandensein von Dissentienten unsere Untersuchung nicht: denn was diese letztere behaupten und mit gutem Grund behaupten, ist eben: daß die Anklagebefugnis auf den Verletzten beschränkt gewesen sei[5]). Mag demnach der quivis ex populo anklagen dürfen oder nicht, in beiden Fällen ist dem Verletzten *seine* Einflußnahme gesichert.

---

römischen Juristen nicht beirrt. Sie steht außerhalb des eigentlichen Strafrechts und ist ein Gegenstück dazu (Mommsen, S. 136. 38 Note 1. 54), nicht ein Teil davon. Ihr Verfahren ist überhaupt nicht Strafprozeß im eigentlichen Sinn. Die ganze einschlagende Thätigkeit der Magistrate wird von *polizeilichen* Gesichtspunkten beherrscht. Weder gibt den Anstoß notwendig eine strafbare Handlung, noch ist das Ende notwendig eine Strafe. Auf die Entscheidungen und ihre Wirkungen können die Begriffe des „Urteils", der „Rechtskraft" nicht angewendet werden. Der Beamte ist an seine Entschließungen nicht gebunden; die Betrachtung der Sachlage vom polizeilichen Standpunkt kann ihm jeden Augenblick andere Maßregeln nahe legen oder von der Durchführung der beschlossenen abraten. Eine Beseitigung seiner Maßnahmen im Wege der Gnade ist unnötig; entspricht es irgend welchen Erwägungen, von denen die „Verwaltung" sich leiten lassen kann — und der Kreis solcher Erwägungen ist unbegrenzt —, daß ein Eingriff in die Rechtssphäre eines Bürgers unterbleibe, so kann der Magistrat von sich aus willkürlich diesen Eingriff unterlassen. Daher ist die Auffassung der Komitien als Gnadeninstanz (Vgl. unten Anm. 17) unmöglich.

Der eigentliche Prozeß im Rechtssinn ist stets Akkusation gewesen. Darauf deuten — so scheint mir — Züge der Horatierlegende schon für die sagenhafte Königszeit und Einzelheiten des Komitialprozesses für die republikanische Epoche. Der Magistrat ist natürlich von Anfang an niemals gehindert, in sein administratives Cognitionalverfahren akkusatorische Formen aufzunehmen (z. B. sogar Bestrafung des schikanösen Denunzianten, Mommsen, S. 497), und wenn die Kaisergerichte der späteren Zeit den Quästions- und den deliktischen Privatprozeß aufsaugen (Mommsen S. 64), so bleibt das Anklageverfahren dabei theoretisch und thatsächlich Sieger. Theoretisch erfordert der Strafprozeß stets den accusator (Mommsen, S. 346, bes. Note 2). Thatsächlich tritt die cognitio „bei der aller Bürokratie eigenen Schlaffheit und Unbehilflichkeit" zurück, und gerade das spätere Strafverfahren verläuft der Regel nach in der Akkusationsform, so daß also mangels eines Anklägers das Verbrechen *in der Regel* unbestraft bleibt (Mommsen, S. 348. 351. 366).

[5]) Vgl. statt weiterer Anführungen *Binding*, Grundriß des Strafrechts,

Wichtiger wäre die Behauptung, wie sie Geib und neuerdings Schulin aufstellen[6]), daß der Strafprozeß der Republik vor 149 a. C. n. und der Kaiserzeit nach den Severen seinem Wesen nach inquisitorisch gewesen sei. Wäre dies in dem von den genannten Schriftstellern und hier verstandenen Sinne richtig, so würde allerdings eine Stellung des Verletzten als eines für den Prozeßbetrieb maßgebenden Subjektes zu leugnen sein. Ich kann mich jedoch dieser Meinung nicht anschließen, vielmehr mit Zachariae und Binding nur Ausnahmen in den angeführten

5. Aufl., § 5 II und Einzelheiten bei Geib, Röm. Krim.-Proz. S. 519 ff. Zu betonen ist für unsere Zwecke die hierin liegende starke Rücksichtnahme auf den Verletzten. Vgl. auch Mommsen, S. 367, 368 Nr. 5, woselbst unter Nr. 1—4 auch andere Fälle von Alleinberechtigung des Verletzten aufgezählt sind.

[6]) Geib, Geschichte des römischen Kriminalprozesses bis zum Tode Justinians, Leipzig 1842. S. 102/103: „Die Idee des Inquisitionsprozesses zieht sich vielmehr durch die ganze Geschichte des römischen Kriminalverfahrens in der Art hindurch, daß die ersten Anfänge davon bis in das Dunkel der ältesten Zeiten zurückgehen, dann aber allmählich immer bestimmter hervortreten und sowohl an äußerem Umfange als an innerer Bedeutung von Jahr zu Jahr größere Wichtigkeit erlangen. Gleich einem Faden, welchem stets neue Fädchen zugelegt werden, sehen wir diese Idee sich fortwährend weiter entwickeln, und in jeder folgenden Periode sich kräftiger und einflußreicher entfalten, bis endlich, gegen das Ende des Kaisertums, dieselbe ein Gewebe bildet, welche das gesamte Kriminalverfahren, wenn auch nicht überall der Form, doch der Sache nach umgibt, und den eigentlichen Anklageprozeß fast ganz in den Hintergrund treten läßt." Vgl. übrigens die Einschränkungen S. 110 und S. 257—259. Ferner S. 515 ff., 525 ff., 650 ff. Schulin, Lehrbuch der Geschichte des römischen Rechts, Stuttgart 1889. S. 508, 513 ff., 583 ff und besonders S. 593, 594. — Der Sinn, in welchem die Ausdrücke „akkusatorisches" und „inquisitorisches" Verfahren hier genommen sind, trifft einen uns interessierenden Punkt, weil danach gesehen wird, ob der Prozeß seinen Anstoß durch das Betreiben eines privaten Anklägers oder durch amtliche Handlungen des Richters selbst „sine accusatoribus" (l. 22 D. 48, 18; l. 2 § 6 D. 48, 5; c. 1 pr. C. 9, 4: reo exhibito sive accusator existat, sive eum publicae sollicitudinis cura produxerit) empfängt (s. ob. S. 5 Typus III und IV). Geib verwendet insbesondere zwei Gruppen von Erscheinungen zur Konstatierung des inquisitorischen Charakters in seinem Sinne: 1. das Vorgehen der richtenden Personen von Amtswegen, so S. 104, 107, 525—527; und 2. die Aussetzung von Belohnungen für diejenigen, welche eine Anklägerrolle übernehmen, vgl. S. 104 bis 106, 258, 524.

Stellen erblicken[7]) und halte an dem Satze Zachariaes fest, daß es im römischen Recht außer dem akkusatorischen Prozeß „niemals eine selbständig daneben stehende und entwickelte andere Form" gegeben hat[8]). Das Argument Geibs, die Idee des reinen Anklageprozesses sei viel zu roh und unbefriedigend, und bei nur einigermaßen ausgebildeten Staatsverhältnissen nicht durchführbar, wird durch den Hinweis auf die Privatdelikte widerlegt.

A. Die älteste Zeit.

Bereits in vorrepublikanischer Zeit fand, so darf man wohl schließen, eine accusatio statt, und jeder Bürger konnte die Anklage erheben. Anhaltspunkte hierfür bietet die Legende vom Prozeß des Horatius, aus dem Livius und Dionys von Halikarnaß

---

[7]) Zachariae, Handbuch des deutschen Strafprozesses, Bd. I, Göttingen 1861, S. 93—98. Binding, Grundr. des Strafr. § 7, und besonders: De natura inquisitionis processus criminalis [Romanorum praesertim ex eo tempore quo ordo judiciorum publicorum in usu esse desiit. Gottingae 1863, p. 22, 24sq., 41, besonders p. 30: „Voluntaria accusatio manet regula, qua crimina in judicium deducuntur." Die Hauptausnahmen sind calumnia, tergiversatio und praevaricatio. Im einzelnen mag man streiten. Binding geht wohl mehrfach zu weit.

[8]) Natürlich haben die Römer, entsprechend der oben schon betonten öffentlich-rechtlichen Grundauffassung, die Natur der Strafsache nicht verkannt. Das Dispositionsprinzip hat im Laufe der Entwickelung manche Abschwächung erlitten; — aber auch nur diese: Binding l. c. p. 30. „Perruptum et ut ita dicam perforatum est principium dispositionis multis locis, sed non superatum." Solcher Abbruch ist erklärlich; denn bei erwachendem Empfinden für die Interessen des Staates ist mit der prinzipalen Popularanklage nicht durchzukommen. Die Privaten entziehen sich gern der Gehässigkeit, Unbequemlichkeit und Gefährlichkeit der Anklägerrolle; man muß sie zu deren Übernahme durch Befehle, durch Belohnungen und Strafen anhalten — so in Rom, so in England.

Den eigentlichen Zankapfel in der Kontroverse bildet das Verfahren auf Bericht unterer Polizeibeamten, der irenarchae, stationarii, curiosi u. dgl. Nun ist aber dieses Verfahren sicher für den akkusatorischen Typus zu reklamieren. Die formellen Mußerfordernisse einer Anklageschrift sind hier allerdings entbehrlich, es geht ohne diese (citra solemnia accusationum, c. 7 C. 9,2). Aber einerseits ist diese Entbehrlichkeit nicht ohne sonstige Beispiele — vgl. Geib, Röm. Krim.-Proz., S. 556/557, bes. Note 51, 52. Andrerseits laufen jene Subalternen alle Gefahren des Anklägers: sie müssen den Beweis führen und können wegen calumnia hineinfallen. Mit vollem Recht sagt Binding, l. c. p. 22: „*Partes* igitur intelligi debent nuntiatores et rei, uns folgende Züge berichten[9]): Tullus Hostilius, der Hüter der Gerechtigkeit und Träger der Rechtspflege, will gegen den tapferen Krieger, dem er den Sieg über Albalonga verdankt, nicht einschreiten. Aber trotzdem gibt es Mittel, das Strafverfahren wegen Schwestermordes gegen ihn herbeizuführen. Es finden sich gewichtige Männer aus dem Volke (τῶν πολιτῶν ἄνδρες οὐκ ἀφανεῖς), die — an sich uninteressiert — als Ankläger auftreten. Die private Anklage hat die Macht[10]), den Prozeß zu eröffnen. Die Verhandlung trägt kontradiktorisches Gepräge (συχνῶν δὲ λόγων ῥηθέντων ὑφ' ἑκατέρων).

---

quarum uni incumbit probatio, quamobrem non inquisitoriam sed accusatoriam formam toties usurpatam esse constat, quoties „officium" nuntiaret."

Für die große Seltenheit der wirklich inquisitorischen Form spricht auch die Spärlichkeit der Zeugnisse. cf. Binding l. c., p. 41: „fontes nostri hanc rem fere omnino praetereunt silentio, ita ut conjecturis vastissimum sit spatium."

Die im Text vertretene Anschauung vereinbart sich ohne Schwierigkeit mit der bei Mommsen, Röm. Str.-Pr. gegebenen Darstellung, wie Anm. 4 zeigt. Das Cognitionalverfahren ist keine „andere Form" des Strafprozesses, sondern ein formloses willkürliches Einschreiten nach polizeilichen Gesichtspunkten und zu administrativen Zwecken.

[9]) Liv. I 26. Dion. Γ XXII § 3 ed. Jacoby. Lips. 1885. Vgl. Festus, de verborum significatu, v. sororium tigillum. Zumpt, Das Kriminalrecht der römischen Republik, Berlin 1865, I, 1, S. 88 ff. 121 ff. Brunnenmeister, Das Tötungsverbrechen im altrömischen Recht, Leipzig 1887. S. 210 ff.

[10]) Gerade dieser kleine nebensächliche Zug verrät, daß es sich nicht um willkürliche Entschließung des Königs, sondern um ein Rechtsverfahren handelt. Ein Mißtrauen gegen diese unabsichtliche Andeutung erscheint nicht gerechtfertigt. Ich möchte deshalb annehmen, daß hier der Sage doch eine beachtenswerte Überlieferung zu Grunde liegt. Im übrigen und namentlich, was den konkreten Prozeß, seinen Anlaß und seine Einzelheiten, angeht, ist die Sage komponiert, und zwar absichtlich, um die Provokation an das Volk zu rechtfertigen, die man aus der Spezialanweisung im Horatierprozeß erwachsen sein ließ. Möglicherweise ist diese Sage auch ungeschickt komponiert, weil perduellio und parricidium nicht auseinandergehalten werden. Doch hat dies wahrscheinlicher seinen Grund in der Vagheit des erstgenannten Deliktsbegriffes; vielleicht wirkt auch mit, daß die Tradition zwar die Duoviri perduellionis, nicht aber die Quaestores parricidii der Königszeit zuschrieb (vgl. Mommsen, S. 147, 148 Note 3, S. 154, 155 u. Note 3, 4. Anders Ulpian l. 1 pr. D. 1, 13. und Karlowa, Röm. Rechtsgesch. I 57). Beides zeigt jedenfalls deutlich, daß der „Compositeur" der Legende nicht frei erfand, sondern mit Überlieferungsstoff arbeitete, der immerhin wertvoll ist. Die Duoviri sind übrigens bereits in der Sage nicht ständige Beamte, sondern für den einzelnen Fall ernannt (vgl. Mommsen, S. 154, 587/588 unter 1).

Wir können uns hierauf beschränken[11]). Damit ist der Weg klar, den auch der Interessierte, der Verletzte in jenen Zeiten beschritt, um sich Genugthuung zu holen. Einen Vorzug genoß er nicht nur faktisch, sondern (wie später) vielleicht auch rechtlich, etwa als Verwandter eines Ermordeten. Jedenfalls war die accusatio die feste gesetzliche Form[12]), die selbst der Tyrann Tarquinius Superbus nach der Überlieferung beobachtete, wenn er politisch mißliebige Unterthanen verurteilen und sich an ihrem Vermögen bereichern wollte. Er ließ dann durch seine Anhänger Anklagen gegen sie bei sich, vor dem König erheben (Dion. Δ XLII § 1[13]). Einzureihen ist also die dem Satisfaktionstrieb des Verletzten zur Verfügung gestellte Rechtsform unter Typus III.

B. Die ältere Republik.

Seit 509 a. C. n. war das Imperium regium auf die beiden Konsuln oder Prätoren übergegangen, und an sich würde sich hierdurch weder in dem Kriminalverfahren, noch in der Stellung des Verletzten etwas verschoben haben. Jedoch die Machtfülle der Konsuln war in einem wichtigen Punkte nicht unbeschränkt. Die Tradition knüpft dabei an jene angebliche Spezialanweisung an, die der König Tullus Hostilius in dem berichteten Prozeß des Publius Horatius, und zunächst nur für diesen Prozeß[14]),

---

Im übrigen sind die interessanten Anmerkungen oder doch unsern Fall streifenden Ausführungen bei Mommsen, S. 58, 154 Note 1, 155 Note 4, 167 Note 3, 168 Note 1, 341/342, 474 Note 1, 477 Note 1, 527/528, 528 Note 1 zu vergleichen.

[11]) Auf gleiche Struktur des Strafprozesses weisen die zahlreichen Stellen aus angeblich ältester Zeit über die Unfähigkeit gewisser Personen, eine Anklage zu erheben, hin. Vgl. z. B. bei Bruns, Fontes juris romani antiqui, Leges regiae, Romulus, No. 2. Näheres bei Geib, Röm. Krim.-Proz., S. 99, 100.

[12]) Für privaten Betrieb und Geltung der Dispositionsmaxime würde auch ein bemerkenswertes Zeugnis sein, wenn es richtig ist, wie Schulin, Gesch. des röm. Rechts, S. 507 meint, daß in ältester Zeit Wetten, sponsiones, darüber vorgekommen seien, ob jemand der sacratio verfallen sei.

[13]) Παρασκευάσας ἐκ τῶν ἑταίρων τοὺς πονηροτάτους δι' ἐκείνων ἦγεν εἰς ἐγκλήματα καὶ θανάτου δίκας πολλοὺς τῶν ἐπιφανῶν.

[14]) Anders Karlowa, Römische Rechtsgeschichte, I, Leipzig 1885. S. 53, 54. Doch gibt Karlowa, der bestreitet, daß es vom guten Willen des rex abgehangen habe, ob er die Provokation zulassen wollte, wenigstens das zu (S. 54, Anm. 2), daß er sachlich die Macht hatte, die Provokation abzuschneiden.

den Duumviris perduellionis gegeben haben soll, welche er für diesen Sonderfall ernannte — ebenso wie sie auch später von den Konsuln nur für Sonderfälle eigens ernannt wurden. Diese Spezialanweisung, der Livius den Namen *Lex horrendi carminis* gibt, enthielt die Worte: „si a duumviris provocaverit, provocatione certato.“ Sie sind bedeutsam, weil hier zuerst die Idee auftaucht, daß die Entscheidung über Tod und Leben dem Volke in seiner Gesamtheit und nur diesem zusteht[15]). Der gleiche Gedanke zieht sich in der Folgezeit durch die Reihe von Provokationsgesetzen, die eröffnet werden durch die Lex Valeria (509 a. C. n.) und findet nach Ciceros Zeugnis in der Lex duodecim tabularum den Ausdruck: De capite civis nisi per maximum comitiatum . . . . ne ferunto (Bruns, Fontes, tabula IX, 1. 2).

Damit ist für die Zeit der Republik bis Sulla zum Tribunal des ordentlichen Kriminalprozesses das Volksgericht geworden, während das daneben in der Mehrzahl der Fälle ausgeübte Cognitionalverfahren zwar nach Willkür des Magistrates auch akkusatorische Formen annehmen kann, aber einen rechtlich geordneten Strafprozeß überhaupt nicht darstellt. Die geordnete Versammlung der Bürgerschaft in den Komitien übt das Amt des Richters aus. In erster Linie kommen dabei die Centuriatkomitien in Betracht. Ihrem Verfahren nachgebildet — wohl zuerst bei Gelegenheit des Falles Koriolan — ist der tribunizische Strafprozeß vor den plebejischen Tributkomitien, und ferner der ädilizische Mulktprozeß vor den plebejischen und den patrizisch-plebejischen Tributkomitien.

Das Verfahren ist ein Anklageprozeß. Es kann aber kein Privater ohne weiteres als Ankläger auftreten: ihm bieten sich die Komitien nicht, er kann sie nicht bindend zusammenberufen. Das können nur die Konsuln oder von ihnen bevollmächtigte Personen. Als Ankläger zeigen sich deshalb entweder die, wie bisher, eigens ernannten Duumviri perrduellionis oder die ständig angestellten Quaestores parricidii.

Diese Personen sind Ankläger, sie stellen die eine Partei dar, nicht etwa sind sie zugleich Richter. Ein wahres Urteil, eine

[15]) Dionys. Γ XXII § 6: γενόμενος δὲ θανατοφόρου κρίσεως τότε πρῶτον ὁ Ῥωμαίων δῆμος κύριος.

Definitivsentenz kann nur vom Volke ausgehen und wird nur in dem Schluß- und Haupttermin (der vierten Verhandlung der Sache)[16]) erreicht. Erst dieser Provokationstermin, dem die anquisitio mit dreimaligem Beweisvortrag vor einer ungeordneten Zuhörerschaft aus dem Volke (einer concio) voranging, stellte eine wahrhafte Gerichtsverhandlung dar. Die judicatio des Anklägers, die er in den drei Vorterminen und vor den Komitien ausspricht, hat lediglich die Bedeutung eines Vorschlages, den — das ist der Kernpunkt der Sache — der Angeklagte acceptieren kann. Er kann sich freiwillig diesem Rechtsanspruch unterwerfen: es gilt in vollster Konsequenz das Dispositionsprinzip[17]).

Danach scheint freilich der Verletzte seit der Königszeit erheblich an Befugnissen eingebüßt zu haben. Die Gewalt, das Volk zusammen zu zwingen, hat nicht ein Quilibet, sondern nur ein bestimmter Magistrat. Der Verletzte hat keinen Vorzug, er muß leiden darunter, daß einerseits die Beschränkung des Imperium regium nötig befunden wurde, und daß andererseits die Staatssicherheit es als ausgeschlossen erscheinen läßt, dem einzelnen die Möglichkeit zu geben, die große Masse in Aktion zu setzen. Gestattete man das auch nur zum Zwecke einer Anklage, so wäre doch in politisch bewegten Zeiten das schlimmste zu befürchten gewesen.

Indessen — der Wege bieten sich auch dem Verletzten mancherlei, und was ihm fehlt, wird nicht allzu schwer vermißt werden, weil überhaupt für dieses Verfahren selten ein Privater als verletzt zu betrachten sein wird. Denn vom Decemvirat bis Sulla stagnierte die Fortentwicklung des römischen Strafrechts.

---

[16]) Nur hier präsidiert der Konsul, der Inhaber der königlichen Gerichtsgewalt.

[17]) Anders die meisten und auch Mommsen, besonders S. 167, 477, der die Komitien lediglich als Gnadeninstanz bezeichnet. Aber sie wollen nicht einen andernfalls in voller Kraft bleibenden Spruch des Magistrates aus der Welt schaffen, sondern wollen ihm diese volle Kraft erst verleihen, die er von sich aus nicht hat. Die Komitien sind also eine Instanz nicht zur Beseitigung einer Strafe, sondern zur Verhängung dieser Strafe. Daher ist, wie auch Mommsen S. 153, 163 f., 477 hervorhebt, dies an sich das Hauptverfahren, erst hier tauchen eigentliche Rechtsformen auf. Schon die späteren römischen Berichte fassen die Worte des Magistrats nicht als Judikat, sondern als Antrag auf.

Neue Verbrechensbegriffe, durch die der Angriff auf private Interessen unter öffentliche Strafe gestellt worden wäre, wurden nicht geschaffen. Alles gruppiert sich um den einen Mittelpunkt der Perduellio, der „böswilligen Gefährdung des Gemeinwesens“ (v. Bar, Handbuch I, S. 12). Zweites Hauptverbrechen daneben ist das Parricidium[18]). Aber der Inhalt der Perduellio ist von enormer Unbestimmtheit und Verschwommenheit, und im Begriff des Parricidium tritt ebenfalls die Richtung gegen die Gesamtheit scharf hervor. Die Scheidung von der vagen Perduellio ist keineswegs deutlich erkennbar[19]). Da zudem die Ausübung der Gerechtigkeit durch das ungebundene und auch unmöglich zu bindende Volk selbst erfolgt, so ist der rein politische Charakter der damaligen Kriminaljustiz verständlich[20]). Die gewöhnlichen Fälle, in denen ein Privater durch ein Unrecht verletzt wird, haben damit nichts zu thun. Es liegt dann vielmehr ein Delictum privatum vor, aus dem ein Civilanspruch erwächst. Ein solcher wird dem Einzelnen auch durch Prätor und Gesetz in steigendem Maße gewährt. So einerseits, wenn auf das Furtum manifestum eine unverjährbare Poena quadrupli gesetzt und damit sogar ein Stück vom eigentlichen öffentlichen Strafrecht abgebröckelt wird. (Gaius 3, 189.) So andererseits z. B. durch die Lex Aquilia de damno vom Jahre 287 a. C. n.

---

[18]) Fernere Kategorien: Furtum und Injuria, s. Mommsen S. 527, die bis auf wenige ausgezeichnete Fälle in den Privatprozeß gehören.

[19]) Ich glaube damit nicht in den Irrtum von „nachgerade steinernem Alter“ zu verfallen, den Brunnenmeister, Tötungsverbrechen, S. 210 rügt. Was ich meine, ist folgendes. An sich sind beide Begriffe durchaus geschieden, und der des Parricidium ist auch wohlbestimmt. Aber die Perduellio hat in ihrem Wesen eine starke Expansionskraft, sie hat den Trieb, alles Mögliche zu umfassen. Was läßt sich auch nicht alles als böswillige Gefährdung des Gemeinwesens ansehen? — ähnlich wie heutzutage der grobe Unfug „Mädchen für alles“ ist. Also kann, was sonst seinem Wesen nach Parricidium, d. h. Mitbürgertötung ist, z. B. der Schwestermord des Horatius und die Caedes civis indemnati durch einen Magistrat — oder was eigentlich Veneficium ist (wie im Bacchanalienprozeß), oder was sonst Wucher oder Stuprum heißt (wie mehrfach in tribunizischen oder ädilizischen Mulktprozessen), eventuell auch unter die Staatsverbrechen gezogen werden. Auch Mommsen, der im übrigen in genauer Analyse der Einzelfälle, S. 546 ff., den Inhalt der perduellio aufzeigt, nennt diese S. 543 das „unbestimmteste aller Delikte“.

[20]) Vgl. Mommsen, S. 171.

Für die seltenen Fälle, in denen ein Einzelner durch ein Delictum publicum verletzt war, stand seinem Satisfaktionstrieb eine Anzeige beim Konsul frei. Damit dieser nicht etwa die Anzeige unberücksichtigt ließ, konnte der Verletzte, um einen moralischen Druck in jener Beziehung zu üben, das gesamte Beweismaterial durch eine private Voruntersuchung parat stellen: Dies ist das sacramento interrogare (Festus p. 344 ed. Müller). Die Anlehnung an die Legis actio sacramento (das sacramento contendere bei Festus) zeigt, daß hier ein kontradiktorisches Verfahren vorlag und folglich dem Verletzten auch Prozeßbetriebsrechte zustanden.

Diese auch im ordentlichen Kriminalverfahren zu erlangen, bestand schließlich auch noch eine Möglichkeit für den Verletzten: der Konsul konnte ihm zum Duumvir für den Spezialfall ernennen.

C. Die Geschwornengerichte.

Weitaus bequemer wurde die Stellung des Verletzten in der nun folgenden Periode der Quästionen. Zwar für die ersten an der Hand der lex Calpurnia (179 a. C. n.) sich vollziehenden Schritte in der allmählichen Entwicklung des Repetundenprozesses von einem internationalen Civilprozeß vor einem senatorischen Rekuperatorengericht zu einem auch auf Strafe gehenden Verfahren, das seit der lex Acilia[21]) mit einer nominis delatio beginnt und vor einem ständigen Senatsausschuß, aus dem die Richter-Spruchliste für den Einzelfall gewonnen wird, sich abspielt, für diese ersten Schritte ist die Stellung des Verletzten ebenso selbstverständlich, wie wenig bedeutungsvoll. Sie bleibt in diesen bescheidenen Anfängen auch während der folgenden Jahrzehnte, in denen alle Kraft, welche an einen gesetzgeberischen Ausbau jenes fruchtbaren Gedankens hätte gesetzt werden können, in wilden und wechselnden Kämpfen um die Besetzung der Richterstühle sich verzettelt. Die hohen Wogen, die die damalige Politik über diese Frage aufwarf, können uns nicht verwundern, wenn wir der modernen Bewegungen solcher Art gedenken, des Sturmes um die Schwurgerichte und im kleinen und kleinsten Maßstabe

---

[21]) lin. 19. Quei ex h. l. pequniam ab arvorsario petet . . . is eum . . . ad iudicem . . . . in ious educito nomenque eius deferto . . . .

der Kämpfe um die Besetzung der Gewerbegerichte und der Beunruhigung durch den preußischen „Assessorenparagraph“.

Erst als Sulla, Roms erster monarchischer Herrscher, das Quästionenverfahren allgemein auf die durch seine Gesetzgebung neu geschaffenen Verbrechensthatbestände ausdehnte, und als durch die lex Julia publicorum iudiciorum des Kaisers Augustus dieser Rechtsgang zum gemeinen ordentlichen römischen Kriminalprozeß wurde, konnte die Stellung des Verletzten sich dauernd heben. Nicht nur, daß er wie jedermann in dieser Blütezeit der prinzipalen Popularanklage die Maschine der Rechtspflege in Bewegung setzen konnte; er genoß insofern sogar eines Vorzuges, als er die Anklage auch erheben durfte, wenn er an sich kein jus postulandi besaß[22]), z. B. weil er wegen eigenen Verbrechens infam geworden war, oder weil er zu den ärmsten Schichten der Bevölkerung gehörte.

Die weitere Verhandlung ist durchaus kontradiktorisch, sowohl im Vorverfahren (intentio — depulsio; „occidisti“ — „non occidi“[23]) als in der Hauptverhandlung (accusatio — defensio und weitere altercationes). Die Beweiserhebung ist abhängig von den Erklärungen des Anklägers[24]). Besonders charakteristisch aber ist für die machtvolle Stellung, die er im Prozesse einnimmt, daß er dem Verfahren Einhalt gebieten und den ganzen Prozeß wieder aus der Welt schaffen kann, wenn er will. Er kann die Klage fallen lassen oder einfach beim Sachaufruf nicht erscheinen,

---

[22]) Regelmäßig heißt es bei den Beschränkungen des jus accusandi zum Schluß: nisi parentium liberorumque .... mortem exequantur. l. 1. 2. 4 D 48, 2. c. 12 C 9, 1. Noch allgemeiner sagt Macer (l. 11 pr. D 48, 2): si suam iniuriam exequantur mortemve propinquorum defendent, ab accusatione non excluduntur.

[23]) Cic. de invent. II, 4,15. Es findet somit eine litis contestatio statt, an die sich die Vererblichkeit z. B. der poena bonorum ademptionis anknüpft. Dies bezeugt ausdrücklich für die judicia publica Modestinus l. 20 D 48, 2. Von ihr an läuft ferner die Verfahrensfrist, seit Justinian zwei Jahre l. 3. C 9, 44.

[24]) Die Beschränkungen in dieser Beziehung sprechen gerade dafür, daß sie nur Ausnahmen, das Gegenteil aber die Regel ist. So ist der Magistrat in der Anwendung der Folter von den Anträgen des Anklägers freigestellt. l. 1 § 3 D 48,18. l. 10 § 3 eod. Tormenta autem adhibenda sunt non quanta accusator postulat, sed ut moderatae rationis temperamenta desiderant.

dann wird der Name des Angeklagten in den Protokollen, den libelli inscriptionum, gelöscht und der Prozeß ist zu Ende. Allerdings kann ein anderer Ankläger auftreten. Doch liegt dann ein neues Verfahren vor, der alte Prozeß hat durch den Willen des Anklägers sein Ende gefunden. Weiter — es kann in der Klagzurücknahme ein von Amtswegen zu verfolgendes[25]) Delikt, die Tergiversatio, vielleicht auch Calumnia liegen; aber das ändert nichts daran, daß der Ankläger dem Prozeß ein Ende machen kann, wenngleich er dafür bestraft wird[26]). Übrigens war jener Deliktsbegriff anfangs ziemlich unbestimmt, erst durch das Senatusconsultum Turpillianum wurde er präzisiert (59 p. C. n.). Seitdem finden wir, daß eine abolitio privata, eine Niederschlagung der Einzelsache durch Gerichtsbeschluß auf Ansuchen des Anklägers, gewährt werden muß, um straflos davonzukommen. Die gerichtlich bewilligte Klagzurücknahme ist keine Tergiversatio[27]). Die Abolition wird vom Vorsitzenden gewährt, wenn der Ankläger darlegt, daß er aus Irrtum, aus Unbesonnenheit oder in der Hitze der Leidenschaft sich zur Erhebung der Anklage hat hinreißen lassen[28]). Außerdem hat aber — und das interessiert uns besonders — der Verletzte (qui suas suorumque iujurias defendunt) auch hier einen Vorzug. Ihm ist die Abolitio in allen Fällen zu gewähren, er steht also ganz frei in der Disposition über die Anklage[29]).

D. Die Beamtengerichte des Prinzipates.

Diese Ordnung der Dinge blieb für den ordentlichen Kriminalprozeß unangetastet, so lange der Ordo judiciorum publicorum bestand, also zunächst bis auf Septimius Severus (204 p. C. n.)[30]).

---

[25]) Es sind Folgeprozesse der judicia publica, für die das Gericht in der Hauptsache ohne weiteres kompetent ist. Mommsen, S. 490.

[26]) Vgl. Geib, Kriminalprozeß, S. 290, 296 f., 303, 527, 574 f., 585 bis 588, 594. l. 3 § 4 D 48,2.

[27]) Und ebensowenig Calumnia. cf. Mommsen, S. 493/494 Note 5.

[28]) Si per errorem seu temeritatem seu calorem ad accusationem prosiluerit. c. 2 pr. C 9, 42.

[29]) c. 2 § 2 C 9,42. Über das Sc. Turpillianum und die abolitio privata vgl. l. 1 § 7, 8. l. 7 § 1. l. 10 pr. D 48, 16. c. 1. C 9, 45. l. 11 § 2 D 48, 2. l. 14 § 2 D 38, 2. c. 16 pr. § 1 C 9, 9. Tac. Ann. 14, 41 i. f.

[30]) Zur Zeit der klassischen Juristen war der Ordo exercendorum publicorum capitalium nicht mehr in Übung: l. 8 D 48,1. Dies wird wieder und wieder zurückgeführt auf einen Brief des Kaisers Severus an den Praefectus Urbi

Aber auch in der späteren Kaiserzeit und unter der absoluten Monarchie änderte sich in diesem Punkte nichts[31]). Ja, es steigerte sich für die neugeschaffene Gruppe der Crimina extraordinaria der Vorrang des Verletzten sogar entschieden, da nur er hier Anklage erheben durfte[32]). Und da hierher auch die Privatdelikte gezogen und dem Verletzten die actio und die accusatio zu elektiver Auswahl neben einander gestellt wurden[33]), so war er in der Verfolgung seines Satisfaktionstriebes sogar Herr über den Typus des Verfahrens. Das Verschwinden des Ordo judiciorum bedeutet hierfür nur, daß die Strafgewalt in andere Hände gelegt ist. Sicher taucht in steigendem Maße das Bestreben auf, im Verfahren ohne den Betrieb des Verletzten auszukommen; denn immer mehr gelangt der Staat zur Erkenntnis seines eigenen Interesses an der Verfolgung der Übelthaten und bemüht sich deshalb, von den Launen, der Faulheit und Feigheit des Verletzten unabhängig zu werden. Will dieser aber Energie daran setzen, so steht ihm auch noch in Justianians Tagen der Weg frei und offen, seinen Schädiger zu verfolgen. Er kann durch sein Anrufen das Eingreifen des Staates veranlassen, er bleibt Träger des ganzen Verfahrens und kann es durch sein machtvolles Wort wieder zum Stillstand bringen.

E. Civilansprüche des Verletzten.

Was den Reparationstrieb des Verletzten angeht, so dient die aus einem Delictum privatum entspringende Actio gleichzeitig diesem Zweck. Beide Fragen, die nach Strafe und die nach Schadensersatz, werden in einem und demselben Prozeß

Fabius Cilo, l. 8 § 5 D 48, 19. l. 6 § 1 D 48, 22. Jene Epistula bestätigte aber offenbar nur eine bereits vollzogene Entwickelung. Die Verwaltung hatte bereits in Rom und bis zum hundertsten Meilenstein die Handhabung der Rechtspflege an sich gerissen. l. 1 pr. § 3. l. 3 D 1, 12. Vgl. ferner l. 3 § 1 D 1, 15 (Praefectus vigilum). l. 3. l. 10 D 1,18 (Praesides et correctores provinciarum).

[31]) S. oben Anm. 4 a. E., wonach gerade in nachdiokletianischer Zeit die Cognition praktisch zurücktritt; u. Anm. 8, Abs. 2, wonach das Verfahren auf Bericht (elogium) dem akkusatorischen Typus angehört.

[32]) Hierauf wurde schon oben S. 10 Anm. 5 hingewiesen. Vgl. auch c. 29 (30) C 9, 9, wo beim adulterium die copia accusandi auf diejenigen Personen beschränkt wird, quos verus dolor ad accusationem impellit.

[33]) l. 93 (92) D 47, 2. l. 1. l. 12 D 47, 9. l. 6. l. 45 D 47, 10.

erledigt: denn in der Privatstrafsumme ist der Schadensersatz mitenthalten. Liegt ein mit öffentlicher Strafe bedrohtes Verbrechen vor, so ist dagegen der Entschädigungsanspruch des Verletzten getrennt im Civilprozesse zu verfolgen. Erst mit beginnendem Verfall auch des Ordo judiciorum privatorum läßt sich die Möglichkeit denken, daß der Strafrichter gleichzeitig im Kriminalprozeß auch den Civilanspruch mit erledigt. Selbstverständliche Voraussetzung ist, daß er zur getrennten Entscheidung des letzteren ebenfalls kompetent wäre[34]). Es ist aber ein solches Hineinspielen des privatrechtlichen Anspruches nach dem Stande der Quellen eine äußerst seltene, auf wenige Verbrechensfälle beschränkte, zudem ganz vom Ermessen des richtenden Beamten abhängige Sache[35]). Von einem eigentlichen Anschluß des Verletzten an das Strafverfahren, von einem Adhäsionsprozeß im späteren Sinne findet sich keine Spur.

---

[34]) Dies ist von Julius Wilhelm Planck, Die Mehrheit der Rechtsstreitigkeiten im Prozeßrecht, Göttingen 1844, S. 101 ff. mit entscheidenden Gründen dargelegt.

[35]) Ich vermag im Grunde nur zwei Stellen anzuerkennen. Erstens die l. 57 (56) § 1 D 47,2 von Salvius Julianus. Sie handelt vom furtum und setzt voraus, daß schon in der Mitte des 2. Jahrhunderts p. C. n. der Praefectus vigilum die Diebe extra ordinem bestrafen konnte (vgl. l. 3 § 1 D 1, 15 und ob. S. 20 Anm. 30). In diesem zwanglosen administrativen Verfahren kann der Dieb zur Erstattung des Gestohlenen und auch zu mehr angehalten werden. Die Folge dieser Anhaltung ist Konsumtion der Actio furti. Das zu betonen, darauf kam es Julian an; denn an sich ist diese Folge merkwürdig, weil das administrative Vorgehen kein Prozeß im Rechtssinne ist und ebensowenig wie mit irgendwelchen festen Formen überhaupt, mit der Litis contestatio operirt. Die zweite Stelle ist die c. 32 (33) C 9, 9 aus dem Jahre 392 p. C. n. Hier fragt es sich, ob im Ehebruchsprozeß auch die Rückforderung der Dos u. dgl. erledigt werden kann. Im Grunde ist die Stelle der Verbindung abgeneigt. — Noch eine dritte Stelle kann herangezogen werden: c. 3. C 3, 8 vom Jahre 262 p. C. n. Sie dürfte dahin zu verstehen sein, daß der Richter, vor dem in getrennten Prozessen eine Civilsache und eine damit konnexe Kriminalsache (oder umgekehrt) anhängig geworden sind, beide Prozesse durch ein Urteil entscheiden darf. — Andere Stellen sind gar nicht beweisend. Sie handeln entweder nur über Inzidentpunkte, wie c. 1 C 1, 40. l. 4 § 4 D 10, 1; oder von einer successiven Entscheidung der Civil- und der Kriminalsache, wie l. 8 D 3, 6. c. 3 C 4, 7.

§ 3. Das deutsche Mittelalter.

A. Grundzüge.

Wenden wir uns jetzt der Betrachtung des germanischen Rechtsganges zu, so finden wir auch hier als die eigentliche und herrschende Verfahrensform einen Akkusationsprozeß, wie sich das aus der privatrechtlichen Natur des Strafanspruches mit einiger Notwendigkeit ergibt. Aber äußerlich wie innerlich sind der römische und der germanische Anklageprozeß sehr verschieden. Äußerlich treten am römischen Strafverfahren als charakteristisch hervor u. a. die eigenartigen Normen über die Fähigkeit zur Anklageerhebung; — die Subscriptio, also die schriftliche Übernahme der Strafe der Talion[36]) für den Fall des Unterliegens mit dem Beweise; — die Eröffnung des Prozesses (des reatus) durch eine Willenserklärung des Magistrates, die nominis receptio, und überhaupt die prozeßleitende Gewalt dieses Magistrates; — das in die Verhandlung sich einschiebende Beweisverfahren mit freier Beweiswürdigung[37]) und centraler Stellung des Beweises durch zufällige Augenzeugen; — die Fällung des Urteils durch Abstimmung unter den Richtern, eines Urteils, das bestimmt und eindeutig gefaßt ist und von sich aus die Macht besitzt, die Partei unter seinen Spruch zu zwingen.

Dagegen liegt im germanischen Rechtsgang der gesamte Betrieb in den Händen des Verletzten, der bis in die fränkische Zeit hinein durch sein rechtsförmliches Gebot (tangano) den Gegner und die Richter zu ihrem Verhalten drängt, so jenen zum Erscheinen auf die ladende Mahnung, zur Wehre auf die Klage, diese zur Urteilsfindung auf die Urteilsbitte[38]) und dann wiederum jenen zum Urteilserfüllungsgelöbnis. Denn ohne fides facta hat das Urteil von sich aus keine Zwangsgewalt. Auch das mit Vollwort versehene Urteil ist den Parteien gegenüber zunächst nur ein Sühnevorschlag[39]). Wenn der Beklagte auf die von ihm verlangten Akte sich nicht einläßt, so wird er nicht in der Sache

---

[36]) So seit Konstantin vgl. Mommsen S. 496.

[37]) Auch das Geständnis ist nicht unter allen Umständen ausreichender Ersatz des Beweises.

[38]) L. Sal. 57, 1. Hic ego vos tancono ut legem dicatis secundum legem Salegam. (ed. Geffcken, Leipz. 1898, Erläut. S. 214.)

[39]) Über die sprachlichen Beziehungen zwischen Sühne und Urteil s. Brunner, Rechtsgeschichte, I 179. Schröder, Rechtsgeschichte § 13 Note 3.

verurteilt, sondern es trifft ihn die Strafe der Rechtsverweigerung, ursprünglich die Acht[40]). Das Urteil geht dem Beweisverfahren voran, es entscheidet über Beweisrolle und Beweissatz; die Funktionen des Urteilers und Richters sind gespalten und auf verschiedene Personen verteilt. Wenn der Beklagte leugnet, so ist das Urteil zweizüngig, erst in fränkischer Zeit in Strafsachen lediglich Beweisurteil. Das Beweisverfahren will nicht eine freie Überzeugung bei den Richtern schaffen, sondern nach dem das deutsche Recht durchziehenden Formalprinzip[41]) dem Gegner solche formellen Akte, die in typischer Weise als Beweis gelten, vorführen. Der Augenzeuge ist völlig unbekannt, im Mittelpunkt steht vielmehr der Eid mit Eidhelfern, später das Gottesurteil. Den Beweis führt nicht der Behauptende, sondern die Regel ist: der leugnende Beklagte ist näher zum Beweise — und alles andere ist vereinzelte Ausnahme[42]).

Am meisten springen von den skizzierten Unterschieden des römischen und germanischen Akkusationsprozesses in die Augen dort die Subscriptio, hier die Institution des Reinigungseides und der Gottesurteile.

---

[40]) So noch ausschließlich nach L. Sal. 56. Aber sie wird im Königsgericht ausgesprochen und ist lösbar: Tunc rex .... extra sermonem suum ponat eum. Tunc ipse culpabilis et omnes res suas erunt ...... donec omnia que impotatur componat.

[41]) Genauer gesprochen: es handelt sich um eine typische (deshalb häufig symbolische) Veranschaulichung innerer (der sinnlichen Wahrnehmung entrückter) Zusammenhänge. Auf genau derselben Grundauffassung beruhen die deutschen „spiegelnden Strafen", für die der früher übliche Name „analoge Talion" so unpassend wie möglich ist; denn sie haben mit der überhaupt ganz ungermanischen Talion nicht das geringste zu schaffen. Über jenes Prinzip vgl. den höchst anregenden Vortrag von Otto v. Zallinger, Wesen und Ursprung des Formalismus im deutschen Privatrecht, Wien 1898.

[42]) Eine andere Ansicht ist von R. Löning, Reinigungseid bei Ungerichtsklagen, 1880 ausgeführt worden. Ihm hat sich auf strafprozessualem Gebiet Bennecke, Zur Geschichte des deutschen Strafprozesses. Das Strafverfahren nach den holländischen und flandrischen Rechten des XII. und XIII. Jahrhunderts. Marburg 1886, S. 79f. angeschlossen. Mir erscheint die herrschende Meinung unerschüttert. Brunner a. O., II, 372f. Schröder, a. O., § 37 zu N. 27. Neuestens Ernst Mayer, Deutsche und französische Verfassungsgeschichte vom 9. bis zum 14. Jahrhundert, Leipzig 1899. Bd. I, S. 231, Anm. 6.

B. Ältere Zeit.

Während in Rom die prinzipale Popularklage herrscht, ist nach germanischer Auffassung nur der Verletzte als Kläger denkbar. Eine Ausnahme bildet das Verfahren bei handhafter That. Doch hier handelt es sich eben nicht um eine Klage im Rechtssinne, sondern um ein Verfahren von exekutivem Charakter. Die That hat den Mann friedlos gemacht, und es bleibt nur die Vollstreckung (die Todesstrafe) übrig. Eine zweite Ausnahme bildet das Rügeverfahren, das Einschreiten von Amtswegen mit dienstlicher Befragung der juratores. Aber dieses tritt als nur subsidiär sofort zurück, wenn auf die vorgebrachte Bezichtigung hin der durch die Missethat Verletzte den ordentlichen Klagweg beschreiten will[43]).

Daß nur der Verletzte als Kläger denkbar ist, beruht auf einer Auffassung, die den germanischen Rechtsgang vom römischen tiefinnerlich scheidet. Nach germanischer Auffassung handelt es sich bei Missethaten um eine Privatsache des Verletzten, und das natürlichste Vorgehen ist ein rein privates ohne Vermittlung der öffentlichen Gewalt. Die Selbsthilfe durch Fehde ist der eigentliche Weg, um sich Genugthuung zu verschaffen und zugleich dem Satisfaktions- wie Reparationstrieb zu genügen. Der Strafprozeß — und es gibt nur diesen, keinen davon getrennten Civilprozeß — ist zunächst seinem Wesen nach nichts anderes als der Privatkampf zwischen den Parteien, nur daß er sich vor einer Sühneinstanz von objektiv denkenden Männern abspielt. Paßt dem Verletzten solche objektive Betrachtung nicht, will er sein subjektives Empfinden allein walten und maßgebend sein lassen, so bringt er den Kampf nicht vor diese Schranken, sondern führt ihn draußen auf eigene Faust. Das gerichtliche Verfahren existiert sozusagen lediglich von des Verletzten Gnaden. Kennzeichnend für diese Anschauungsweise ist die in ältester Zeit vorhandene Möglichkeit, der Geschlechterfehde durch einen Kampfvertrag ein Ende zu machen. Vor den Augen des Gerichtes wird dann ein wirklicher Kampf ausgefochten, und dieser Kampf ersetzt hier das gerichtliche Verfahren, oder vielmehr er ist mit diesem identisch.

---

[43]) Als weitere Ausnahme müßte die Urteilsschelte nach der gewöhnlichen Darstellung ihrer Entwickelung hierher gestellt werden, da der Scheltende als Kläger angesehen wird.

Erst in späterer Zeit wird der Zweikampf zu einem bloßen Teil des Verfahrens, und zwar des Beweisverfahrens, indem er unter die Gottesurteile aufgenommen wird. Die große Beliebtheit gerade dieses Beweismittels, gegen das die Kirche vergebens Front machte, zeigt, wie tief jene alte Auffassung saß.

Die hiermit umschriebene Stellung des Verletzten blieb auch während der folgenden Zeit vor der Rezeption unangetastet. In der fränkischen Epoche trat allerdings allmählich an Stelle der Prozeßleitung durch die Partei die durch den Richter, insbesondere die Ladung durch richterlichen Befehl (bannitio statt mannitio). Das führt mehrfache Wandlungen mit sich; denn nunmehr steht der Richter über beiden Parteien und gebietet beiden. An die bannitio ist daher jetzt auch der Kläger gebunden bei einer Buße von 15 Schillingen. An das Auftauchen des richterlichen Antwortbefehls knüpft sich für den Beklagten die Möglichkeit, in freierer Weise Einreden geltend zu machen, nicht mehr vor der nackten Wahl zwischen Bekennen und Leugnen zu stehen. Auch die Vollstreckung geschieht jetzt nur nach vorgängiger Erlaubnis des Thunginus oder überhaupt nicht mehr als eigenmächtige außergerichtliche Auspfändung durch den Kläger, sondern unter unmittelbarer Leitung des Grafen.

Trotz all dieser Steigerung der richterlichen Autorität bleibt die Basis des Prozesses unverrückt. Es bleibt der konkurrierende Fehdegang, es bleibt die ausschließliche Befugnis des Verletzten zur Klagerhebung, es bleibt die grundsätzliche Verpflichtung des Beklagten, sich zu reinigen, und ebenso seine Ächtung im Ungehorsamsverfahren, wenn er die seinerseits nötigen Prozeßhandlungen trotz wiederholten Gebotes fortgesetzt nicht vornimmt. Allerdings kommt hier als Ausfluß davon, daß die volle Friedloslegung dem König vorbehalten ist, jetzt zunächst eine abgeschwächte, provisorische und örtlich beschränkte Form im Vorbann[44]) auf.

Es ist schon gesagt, daß das mit Erhebung des Gerüftes beginnende Verfahren um handhafte Thät und besonders die Inquisitio, die Befragung der Rügegeschwornen, Ausnahmen bilden. Namentlich das letztere, das vor allem Diebstahl und Raub, Un-

---

[44]) Brunner, Rechtsgeschichte, II 462, 466. Forbannitio und Friedloslegung, später Verfestung und Reichsacht. Die Scheidung beschränkt sich meistens auf Kriminalsachen. Ernst Mayer, Verf.-Gesch., I 196 N. 2.

zucht und Zauberei, Waldfrevel und Amtsmißbrauch[45]) betroffen haben wird, weist auf eine Stärkung der Centralgewalt und beginnende Erkenntnis ihrer Aufgaben hin. Aber, wie erwähnt, das Rügeverfahren tritt sofort zurück, wenn sich ein Kläger findet. Im Grunde wird der Frevel immer noch als Sache des Verletzten angesehen, dem man nicht vorgreifen will. Die Gesamtheit ist höchstens in zweiter Linie verletzt, und daher nur subsidiär klagberechtigt. Nur wenn der dominus litis mangelt, kann sie die Klage wie ein herrenloses Gut okkupieren[46]).

C. Spätere Fortbildung des Offizialprozesses.

Die gedachten besonderen Verfahrensarten, die als Offizialprozeß zu bezeichnen sind, gewinnen im Laufe der folgenden Jahrhunderte (vom 10. bis 15. Jahrh.) außerordentlich an Umfang und Bedeutung[47]). Die Einsicht, daß der Staat ein selbständiges öffentlich-rechtliches Interesse an der Verfolgung und Bestrafung der Übelthäter hat, führt zu einer immer ausgedehnteren Handhabung des Vorgehens von Amts wegen. Nachbildungen der fränkischen Inquisitio finden sich in Oesterreich (Landfrage) und Bayern, Nordfrankreich, Flandern, Holland, Friesland und Westfalen (Vehmgerichte)[48]). Der handhaften That wird die notorische gleich gestellt[49]) und aus dem Rügeverfahren hebt sich das Einschreiten gegen landschädliche Leute[50]) als eigenartige und praktisch eminent bedeutsame Prozeßform heraus.

---

[45]) Brunner, a. O. II 491. Ernst Mayer, a. O., I § 21, I. II. S. 283 ff. Siegel, Sitzungsberichte der (Wiener) Kais. Akademie der Wissenschaften. Bd. 125 (1892) No. IX.

[46]) Ernst Mayer, a. O., I S. 216 verwendet dieses Bild.

[47]) Hierüber jetzt die eingehende Darstellung bei Ernst Mayer, Deutsche und franz. Verfassungsgesch., I §§ 18—22, besonders § 19. Amtliches Einschreiten bei notorischem Delikt: und § 21 Inquisition und Rüge.

[48]) Bennecke a. O., S. 24, 35 weist sie nach für Flandern und Holland im 12. und 13. Jahrh. Die „veritas" (couche, coye vérité) hat nur ergänzenden Charakter und ist nur auf bestimmte schwere Verbrechen anwendbar. Brunner a. O. II 494. Ernst Mayer, a. O.

[49]) Ernst Mayer a. O., S. 222. Seit der 2. Hälfte des 12. Jahrh. in Frankreich und Süddeutschland, nicht in den Ländern sächsischen Rechts. Der Norden verhält sich überhaupt spröder gegen das Offizialverfahren. Bei handhafter That gibt es neben dem Anklageprozeß nur eine Lynchjustiz.

[50]) Otto v. Zallinger, Das Verfahren gegen die landschädlichen Leute in Süddeutschland, Innsbruck 1895. Die Phasen des prozessualen Kampfes gegen

Indessen, wo diese neuen Formen nicht zureichen oder nicht eindringen, weiß sich das ganze Mittelalter keinen anderen Rat, als den alten Parteiprozeß. Die Öffentlichkeit kann sich selbst nicht helfen und ist auf den Beistand des Verletzten angewiesen. Weit und breit gilt der Satz: Wo kein Kläger ist, ist auch kein Richter.

Es ist nur ein schwacher Notbehelf, wenn der Staat den Verletzten dazu drängt, die Klage zu erheben und ihm hie und da auch Nachteile androht, falls er es nicht thut. Solche und ähnliche Hilfsmittel[51]), wohin auch die Zulassung der ungermanischen Popularanklage[52]) gehört, sind freilich von vielen Orten bezeugt, aber doch im ganzen selten, und die damit erhobene Forderung ist praktisch nicht durchzusetzen. Manche Rechte weisen auch den Zwang strikt von sich[53]). Soweit Bemühungen in der gedachten Richtung angestellt werden, ist die hierin sich aus-

---

das listige und namentlich das gewaltthätige Gewohnheitsverbrechertum sind wechselnd. Unterschied vom Verfahren bei handhafter That, siehe v. Zallinger S. 156f. Eigenartigkeiten gegenüber dem allgemeinen Rügeverfahren S. 94, 97, 102, 105, 111, 112f., 119, 121, 126. Vor allem ist hervorzuheben, daß die „Rüge" subsidiäres Mittel bleibt, daß dagegen in der gegen die professionellen Verbrecher (insbesondere das Raubrittertum) gerichteten „Landfrage" auch der Verletzte in eigner Person als Ankläger auftreten kann; v. Zallinger, S. 111, 142ff., 151ff., 203, 221. Doch bestehen prinzipielle Gegensätze zum ordentlichen Prozeß, S. 161, 164, 167, 170f., 188f. Vgl. jetzt auch Ernst Mayer, a. O., I § 22, Verfahren gegen die schädlichen Leute, der hervorhebt, daß im franz. Recht gegen den berüchtigten Gewohnheitsverbrecher nur eine Verdachtstrafe ausgesprochen wird, wenn nicht entweder ein Privatkläger auftritt oder der Gefangene sich der enqueste unterwirft (S. 266, 278). Als fränkische Wurzel ist das Leumundsverfahren vor den Missi nach dem Capitulare de latronibus (804—813) zu betrachten (S. 270). — Das gleiche Verfahren war auch in Italien üblich, v. Zallinger, S. 229, 230, N. 2.

[51]) In sehr allgemeiner Fassung Kleines Kaiserrecht I, 13. Vgl. Planck, Das deutsche Gerichtsverfahren im Mittelalter. Braunschweig 1879. Bd. I, S. 156. Bennecke, a. O., S. 32, 33. Ernst Mayer, a. O., I 215. — Sonstige Behelfe: ganz kurze Klagfristen; Bürgschaft, den Prozeß fortsetzen zu wollen; Buße an den Grafen bei Fallenlassen der Klage, Bennecke, a. O., S. 32—35. Klaganfall an das Gericht, Mayer, a. O., S. 216, 217.

[52]) Opet, Die Popularklage der Berner Handfeste. Zeitschr. für Schweizer Strafr., Bd. 7 (1894). S. A. S. 25.

[53]) Sachsensp. I 62 § 1. Man en sal niemanne twingen zû einer clage, der her nicht begunt en hât. Manlich mûz sines schaden wol swîgen, die wîle her wil. Vgl. auch I 2 § 5 über die Subsidiarität der Rüge.

sprechende Tendenz sehr bemerkenswert. Man will, daß womöglich der Verletzte klage, und man will es aus dem Gedanken heraus, daß sonst die Interessen der Gesamtheit leiden. In den Jahrhunderten nach der Rezeption ist man umgekehrt dem Verletzten abhold; man will, daß der Verletzte womöglich nicht klage, und man will es aus genau demselben Gedanken heraus. Das Verhältnis zwischen Privatanklage und Offizialverfahren dreht sich damit um. Ist vor der Karolina das letztere noch immer im Grunde ein exzeptionelles Vorgehen, das vor allem auf bestimmte Verbrechen beschränkt ist, so ist es seit dem 16. Jahrhundert in jeder peinlichen Sache anwendbar. Es hat einen generellen Charakter bekommen, während es vorher ein Ausnahmeverfahren war. Diesen Umschwung, oder genauer diese Ausdehnung des Offizialverfahrens haben wir im letzten Grunde dem Kanonischen Recht zuzuschreiben.

Fragen wir, welches im Ergebnis die Formen sind, die dem Satisfaktionstriebe des Verletzten im deutschen Recht zur Verfügung stehen, so müssen wir antworten, daß jeder der früher (oben S. 5) unterschiedenen vier Typen eine Rolle spielt. Während des ganzen Mittelalters verschwindet Typus I nicht[54]), wiewohl er allerdings in steigendem Maße durch Typus II und III eingeengt wird, von denen jener im wesentlichen die fränkische Zeit, dieser das spätere Mittelalter ausfüllt, beide aber die Person des Verletzten ausschlaggebend in den Vordergrund stellen. Daneben ringt schon Typus IV in kräftigen Ansätzen nach Anerkennung.

D. Civilansprüche des Verletzten.

Was den Reparationstrieb des Verletzten und seine Befriedigung angeht, so ist es, bei der ursprünglichen Einheit von Straf- und Civilprozeß und bei der Doppelnatur der Kompositionssätze, die neben der Privatstrafe meistens die Entschädigung mit einschlossen, an sich klar, daß der Verletzte beiden Trieben in einem und dem-

[54]) Alle Bestrebungen schon der Merowinger und Karolinger, dann der Reichs- und Provinziallandfrieden führen nur zu Beschränkungen des Fehdewesens: auf gewisse Verbrechensfälle, — auf bestimmte Personen, — auf bestimmte Zeiten, — auf den Fall der justitia denegata. Ganz „aufgehebt und abgethan" wird die Fehde erst durch den Ewigen Landfrieden 1495. Aber dieses Verbot mußte im Westfälischen Frieden nochmals wiederholt werden.

selben Verfahren nachgeht[55]). Änderungen könnten mit der Sonderung der peinlichen und der bürgerlichen Klage von einander und mit der Ablösung der Privatstrafe durch die staatliche eintreten. Es bleibt indessen auch hier der Charakter des Verfahrens (Typus II oder III — jedenfalls Prozeßbetrieb des Verletzten) maßgebend. Will der Geschädigte seine Buße einklagen, so kann er sich ebensogut der Klage um Schuld wie der Ungerichtsklage bedienen[56]). Thut er das letztere und steht auf den Frevel peinliche Strafe (an Hals und Hand, oder an Haut und Haar), so hat mithin die Ungerichtsklage beide Funktionen, sie ist zugleich auf Schadensersatz und auf Genugthuung gerichtet, genau so wie in dem Fall, wo der Verletzte sich der Ungerichtsklage bedient, und auf den Frevel nur Buße an den Privaten steht (die dann sowohl Privatstrafe als Entschädigung ist). Daran kann kein Zweifel sein, wenn man bedenkt, daß bei jeder peinlichen Klage auch die Gesamtheit ihren Anteil an der Sühne erhält; denn die Compositio ist vom Fredus, die Buße vom Gewedde begleitet.

Anders ist es nur in den Fällen des Offizialvorgehens. Hier ist ja Voraussetzung, daß es an einem privaten Ankläger fehlt, daß der Verletzte sich nicht rührt. Er mag, ohne sich um den Offizialprozeß zu kümmern, durch Klage um Schuld Reparation verlangen; dann liegen zwei getrennte Prozesse vor. Erhebt er dagegen die Ungerichtsklage, so wird er sogleich die Hauptperson, und das Offizialverfahren tritt eben zurück. Am Offizialverfahren kann folglich der Verletzte als eine Entschädigung beanspruchende Nebenperson nicht beteiligt sein. Hieran kann sich erst etwas ändern, nachdem das Einschreiten von Amtswegen seine subsidiäre Natur verloren hat. Das ist aber vor der Rezeption noch nicht der Fall.

Vom Offizialverfahren abgesehen, ist anzunehmen, daß der Verletzte seinem Satisfaktions- und seinem Reparationstrieb im nämlichen Prozeß genügen kann. In dieser Möglichkeit dürfte die Wurzel des späteren Adhäsionsprozesses liegen.

---

[55]) Wo die Diebstahls- und Wunden- oder Lähmnisbuße rein pönalen Charakter hat, wird im salischen Recht die Verpflichtung zum Schadensersatz außerdem, aber nicht in gesonderter Sentenz ausgesprochen. So das capitale nebst dilatura, z. B. L. Sal. 2, 4. 5. 7. 11. 12. 15. 16; die medicatura L. Sal. 17,4. 29,9 (Text 3; cf. L. Sal. 104).

[56]) Schröder, Rechtsgesch., § 63.

Als eigenartiges Institut, das besondere Begründung erheischt, kann indessen solcher Anschluß des Schadensersatzberechtigten erst erscheinen, nachdem das Verfahren ex officio eine generelle, prinzipale, auch dem Verletzten vorgreifende Prozeßart geworden ist. Hier ist nun über die Einwirkung des kanonischen Rechts zu berichten.

---

§ 4. Das kanonische Recht.

Soweit das kanonische Recht für die Ausübung der Straf- und Disziplinargewalt den Anklageprozeß kennt, hat es zunächst unter dem römischen Reich in der Zeit seit Konstantin das römische Vorbild kopiert. Diese Rezeption setzt erst im 4. Jahrhundert ein, und sie ist auch keine vollständige gewesen[57]). Denn nebenher bestand die Möglichkeit, auch bei offenkundigen Sünden oder sonst ohne Auftreten eines Anklägers einzuschreiten. Bei der Natur der Aufgabe, die sich die Kirche stellt, und bei der damals noch nicht scharfen Auseinanderhaltung der bessernden Zucht und der strafrechtlichen Ahndung ist das ohne weiteres verständlich.

In der Merowingerzeit begann auf fränkischem Boden eine Loslösung von dem römischen Anklageprozeß und eine Ersetzung durch den germanischen. In den Tagen Pseudo-Isidors ist bereits für das Verfahren gegen Laien der letztere allein üblich. Einen Libellus accusatorius und eine Subscriptio kennt man nicht, dagegen sind Reinigungseide mit Eidhelfern und Gottesurteile[58]) die gebräuchlichen Beweismittel.

---

[57]) Herübergenommen wurden u. a. die Subscriptio, die Talionsstrafe für Calumnia, die Bestrafung der Tergiversatio, die Unfähigkeitsgründe bez. des Anklägers, die freie Beweiswürdigung, die Möglichkeit eines Kontumazialverfahrens, das forum delicti commissi. — Berühmte Stelle c 4 Causa II qu. 1: Nihil .... absque legitimo et idoneo accusatore fiat. Nam et Dominus noster Jesus Christus Judam furem esse sciebat; sed quia non est accusatus, ideo non est eiectus. — Vgl. hierzu und zu allem folgenden Hinschius, System des katholischen Kirchenrechts, Bd. IV, S. 758—762, 770 (Note 3), 772 (Note 3), 836—842 (839 Note 6). Bd. V, S. 337—353 (338 Note 3, 340 Note 1, 341 Note 2, 346 Note 4, 349 Note 6), 355, 358, 425—445 (431 Note 5, 437 Note 5, 443/444 Note 5), 482 (Note 4)—485. Bd. VI, S. 65—76 (66 Note 2, 3. 71 Note 1), 76ff. — Über den Mangel an Originalität in den prozessualen Institutionen des kanonischen Rechts vgl. auch Ernst Mayer, Verfass.-Gesch., Bd. I, S. 228. 283/284.

[58]) Hinschius, a. O., Bd. V, S. 337 Note 9, 345 Note 1—3, 349

Pseudo-Isidor kämpft gegen das Vordringen dieser Praxis in den Prozeß gegen Geistliche; dennoch hat sie auch hier zu Beginn des 10. Jahrhunderts in Deutschland und Frankreich die Oberhand. Die fränkischen Bräuche dringen in den folgenden zwei Jahrhunderten in der ganzen Kirche siegreich durch. Nur die Anwendung der Gottesurteile auf die Kleriker wird nicht gern gesehen und mehrfach verboten[59]), auch bildet sich für sie eine Verquickung des römischen und germanischen Anklageprozesses heraus. Zunächst hat nämlich der Angeschuldigte weder Pflicht noch Recht des Reinigungseides, sondern der Ankläger hat den Beweis zu führen. Erst wenn er das nicht thut oder damit nicht durchdringt, ist der Reinigungseid zu leisten.

In einer bemerkenswerten Beziehung ist übrigens der kanonische Anklageprozeß ungermanisch geblieben: die Beschränkung der Anklagebefugnis auf den Verletzten ist ihm unbekannt. Nur insofern ist der Verletzte hier privilegiert, als das Verbot, daß die Laien gegen Kleriker Anklage erheben, für ihn nicht gilt[60]).

Während des 12. Jahrhunderts, auch im Decretum Gratiani, dominiert noch der Anklageprozeß, während er in den späteren Jahrhunderten an thatsächlicher Bedeutung hinter den Inquisitionsprozeß zurücktritt und zuerst im Verfahren der päpstlichen Ketzergerichte, dann seit dem 16. Jahrhundert überhaupt aus der Praxis verschwindet.

Ein organisiertes Offizialverfahren tritt zuerst in der zweiten Hälfte des neunten Jahrhunderts in den kirchlichen (anfangs nur bischöflichen) Sendgerichten auf. Es ist eine Kopie des weltlichen Rügeverfahrens im karolingischen Reiche. Die Sendgerichte haben nur eine begrenzte Bedeutung gehabt[61]), sie sind aber wichtig als

---

Note 2 und 4, 431 Note 5. (Auch Greg. Tur. X 8 bei Hinschius Bd. IV S. 843 Note 3 kann ich nur von einem Gottesurteile verstehen; die Hinschius'sche Erklärung sagt sachlich auch nichts anderes.) Brunner, Rechtsgesch., II 401 ff., 410 Anm. 54, 411 Anm. 60. 61, 413 Anm. 72. 74 (? zur Abendmahlsprobe s. auch Hinschius Bd. V, S. 344 Note 5.

[59]) Daher heißt die Reinigung durch Gottesurteil purgatio vulgaris, die durch Eid und Helfer purgatio canonica.

[60]) c. 10 X, II 20.

[61]) Ihre Kompetenz war sachlich auf gewisse Verbrechen beschränkt; örtlich verbreitet waren sie nur in Teilen Deutschlands, zeitlich haben sie die Reformation im wesentlichen nicht überdauert.

erstes Beispiel der neuen Verfahrensart; mit ihnen setzt eine Entwickelung ein, die sie weiter fortleiten auf andere Gebiete.

Die nähere Ausgestaltung eines generellen Offizialverfahrens findet unter Innozenz III., insbesondere durch das vierte Lateranische Konzil (1215) statt. Die kirchliche Doktrin unterscheidet ein Vorgehen per inquisitionem und eines per denunciationem; — ersteres eröffnet auf Grund einer clamosa insinuatio oder publica fama bezw. nach späterer Doktrin einer infamia; letzteres eingeleitet durch die Anzeige (denunciatio judicialis) eines privaten Angebers, der vorher den Weg der correctio caritativa (denunciatio evangelica) versucht hat. Der Unterschied ist indessen doktrinär[62]). Auch das Vorgehen der zweitgenannten Art ist quaestio civilis[63]), es liegt ein einheitlich gestaltetes Inquisitionsverfahren vor, namentlich nachdem schon seit dem Ende des 13. Jahrhunderts der Mangel der hervorgehobenen formellen Erfordernisse nicht mehr als Nichtigkeitsgrund angesehen wird[64]). Das Verfahren beruht auf germanischer Grundlage. Das Gleiche gilt vom Ketzerprozeß, der eine Sondernatur annimmt, seitdem Gregor IX. Dominikaner und andere Bettelmönche zu päpstlichen Inquisitoren zu bestellen angefangen. Eine dritte und vierte Eröffnungsart werden nach fester Tradition in der kanonistischen Doktrin und im Anschluß daran auch in der legistischen aufgezählt: die exceptio und das notorium. Aber jene führt nicht zu Bestrafung, und dieses zieht ein rein exekutives Vorgehen (wie im deutschen Recht bei handhafter That oder nach voraufgegangener Schädlichkündigung) nach sich.

Die Anwendbarkeit dieses inquisitorischen Einschreitens auf jedwedes kirchliche Vergehen ohne Unterschied macht dasselbe noch geeigneter, den Akkusationsprozeß aus dem Felde zu schlagen. Die Folge ist für die uns hier interessierende Betrachtung, daß im gewöhnlichen kanonischen Strafprozeß der Verletzte keinerlei Möglichkeit mehr hat, auf den Gang des Verfahrens einzuwirken. Er ist mit seinen Bestrebungen und Ansprüchen einfach eliminiert.

---

[62]) Der Denunziant hat keine Beweispflicht. Hinschius V, 357 Note 5.

[63]) Gegensatz ist der Akkusationsprozeß als quaestio criminalis. Hinschius V, 353, 357 Note 6.

[64]) Hinschius VI, 68 Note 7.

An die Darstellung der Vertreter kanonischer Wissenschaft knüpfen die Civilisten seit Roffredus (ca. 1243) an. Im Gegensatz zur Glosse, die noch an der Alleinherrschaft des römischen Akkusationsprozesses festhält, werden die verschiedenen Möglichkeiten eines Offizialverfahrens in getreuem Anhalt an das kanonische Vorbild erörtert und die generelle nicht auf bestimmte Delikte beschränkte Zulässigkeit eines Einschreitens von Amtswegen anerkannt. Bei ihrer Einführung in die Praxis begegnet diese Lehre dann den germanischen Ansätzen gleicher Art, die einst den Anstoß zur Ausbildung der kirchlichen Theorie gaben und nun von dort her ihren konsequenten Abschluß empfangen. Neue fruchtbringende Gedanken sind in dieser Litteratur in dem uns interessierenden Punkte nicht aufzuweisen; daher erübrigt sich eine eingehendere Behandlung. Zumal da Bücherweisheit und wirkliches Leben hier weit auseinandergehen. Jene behandelt mit großer Breite den modus procedendi per accusationem, welchen dieses kaum kennt. Es wird des Beispiels halber genügen, den Albertus Gandinus[65]) anzuführen. Er erklärt in seinem Tractatus de maleficiis bei Erörterung der akkusatorischen Prozeßform:[66]) „Hodie vero per totam Italiam observatur quod libellus non datur, sed simpliciter accusatio fit, quam accusator jurat veram esse et sic postea in quaterno communis ponitur .... Nec immerito dixi inscriptionem de consuetudine non esse hodie faciendam, quia, si hoc esset verum, pauci homines invenirentur qui se vellent obligari ad talem poenam scilicet talionis quum posset reus absolvi vel quia plene maleficium non esset probatum vel propter imperitiam advocati vel judicis, et sic timore poenae subscriptionis multa maleficia manerent impunita, quod esse non debet."

---

[65]) Nach gewöhnlicher Angabe um 1300 gestorben; Allard, Histoire de la Justice Criminelle au XVIe Siècle, 1868, p. 400 setzt ihn jedoch ein Jahrhundert später. Mir ist nur der Abdruck im Anhang zu Angelus Aretinus, Venetiis, Ad candentis salamandrae insigne, 1578. fol. 269 199 zugänglich. Die Rubrikenanordnung zeigt schon zur Genüge den kanonischen Einfluß. Auf die Titel: „Quid sit accusatio et quando accusator sit necessarius", „Qui accusare possint vel non", „Qualiter fiat accusatio" ꝛc. folgen die Abschnitte: „Quomodo de maleficiis cognoscitur per denunciationem", dann desgl. „per inquisitionem", „per exceptionem", „quando crimen est notorium et quid sit fama et infamia".

[66]) Rubr. Qualiter fiat accusatio. Ed. cit. fol. 274 vo. § 6.

Der eigentliche Akkusationsprozeß — den die Doktrin nach römischem Muster vorträgt, — ist in ganz Italien der Rechtspflege unbekannt geworden; man begnügt sich in fortschreitender Erkenntnis des öffentlichen Interesses an der Verbrechensverfolgung mit geringeren Anforderungen, die den Accusator thatsächlich zum Denunzianten hinunterdrücken. Damit müssen auch die Prozeßbetriebsrechte des Verletzten in den Hintergrund rücken.

Dem Reparationstrieb des Verletzten gibt die italienische Doktrin vor der Rezeption, in den Banden römischer Anschauung befangen, zunächst ebenfalls kein Genüge. Aber die Praxis, die germanischen Auffassungen bewahrend, läßt die Vereinigung der Civilansprüche mit der Kriminalanklage unbefangen zu[67]). Damit muß nun auch die Wissenschaft sich abfinden, und sie stellt den Gedanken auf, daß zwar ein Rechtsanspruch auf Mitentscheidung des Civilpunktes dem Verletzten nicht zustehe, wohl aber darüber auf Anrufen der Richter als über eine Inzidentsache entscheiden dürfe. Man erlaubt zu diesem Zweck dem Verletzten eine „imploratio officii judicis" zunächst im Akkusations- und dann auch im Inquisitionsprozesse[68]).

---

§ 5. Der gemeine deutsche Strafprozeß.

A. Die Carolina.

Das Rezeptionszeitalter übertrug den geschilderten Standpunkt des italienischen Strafprozesses nach Deutschland. Die Bambergische Halsgerichtsordnung und die Constitutio Criminalis Carolina gehen einerseits auf die früher betrachteten Anfänge eines deutschen Offizialverfahrens zurück[69]), und knüpfen

[67]) Durant. IV 4 de furtis, No. 4. ed. Lugduni, 1547, fol. 186.

[68]) Clarus, Rec. Sent., V, Qu. 2., v. ed haec.

[69]) Vgl. zu diesem Zusammenhang Ernst Mayer, Verfassungsgesch., Bd. I., S. 228, 278, 281, 283/284. v. Zallinger, Verf. geg. die landschädl. Leute, S. 195ff., 228ff. Auf diese Abhängigkeit sind wohl folgende Züge des gemeinrechtlichen Strafprozesses zurückzuführen: die Trennung eines vorbereitenden Ermittelungsverfahrens von einer akkusatorisch ausgestalteten Schlußverhandlung; — die Heimlichkeit des Verfahrens; — die Anwendung der Folter (zum Teil wenigstens, vgl. Zallinger, a. O., S. 194ff, anderenteils dagegen auf den italienischen Prozeß, mittelbar natürlich überhaupt auf römische Entlehnung); — der inquisitorische Charakter auch des Anklageprozesses; — der Mangel eines Appellationsrechtes.

andererseits an die kanonistisch-legistische Doktrin an. Der Wendepunkt liegt, wie mehrfach hervorgehoben, in der Verallgemeinerung des Vorgehens „von Ampts wegen“[70]), und diese Wandlung interessiert für unser Thema insofern, als damit der Verletzte aus seiner centralen Stellung endgiltig herausgedrängt ist. Weder ist das Vorhandensein noch der Mangel eines privaten Anklägers Voraussetzung für die Eröffnung des Strafverfahrens. Ganz unabhängig von einem solchen und ohne Rücksicht auf ihn nimmt der Prozeß seinen Gang und seine Fortsetzung. Verwehrt ist dem Verletzten allerdings das Auftreten auch „zu strengen Rechten“ nicht, und einige Prozeßbetriebsrechte sind ihm auch eingeräumt: Antrag auf Verhaftung des Angeklagten, Beweisanträge, Begehren der peinlichen Befragung des Beschuldigten, Begehren der Eröffnung der Aussagen und Recht auf Abschriftserteilung, Antrag auf Einholung des Rates der Rechtsverständigen (Aktenversendung), Bitte „umb eynen entlichen Rechttag“[71]). Ja, es geht die PGO. sogar von dem Auftreten eines „sonderlichen“ Anklägers als dem Regelfalle aus, indem sie den Offizialprozeß teils in zweite Linie stellt, teils bei diesem auf die Regeln über jenes verweist[72]). Aber man würde ein ganz falsches Bild gewinnen, wenn man an diesen äußerlichen Anschein akkusatorischen Verfahrens sich halten wollte. Der endliche Rechttag ist nach einem v. Kriesschen Ausdruck nur eine „Komödie“, weil hier nur das bereits vorher schriftlich abgefaßte Urteil eröffnet wird, auf das denn auch die vom Richter befragten Urteiler in ihrer Antwort lediglich zu verweisen haben. Von einem wirklichen Eingehen auf die Interessen des Verletzten kann füglich nicht gesprochen werden. Das von einem wahren Akkusationsprozesse nicht gänzlich trennbare Dispositionsprinzip ist innerlich überwunden, und seinem Wesen nach ist der Strafprozeß der Karolina durchaus inquisitorisch[73]). Nicht das Gericht, sondern

[70]) Es bedarf jetzt ausdrücklicher Anordnung, wenn die Offizialklage nicht zulässig sein soll, vgl. z. B. CCC. art. 165.

[71]) Vgl. CCC. art. 11, 45, 46, 47 in f., 62, 70, 78, 219.

[72]) CCC. 188, 201, 8, 9, 219, 88, Absatz 2.

[73]) Zachariae, Handb. des deutschen Str.-Pr., Bd. I, Göttingen 1861, S. 141, 142, 145. Glaser, Handb., Bd. I, Leipz. 1883, S. 85f., 89f. v. Kries, Lehrbuch, Freib. 1892, S. 32—34. Birkmeyer, Deutsches Str.-Pr.-Recht, Bln. 1898, S. 817f.

die Partei nimmt eine abwartende Stellung ein, wie Glaser treffend hervorhebt. Die „Erfahrung der Wahrheit oder Gerechtigkeit", also ein Objektives, über den Parteiinteressen Stehendes, erscheint als Ziel des Verfahrens. Die nicht diesem Ziel dienenden Parteihandlungen, Fragen und Andingungen, die das Recht verlängern, verhindern uud verziehen, werden als unziemliche Mißbräuche bezeichnet (Art. 100). Zweck der Beweisaufnahme ist auf die Überzeugung des Richters zu wirken; ihm, nicht dem Gegner, wird bewiesen. Daher die genauen Beweisregeln über den Beweis der Indicia und der Hauptsache. Denn diese stellen das Gericht dem Verletzten gegenüber auf eigne Füße. Sowohl hierin, wie in der Würdigung der Aussagen des Beschuldigten (Art. 20), in den Erinnerungen und Anleitungen zur Ausführung der Unschuld (Art. 47), in den Abwägungen der „argwonigen Theyle" (einzelnen Verdachtsgründe) unter einander und mit den „Ursachen der Entschuldigung" (Art. 27, 28) wird eigene unabhängige Thätigkeit des Gerichts vorausgesetzt[74]). Es ist demnach

[74]) Die selbständige Stellung des Gerichts und der inquisitorische Zug des Verfahrens treten in mannigfachen Einzelheiten hervor. Das bloße Begehren des Anklägers, unangesehen ob er selbst sich gleichfalls zur Verhaftung anbietet, genügt nicht, um den Beklagten ins Gefängnis zu legen: es müssen Indizien geltend gemacht werden (Art. 11). Die Gefangenen sind von einander zu teilen, damit sie sich unwahrhaftiger Sage mit einander nicht vereinigen können; das Gericht hat also auch der Wahrheitsverdunkelung vorzubeugen (Art. 11). Schon vor der peinlichen Befragung ist allen Entschuldigungsgründen nachzugehen (z. B. Art. 33 und besonders Art. 47), aber ebenso auch der Belastung. Das Gericht arbeitet an der Herstellung genugsamer Anzeichen (die des Kindesmordes verdächtige Frauensperson ist „an heymlichen stetten" zu besichtigen — Art. 35; „mag an jren prüsten gemolcken werden" — Art. 36 die Apotheker sind in Gelübd und Eide zu nehmen, daß sie Giftkäufer anzeigen — Art. 37, Abs. 3; auf die verdächtiger Bettler und Landfahrer ist fleißig Auffehens zu haben — Art. 39). Auch der Entlastungsbeweis ist insofern Sache des Gerichts, als seine Erhebung darum, daß der Verklagte die Kosten Armut halber nicht tragen kann, nicht zu unterbleiben hat (Art. 47, Abs. 1, Schluß u. Art. 154 für den Spezialfall des Beweises von Strafausschließungsgründen bei Entleibung). Selbst wer in der Mordacht ist, darf seine Unschuld ausführen (Art. 155). — Ist die Tortur, die beim akkusatorischen und inquisitorischen Verfahren ohne Unterschied in gleicher Weise gehandhabt wird (Art. 46), vorgenommen worden, so ist das etwa erzielte Bekenntnis „aus der Marter" weiterhin Gegenstand sorgfältigster Nachprüfung. Eine Reihe von Fragstücken (Art. 48 ff.) sind vorzulegen und insbesondere auf solche Umstände zu richten, die kein Unschuldiger sagen kann (Art. 53), wobei

nur ein Formale, wenn das Gesetz von der Mitwirkung eines Anklägers ausgeht. Das ganze Verfahren kann sich ebensogut und besser ohne ihn abspielen. Es mag vielleicht verdienstlich sein, wenn er den ersten Anstoß gibt; in allem weiteren ist er entbehrlich, überflüssig, ja lästig. Die Folge dieser Erkenntnis ist, daß man ihm sein Auftreten zu verleiden sucht, und ihm nach Kräften seine Aufgabe sauer macht. In der Richtung dieser Tendenz, die — wie oben S. 29 erwähnt — dem Bestreben der unmittelbar vorangehenden Jahrhunderte direkt zuwiderläuft und erst als Frucht der Rezeption gezeitigt werden konnte, thut die Karolina schon einige starke und beachtenswerte Schritte. Der Verletzte erfreut sich hierbei keines Vorzuges vor sonstigen Anklägern.

Erstens muß er für verschiedene Fälle mit Bürgen Sicherheit bestellen: einmal dafür, daß er dem verhafteten Verklagten, falls er die Klage nicht weiter verfolge oder nicht genugsam oder nicht binnen gesetzter Zeit beweise, wegen der zugefügten Schmach und Schadens Abtrag thun, auch die Gerichtskosten zahlen wolle; sodann für das Gleiche, falls der Angeklagte einen von ihm behaupteten, vom Kläger nicht zugestandenen Rechtfertigungsgrund mit Beweis ausführen würde; endlich, im Falle der Verdacht bewiesen oder die That sonst ungeleugnet ist und genugsame Entschuldigung nicht vorliegt, dafür, daß er „dem strengen peinlichen Rechten" nachkommen wolle. (Art. 12, 13, 15.)

Zweitens, wenn der Ankläger die erste oder zweite Bürgschaft nicht leistet, so muß er selbst ins Gefängnis wandern und wird „mit seinem Leib verwahrt", bis er im ersten Falle die Kaution gethan hat, oder bis im zweiten Falle die rechtliche Ausführung der Entschuldigung beendet ist (Art. 12, 14).

Drittens, es setzt der Verletzte oder sonstige Ankläger sich

Suggestivfragen verboten sind (Art. 56). Auch ist fleißige Erkundigung und Nachforschung nach der Wahrheit des Bekenntnisses anzustellen (Art. 54, 57), und erst bei zufriedenstellendem Ergebnis ist „der Bekanntnuß, so auff peinliche Frag beschicht, entlich zuglauben" (Art. 60). Ebenso sind die Zeugenaussagen gewissenhaft zu überprüfen; bei dem Verhör wird ein Geberdenprotokoll aufgenommen (Art. 71). — In das richterliche Ermessen ist gestellt: das Maß peinlicher Frage (Art. 58); die Erwägung, ob Notwehr vorliegt (Art. 143) u. a. m. — Völlig unabhängig von den Parteien ist endlich die Thätigkeit des Gerichtsschreibers (Art. 181 ff.).

einer summarischen und inappellabeln Verurteilung in die Kosten und die Entschädigung des Verklagten aus, und zwar sofort durch das Strafgericht, ohne die „Zierlichkeit" eines besonderen Civilprozesses — vor allem für den Fall der Ledigsprechung des Beklagten (Art. 12, Schluß. 99. 201, Schluß[75]).

Viertens lastet bei fast allen einzelnen Schritten des Gerichts eine Kosten- und Vorschußpflicht auf ihm. Er zahlt, wenn er „Kundschaft" führt, die Zeugenzehrung (Art. 75); er trägt die Kosten der Rechtsbelehrung bei Oberhöfen ꝛc. (Art. 219) — und zwar ohne daß von Gewährung eines Armenrechts an ihn die Rede ist, während dem Angeklagten ein solches zugestanden wird (Art. 47 Absatz 1, Schluß. Art. 219, Schluß). Er hat ferner für jede gerichtliche Zuschickung an ihn einen „ziemlichen Botenlohn" zu entrichten (Art. 17), er hat an den Büttel für des Beklagten Atzung und Wartung zu zahlen (Art. 15, 204, vgl. Bamb. 22)[76]. Abschriften der Zeugenvernehmungsprotokolle und (für die Zwecke des endlichen Rechttages) der einschlägigen Artikel der Halsgerichtsordnung werden ihm nur „um leidliche Belohnung" erteilt (Art. 73, Absatz 3. Art. 83). Dazu treten noch mancherlei geringere Unbequemlichkeiten und Beschränkungen[77].

---

[75]) Ausnahme beim Stehlen in rechter Hungersnot. Art. 166.

[76]) Ausgenommen, wenn der Beklagte auf ausreichende Indizien hin gefoltert wurde, aber nicht gesteht und nicht überführt wird; alsdann hat er seine Atzung selbst zu tragen (Art. 61). Das Gesetz ging von der für den Richter sehr bequemen Auffassung aus, ein jeder habe sich „nit alleyn vor volbringung der übelthat, sondern auch vor aller gestaltnuß des übels, so bösen leumut oder anzeygen der missethat machen", zu hüten; andernfalls habe er sich seine Beschwerden selbst zuzuschreiben. So naiv, dieser Anschauung auch im Gesetz Worte zu verleihen, sind wir heute allerdings nicht mehr, stehen aber doch in der Frage nach der Entschädigung wegen unschuldig erlittener Untersuchungshaft auf demselben Standpunkt. — Übrigens war jene Konsequenz bezüglich der Atzung des Beklagten in der Bamb. Art. 73 noch nicht gezogen.

[77]) Er hat dem Richter einen bequemen Zustellungsort zu benennen (Art. 17). Von den Aussagen des Angeklagten in der peinlichen Frage bekommt er nur zu wissen „souil jn betrifft" (Art. 47, Absatz 2). Seine Beweisartikel samt der Zeugen Namen und Wohnort hat er dem Richter schriftlich zu überreichen (Art. 70). Nach der durch den Richter (oder Kommissar) vorgenommenen „Verhörung der Kundschaft" erfolgt schriftliche Weiterverhandlung Art. 73), wobei die Zahl der zu wechselnden Schriften auf zwei, höchstens

Das Ergebnis ist, daß der Verletzte, wenn er seinem Satisfaktionstrieb selber nachgehen will und nicht dessen Befriedigung vertrauensvoll in die Hände der Oberkeit legen will oder kann, zunächst einmal tief in seinen Beutel greifen und allerhand Kautionen stellen und Zahlungen leisten muß. Thut er das nicht, so wird er in einigen Fällen selbst in Haft genommen; in andern ist das von ihm betriebene Verfahren dann eben außer Gang gesetzt. Die Akten werden geschlossen und der Akkusationsprozeß hat ein vorzeitiges Ende erreicht. In allen Fällen kann natürlich auf Grund des bei dieser Gelegenheit bekannt gewordenen Materiales nunmehr inquirendo von Amts wegen vorgegangen werden. Und diese Möglichkeit ist das dem Charakter dieses Strafverfahrens angemessenste Resultat: dem öffentlichen Interesse des Staates an Ahndung des Verbrechens wird genügt, und den unerwünschten und unbequemen privaten Ankläger ist man los.

Ehe ich mich der Darstellung der weiteren und definitiven Verdrängung des Anklägers in den folgenden Jahrhunderten zuwende, sind zur Vervollständigung des aus der C.C.C. gewonnenen Bildes noch zweierlei Ausführungen anzuschließen.

Erstens gilt alles bisher gesagte nur für das Verfahren zu „strengem peinlichem" Recht. Ganz anders steht es mit dem Vorgehen im „freundlichen" oder „bürgerlichen" Recht. Dieses ist reichsrechtlich nicht geregelt gewesen, war somit der Territorialgesetzgebung und der Doktrin überlassen. Die Abgrenzung des bürgerlichen vom peinlichen Strafverfahren ist in der C.C.C. stillschweigend als bekannt vorausgesetzt, in der That stand sie keineswegs sicher fest. Ausführlich beschäftigt sich Carpzow mit dieser Frage (Practica Nova, Pars III Quaestio 102, n. 19—55, vgl. auch Pars I qu. 34 n. 2. Pars II qu. 99 n. 65. Pars III qu. 119 n. 60). Er zählt zunächst Unterschiede des Verfahrens auf in Sachen, die auf „peinliche" und denen, die auf „bürgerliche" — oder wie er nach dem Vorbild einer unglücklichen Etymologie in der Glosse zum Weichbild (n. 49, 51) sagt: „bürgliche" — Strafe geben. (n. 19—26). Dann stehen ziemlich unvermittelt mehrere Ansichten über die Unterscheidung neben einander (n. 27 bis 31: causam atque poenam esse civilem, quando agitur ad

---

auf besondere richterliche Erlaubnis drei, festgesetzt, auch für den Schriftwechsel Fristen richterlich bestimmt werden (Art. 73, Abs. 4).

commodum privatum . . . . illud vero dici judicium criminale, in quo agitur ad commodum publicum . . . . Quae sententia de jure civili verissima est . . . . Criminalis vero in jure civili dicitur poena, quae non interesse privatum, sed vindictam publicam respicit), deren letzte, daß poenae criminales gleichbedeutend seien mit den poenae corporis afflictivae, gegen die Angriffe des Gothofredus (n. 32—43) verteidigt und durch den Sprachgebrauch der PGO. (n. 44—47) und anderer Quellen (n. 48—51), sowie durch die Praxis (n. 52—55) gestützt wird.

Im Ergebnis wird zu sagen sein, daß die Scheidung sich nach den Strafen zu richten hat. Die Karolina kennt einerseits Todesstrafen und ewiges Gefängnis[18]), andrerseits affliktive Leibesstrafen (Zungenabschneiden, Fingerabhauen, Ohrenabschneiden, mit Ruten aushauen), verbunden mit Pranger und Landesverweisung. Diese Strafen sind mithin nicht „bürgerliche". Für letztere Kategorie bleiben somit im wesentlichen zeitiges Gefängnis und Geldstrafe (daneben etwa Abbitte, Widerruf u. dgl. Ehrenstrafen). Nachdem aber die schweren Formen und längeren Dauern der zeitigen Gefängnisstrafe in steigendem Maße dazu verwendet werden, an die Stelle der affliktiven Leibesstrafen zu treten, bleibt in jener Kategorie vor allem die Geldstrafe übrig. Erst in zweiter Linie sind kürzeres Gefängnis und Ehrenstrafen zu erwähnen.

Bedroht mit solchen Strafen sind aber einmal die Injurien, und zweitens die Übertretungen. Dies sind demnach die Strafthaten, wegen deren im gemeinrechtlichen Prozeß der Verletzte seinem Satisfaktionstrieb nachgebend ungehindert die Verfolgung übernehmen und in dominierender Stellung durchführen kann. Doch hat sich der Übertretungsprozeß nur partikularrechtlich eigenartig entwickelt, und meist im Sinne eines summarischen polizeilichen Verfahrens. Immerhin taucht die Rücksicht auf den Verletzten bei der Behandlung dieses Delikts noch in Gesetzgebungen unseres Jahrhunderts auf.

Die Injurien, deren Begriff die Wissenschaft in Anlehnung an die römischen Quellen entwickelt, bilden das Hauptfeld für die „accusatio". Hier tummelt sich die Theorie und kann alle Finessen des römischen Akkusationsprozesses zur Verwendung bringen. Die

[18]) Der zeitige Kerker in Art. 157 ist bürgerliche Strafe nach Ausweis des Art. 158.

Partikulargesetzgebung zieht häufig deutschrechtliche Institute herein (Gedinge, Reinigungseid) oder stellt elektiv die peinliche Klage daneben. So auch das preußische Landrecht von 1620 und 1685 dessen Buch VI, Titel IX von „Schmähungen, die einem durch andere mit Anlegung der Handthat (als mit Schlägen und Verwundung), oder mit Worten oder Schriften begegnen", handelt Dagegen will das Landrecht von 1721 (Buch VI, Titel X, Art. 4) alle Injurienklagen aufheben und „alle Schmach auf ergangene Denunziation" untersuchen lassen, also auch wegen der Beleidigungen und leichten Körperverletzungen nur ex officio vorgehen. Jedoch wird der strafbeseitigende Einfluß der Pacta und Transactiones anerkannt und beibehalten. Somit ist der Strafanspruch der Willensherrschaft des Verletzten nicht völlig entrückt, und das spätere preußische Recht hat den Versuch fallen gelassen, indem es zum gemeinrechtlichen Injurienprozeß zurückkehrte. Aus diesem hat sich dann durch Vermittlung der Partikulargesetze unseres Jahrhunderts die heutige deutsche Privatklage entwickelt. Die Einzelheiten dieser Entwickelung interessieren für unser engeres Thema nicht, sondern es genügt die Konstatierung des Zusammenhanges.

Zweitens ist zum Recht der Karolina anhangsweise zu bemerken, daß sie einen Adhäsionsprozeß nicht kennt, daß nur aus Mißverständnis und in ungerechtfertigter Verallgemeinerung einige Stellen in diesem Sinne verstanden sind, und daß der spätere gemeinrechtliche Adhäsionsprozeß daher auch an die Karolina nicht anknüpft[79]). Am ehesten läßt sich für die früher herrschende gegenseitige Auffassung noch der Schlußparagraph des Art. 198 anzuführen, der im wesentlichen lautet:

> So eyn Übelthätter zusampt eyner auffgelegten rechtlichen Leibsstraff Jemants sein Gut wider zu keren oder aber etwas von seinen eygen Gütter zu geben verwirckt, — so soll solch Widerkerung oder Dargebung des Guts mit lautern Worten an die Urtheyl, wie das geschehen solt, gehangen werden.

---

[79]) Auch nicht an jene Deutung einzelner Stellen, die vielmehr nur zur Stützung einer ohnehin feststehenden Lehre herangezogen wurde. Vgl. Planck, Mehrheit der Rechtsstreitigkeiten, § 48, S. 375 ff., auf den im wesentlichen hiermit verwiesen sei.

Indessen ist auch hier an hereinspielende civile Fragen nicht zu denken, sondern an solche Rechtsfolgen des Verbrechens, die als Privatstrafe aufzufassen sind[80]) oder doch von der PGO. so aufgefaßt werden[81]), — wie aus dem Gebrauch des Wortes „verwirken“ folgt.

B. Territoriale Gesetzgebung.

In der Neuzeit wird die Stellung des Verletzten fortgesetzt eine machtlosere. Diese Entwickelung spielt sich in den Territorien ab. Der Standpunkt der CCC., wonach der Geschädigte, falls er genügende Geldmittel besitzt und die sonstigen Mißhelligkeiten mit Energie erträgt, immerhin in einem nach Typus III ausgestalteten, und — wenn auch dem Typus IV sich stark nähernden — doch ihm eine stattliche Reihe von Prozeßbetriebsrechten, vor allem aber die maßgebende Initiative, noch belassenden Verfahren Genugthuung suchen mag, wird anfangs auch in den Landesrechten festgehalten. Aber die Entwickelung drängt unaufhaltsam der Alleinherrschaft des Inquisitionsprozesses zu.

Das ist ein völlig natürlicher und durchaus gesunder Fortschritt. Ist einmal die Erkenntnis erst gewonnen, daß zu den Aufgaben des Staates die Aufrechterhaltung der Rechtsordnung gehöre, und daß das Verbrechen einen dem Staate zustehenden Strafanspruch erzeuge, so muß es ungereimt erscheinen, den Herrn des Anspruches ohnmächtig zusehen zu lassen, wie andere nach Laune und Zufall mit seinen Rechten schalten. Der erstarkende Staatsgedanke muß diese Art von Bevormundung durch Private unerträglich finden, und mit Recht ist ihm das Auftreten derartiger Ankläger verhaßt. Die Verfolgung der Verbrechen ist Staatssache und Staatsmonopol — dieser Satz ist die bleibende und unverlierbare Frucht der Epoche, in welcher das inquisitorische Verfahren dominierte oder allein galt. Was uns heute den bloßen Namen des Inquisitionsprozesses mißliebig macht, ist ja ganz etwas Anderes, — es ist die Vereinigung widersprechender Aufgaben in der Hand des einen Richters. Erst die Gegenwart hat diese ungesunde Idee aufzugeben gewußt und

[80]) Wobei die Art. 120, 121 mitcitiert werden, obwohl sie keine Privatstrafe androhen. Sie entsprechen den Art. 145, 146 der Bamb., wo solche vorgesehen war.

[81]) So Art. 107, vgl. dazu Planck a. O., S. 379.

arbeitet daran, die äußerlichen Formen des akkusatorischen Verfahrens mit dem wahren inneren Wesen des Strafprozesses zu verbinden.

Das 16., 17. und 18. Jahrhundert arbeiteten vor, indem sie den Akkusationsprozeß vernichteten. Zuerst legten sie dem Ankläger immer mehr Steine in den Weg, dann verboten sie sein Auftreten für wichtigere Fälle oder auch schlechthin. Nur vernichteten sie damit auch alle Rechte des Verletzten, und in diesem Stücke ist das Ergebnis jedenfalls nicht unumwunden gutzuheißen.

Es soll im folgenden etwas näher der Standpunkt der preußischen und der österreichischen Gesetzgebung dargelegt werden, welche die Führer für die übrigen Territorien geworden sind.

In Preußen halten das Landrecht für das Herzogtum Preußen von 1620 und (im wörtlichen Anschlusse hieran) das von 1685 noch prinzipiell an der Popularklage fest und bezeichnen den Inquisitionsprozeß als „nicht ordinarisch" (VI, 1, 1.). Entsprechend der römischen Auffassung der „Anklagung" oder accusatio werden die Unfähigkeitsgründe aufgezählt; jedoch die Ausnahme hinzugefügt:

> „es beschehe dann dieselbe Anklage von injuri wegen, die ihnen selbst begegnet oder um Entleibung, die ihren Gefreundeten zugefügt."

Der Verletzte ist also hier privilegiert, aber auch nur in diesem Punkte und sonst nirgend. Im Art. 2 § 4 wird der Brauch, daß der Ankläger sich ins Gefängnis begeben und mit dem Bande der Einschreibung verhaftet machen mußte, für abgethan erklärt und

> „dargegen eingeführt, daß ein Jeder ohne vorgedachte Einschreibung möge einen Anderen anklagen ohne Furcht einigerlei Leibesstrafe, welchen Gebrauch wir auch hiermit vollends wollen konfirmiret und bestätiget haben. Jedoch soll und muß derjenige Theil, so einen Andern peinlich will anklagen, seine Probation und Beweysung fertig haben, welche in solchen Fällen vollkömmlich und zum allerklärlichsten werden requiriret und erfordert. Und wird auch der Ankläger verbunden, solche peinliche Gerichte auf seine eigene Kosten auszuführen: wo er dann mit seiner

Klage nicht besteht, da soll darneben erkannt werden, daß er dem Beklagten, so durch ihn unbilliger Weise angeklagt worden, aller Schäden und Nachtheyls halber einen Abtrag thue. Folgends auch, daß er von wegen der unbilligen und vergeblichen Anklagunge seines Nächsten eine scharfe wohlverdiente Strafe leide, und zwar nicht eben die, so fürgegebener Mißhandlung gemäß, sondern wie sie ihm der Richter willkürlichen mag auflegen und finden."

Die Stellung eines Anklägers ist demnach sowohl kostspielig wie riskant. Auch wird durch die Eingangsworte nicht die Verhaftung des Anklägers schlechthin beseitigt. Sondern nach Art. 7 § 2, welcher von Kaution und Bürgschaft in peinlichen Sachen handelt, wird, entsprechend der PGO., bei gefänglicher Annehmung des Beklagten auch der Ankläger mit seinem Leib verwahrt, bis er Kaution[82]) gethan hat. Die Stelle rekapituliert dann auch im übrigen den Inhalt von CCC. Art. 12. Von der Kontumaz des Anklägers wird in Art. 9 gesprochen, es ist alsdann ihm ein ewiges Stillschweigen aufzuerlegen und der Beklagte „von diesem peinlichen Gerichtsstand cum reparatione injuriarum, damni et Interesse endlich zu absolvieren und loszusprechen".

Viel weiter gingen das Edikt wider die Selbstrache vom 28. Juni 1713, das (wie oben S. 42 berührt) den Anklageprozeß in Injuriensachen abschaffen wollte; ferner die Kriminalordnung für die Chur- nnd Neumark vom 8. Juli 1717.[83]) In der letzteren wird der Akkusationsprozeß nicht mehr mit einem Worte erwähnt. Und auf daß der Denunziant nicht etwa dem Ankläger gleichgestellt werde, verordnet Cap. XI § 6, daß dem absolvierten Denunziaten kein Regreß wegen Schimpfes, Schadens und Unkosten gegen den Angeber zusteht. Damit ist für diesen Teil der preußischen Staaten das Anklageverfahren sang- und klanglos abgeschafft.

Für das Königreich Preußen geschieht ein entscheidender Schritt im Landrecht von 1721. Dieses wiederholt in Buch VI, Titel 1, von Art. 3 ab die Vorschriften von 1685, schiebt aber einen neuen Art. 4 ein:

„In welchem Verbrechen die Anklage stattfinden soll.

[82]) Seit 1685 genügt nach richterlichem Ermessen juratorische Kaution.
[83]) Corp. Const. March. II 3 Nr. 32.

§ 1. Nachdem auch in Unserem Königreich Preußen der processus accusatorius, wann ein Beschädigter selbst oder eines Entleibten nachgelassene Freunde den Delinquenten peinlich anklagen, bis anhero üblich gewesen, so soll solches ins künftig in öffentlichen schweren Mißhandlungen und Verbrechen gänzlich abgeschafft sein und liegt der Oberkeyt ob, einen solchen Verbrecher oder Missethäter den Prozeß ex officio zu machen und zur verdienten Strafe zu ziehen. Jedoch müssen des Entleibten Freunde dem judici inquirenti die Indicia, auch was der Sachen Nothdurfft sonst erfordert, an die Hand geben; und steht ihnen frei, ratione interesse privati interveniendo bei sothanen Inquisitionsprozeß ihr Recht zu beobachten. In geringen Verbrechen aber, und da es auf keine harte Leibesstrafe, Landesverweisung und dergl., sondern nur auf poenam carceris, Geldbuße oder sonstigen ankömmt, soll dergleichen Akkusationsprozeß, jedoch daß dabei alle Weitläuftigkeit vermieden werde, nach wie vor zugelassen sein.

§ 2. Da entgegen ist der Ankläger solche peinliche Gerichte auf seine eigene Kosten auszuführen verbunden, und wenn er mit seiner Klage nicht besteht, sondern es sich in fine litis ausweiset, daß er ein freventlicher Ankläger, muß er dem Beklagten, der durch ihn unbilliger Weise angeklagt worden, allen Schaden und Nachtheyls halber gebührende Satisfaktion geben."

Diese bisher vielfach übersehene Bestimmung ist als das Ende des Akkusationsprozesses in Preußen zu betrachten. Das meistens als entscheidend angesehene und citierte „Allgemeine Edikt wegen Abkürzung derer Inquisitionsprozesse und Abstellung verschiedener Mißbräuche" d. d. Berlin, den 21. August 1724, hat seine wesentliche Bedeutung nur in der Ausdehnung der Normierung auf den ganzen preußischen Staat. Die Fassung weist auch deutlich auf vorangegangene inhaltlich gleichartige Vorschriften. Bemerkenswert ist das Edikt ferner darin, daß es dem Wortlaut nach über das Ziel hinausschießt, indem es sich auch auf alle geringeren Strafthaten, Injurien u. dgl. zu beziehen scheint. § 2 lautet:

„Und ob auch zwar aus sothanen Ordnungen genugsam erscheint, daß wir in Criminalsachen und wo fiskalische strafbare Verbrechen vorkommen, den weitläufigen processum accusatorium gänzlich wollen abgeschafft, und nur allein den in der Criminalordnung vorgeschriebenen kurzen Inquisitionsprozeß geführt und in allen Stücken observirt wissen: So erneuern wir doch hiermit nochmalen sothane unsere beständige Intention und ernstliche Willens Meynung, und befehlen allen hohen und niederen Gerichten, fiskalischen Bedienten, Magistraten, Advokaten, Sachwaltern, Justitiariis und Aktuariis, wie auch einem Jeden, welcher mit Criminal- und obgedachten Fiskalischen Sachen zu thun hat, keinen ausgenommen, sich auch insonderheit in diesem Hauptstücke sothanen unseren Ordnungen und eigentlichen Willens, bei Vermeidung obgesetzter, ohnnachbleiblicher Ahndung, auf das Genaueste zu konfirmiren und nicht nach dem Accusatorio, sondern stricte und alleyn nach dem in der Criminal Ordnung deutlich vorgeschriebenen processu inquisitorio zu verfahren.

Der mitgeteilten Anordnung wird im § 1 durch Strafandrohungen der nötige Nachdruck verliehen; die wiederholte Begehung wirkt strafschärfend. Abgeurteilt wird über das Delikt „von Unserem Criminal Colegio oder wer sonsten in denen Criminal Sachen ein Urteil abfasset“, zugleich mit dem Erkenntnis in der Hauptsache.

Die Fassung des Gesetzes ist eine zu weite, sie scheint jede private Anklage auszuschließen, auch in den geringfügigsten Fällen. Deshalb heißt es erläuternd und restringierend in den Eingangswendungen des Rescripts vom 18. Januar 1736 (Wie nach Unterscheid des Verbrechens die fiskalische Klage anzustellen und zu prozedieren): . . . .

„ob nun zwar an dem, daß Wir den processum accusatorium in Unseren Landen durch unterschiedliche heilsame Edicta und Verordnungen abgeschafft, auch darüber, sonderlich in investigatione Criminalium, noch ferner gehalten wissen wollen;

Nachdem aber dabei niemals die Absicht dahin gegangen, daß sothane Verordnung auch auf delicta leviora und geringere transgressiones legum poenalium, welche poenis civilibus, nämlich mit Geldstrafe, Gefängnis etc. coërciret werden, es sei daß die Gesetze selbst die Strafe determiniret, oder aber solche dem arbitrio des Collegii nach Beschaffenheit des Verbrechens sowohl als auch des Delinquenten überlassen haben, appliciret werden solle . . ."

Der gleiche Zustand wird im wesentlichen auch durch jenes Gesetzgebungswerk festgehalten, das den Abschluß und Höhepunkt des Inquisitionsprozesses in Preußen darstellt, durch die Criminal-Ordnung von 1805, auf deren Satzungen noch ein kurzer Blick geworfen sei.

An die Spitze ihrer Vorschriften stellt die Crim.-Odg. in § 2 der Einleitung:

„Verbrechen müssen in der Regel von Amtswegen untersucht werden, ohne den Antrag einer Partei oder eines Beschädigten abzuwarten.

Ausnahmen von dieser Regel bestimmen die Gesetze."

Der Verletzte ist also ausgeschaltet, zunächst dem Wortlaut nach für den ersten Anstoß zum strafrechtlichen Einschreiten. Er hat aber, da das Gesetz auch weiterhin von ihm schweigt und positive ausdrückliche Zuweisung von Befugnissen erforderlich wäre, überhaupt keinerlei Prozeßbetriebsrechte. Seine Wünsche dürfen auf den Inquirenten nicht von Einfluß sein, sondern § 66 bestimmt:

„Bei allen Criminal-Verhören muß der Richter den Hauptzweck seiner Bemühungen, die Erforschung der Wahrheit, beständig vor Augen behalten."

Als Veranlassung dieses Untersuchungsverfahrens unterscheidet § 106: eigene amtliche Wahrnehmung, öffentliches Gerücht und Anzeige. Innerlich ist das Verfahren indessen völlig einheitlich; wird insbesondere auf Anzeige oder Denunziation eingeschritten, so trägt der Prozeß keinen akkusatorischen Charakter:

§ 120. Im übrigen soll zwischen einer Untersuchung, die von Amtswegen, und einer solchen, welche auf den Grund einer Anzeige eröffnet wird, kein Unterschied stattfinden."

Der Denunziant wird vollständig als Zeuge behandelt (§ 112).[84])

---

[84]) Für den Mangel jeder maßgebenden Stellung selbst des denunzierenden Verletzten im Prozeß sind auch die §§ 363, 364 bezeichnend:

§ 363. Der Beweis einer Thatsache muß von demjenigen geführt werden, welchem daran gelegen ist, daß der Umstand dargethan werde.

§ 364. Der Beweis des Verbrechens liegt daher dem Richter ob . . . . . .

In den Ausnahmefällen, wo „der Richter von Amtswegen zu rügen, nicht schuldig“ ist — vgl. §§ 649 ff., 796 ALR. II 20[85]) — stehen dem privaten Ankläger die Formen des Kriminalprozesses überhaupt frei; das Verfahren ist seiner Struktur nach ein Zivilprozeß und wird als solcher in der Allgemeinen Gerichtsordnung (Teil I, Tit. 34) mit abgehandelt. Das „ordinaire und gewöhnliche Verfahren, wie in jedem andern Civilprocesse“ — wie es § 8 a. O. für den mittleren Fall[86]) vorsah — wich freilich schon im Anhang § 216 einer Regelung nach Analogie der Bagatellprozesse (Tit. 26), wobei aber Eigentümlichkeiten in Beziehung auf Beweis und Rechtsmittel obwalten, und wegen der Mitwirkung „fiskalischer Bedienter“ in einigen Punkten eine Anlehnung an den fiskalischen Untersuchungsprozeß (Tit. 35, 2. Abschn., §§ 34—107. Anhang §§ 255—265) stattfindet. Neben diesem mittleren Prozeß steht einerseits das stets als Bagatellprozeß behandelte Injurienverfahren zwischen Personen des Bauer- und gemeinen Bürgerstandes[87]), andrerseits eine reine fiskalische Untersuchung für gewisse qualifizierte Fälle[88]). Nur die schwerste

Auch für die Kosten des Kriminalprozesses haftet der Denunziant nicht mehr (§ 605); selbst im Falle wissentlich falscher Angaben hat er nur die Kosten desjenigen Verfahrens zu tragen, welches zur Untersuchung dieser Angaben erforderlich gewesen ist.

[85]) Leichte Verbal- und symbolische Injurien; schwere Injurien dieser Gattung, wenn sie nicht an einem öffentlichen Ort oder bei einer feierlichen Gelegenheit vorgefallen sind; geringe Realinjurien gleicher Art unter Leuten vom Bauer- oder gemeinen Bürgerstande, zwischen Eheleuten, Eltern und Kindern, Lehrern und Schülern, Dienstherrschaften und Gesinde; vorsätzlich zugefügte bloße Schläge oder andere geringe Verletzungen, die für den Beschädigten von keinen weiteren nachteiligen Folgen sind. Jedoch sind noch §§ 654, 655. ALR. II 20 zu beachten. Danach können Personen vom höheren Bürger-, Adel- oder Militärstande, statt als private Injurienkläger aufzutreten, eine bloße Anzeige erstatten. Bei derartigen Denunziationen steht es dann im richterlichen Ermessen, im Inquisitionsverfahren einzuschreiten.

[86]) § 1, II. §§ 8—20. Anhang §§ 216—232. Verbal- und leichte Realinjurien ohne erschwerende Umstände, wenn beide Teile oder wenigstens der Beleidigte zum mittlern oder höhern Bürgerstande gehören.

[87]) § 1, I. §§ 2—7. Dieser und der mittlere Fall bilden den „eigentlichen Injurienproceß“, vgl. § 21.

[88]) § 1, III. §§ 21—24. Beleidigung mit erschwerenden Umständen gegen Personen des mittleren und höheren Bürgerstandes; Verbal- und leichte Realinjurien ohne erschwerende Umstände gegen Personen vom Adel- oder

Kategorie[89]) ist der „förmlichen Criminaluntersuchung“ vorbehalten, und ihre Verfolgung geschieht somit unter Absehen auch von äußerlichen akkusatorischen Formen.

Trotzdem somit wenigstens für ein kleines Gebiet dem Satisfaktionstriebe des Verletzten Raum gelassen ist, so ist die Gesetzgebung doch weit davon entfernt, ihm die Herrschaft in dieser Gattung von Prozeß einzuräumen oder ihn auch nur mit irgendwie erheblichen Betriebsrechten auszustatten. Wie überhaupt der damalige preußische Zivilprozeß die ganze Leitung des Verfahrens in die Hände des Richters legt, so durchdringt auch den Injurienprozeß der Grundsatz des Offizialbetriebes. In den wichtigsten Punkten besteht nur ein Namensunterschied zwischen dem Criminal- und dem „eigentlichen“ Injurienprozeß. Was dort „Inquirent“ heißt, wird hier „Instruent“ genannt; aber der Thätigkeitsbereich ist der gleiche. Und die als Parteien auftretenden Personen werden nicht einmal nach Vorbild des Zivilprozesses als Kläger und Beklagter, sondern meistens[90]) als Denunziant und Denunziat bezeichnet. Nur im Kostenpunkt hat dieses Verfahren eine für den Denunzianten häufig fatale Ähnlichkeit mit dem Zivilprozeß bewahrt (§ 32 a. O.).

In Österreich hält Ferdinands III. Neue peinliche Landesgerichtsordnung in Österreich unter der Enns (Teil I) vom 30. Dezember 1656 noch grundsätzlich an der Zulässigkeit prinzipaler Popularanklage fest. Neben der „ordentlichen Klage“ (Art. 9) steht aber durchaus gleichberechtigt das Verfahren von Amtswegen auf Denunziation (Art. 21) oder mittels Nachforschung (Art. 22). Und daß diese letzteren Einschreitensarten die Hauptrolle im täglichen Leben gespielt haben, zeigt charakteristisch den Eingang des Art. 21:[91])

Offizierstande. — Die Kriminal-Odg. tritt in den Fällen der fiskalischen Untersuchung gegenüber der AGO. zurück, vgl. Crim.-Odg. § 12.

[89]) §§ 1, IV. 25. Überhaupt schwere Realinjurien oder andere Injurien zwischen Personen des Adels oder Offizierstandes unter erschwerenden Umständen.

[90]) Nach dem Vorbilde des sächsischen Injurienprozesses jener Zeit. Vgl. Ludwig Julius Neubert, Handbuch des Injurienprozesses nach dem gemeinen deutschen und sächsischen Recht, Leipzig 1834, namentlich § 6 ff., § 70 ff., § 167 ff.

[91]) Nur in diesem Sinne ist es richtig, wenn Birkmeyer, Deutsches Strafprozeßrecht, S. 819, sagt, daß die Ferdinandea den Inquisitionsprozeß als das regelmäßige Verfahren erklärt hat. Vgl. auch Glaser I, 113.

„Der anderte Weg, die Thäter zu erfahren, ist die denunciation, da nachdem gemeiniglich der Unkosten, Gefahr und anderer Beschwernussen halber nicht leichtlich jemand klagen will und aber derentwegen die Laster nicht ungestraft bleiben:" — —

Völlig beseitigt wird das Verfahren auf private Anklage und damit die Möglichkeit, daß der Verletzte — wenigstens bei allen wichtigeren Verbrechen — auf den Strafprozeß einwirkt, durch die Theresiana vom letzten Dezember 1768.

Die Theresiana teilt die Verbrechen in öffentliche und private ein (Art. 1 § 2); und zwar ist dies eine Einteilung „nach dem beleidigten Gegenstande", wie das Gesetz sich ausdrückt, zugleich aber auch nach den Rechtsfolgen. Durch die ersteren wird „mittel- oder unmittelbar die gemeine Wohlfahrt gestört", durch die letzteren „jemandem insonderheit Schaden und Nachtheil zugefügt". Wegen der ersteren wird „zur gemeinen Genugthuung eine öffentliche Strafe verhängt", wegen der letzteren „dem Beleidigten zu einer Entschädig- und eigener Genugthuung die rechtliche Hilfe ertheilt". Zu den ersteren wird auch die gemischte Kategorie gezogen (Art. 1 § 3): „wenn nämlich durch einerley Mißhandlung sowohl der Nebenmensch beleidigt, als der gemeine Wohl- und Ruhestand verletzt wird." Nur für die erstere Gruppe gilt die „peinliche Verfahrung"; die Privatverbrechen dagegen sind „nach dem gemeynen bürgerlichen Rechtsverfahren bei eines Jedweden ordentlichem Gerichtsstand zu rechtfertigen und auszuführen." (Art. 1 § 4.)

Bei der peinlichen Verfahrung unterscheidet das Gesetz zwei Gattungen (Art. 23 § 2): die förmliche Anklage[92]) und die rechtliche Nachforschung[93]). Der Anklagungsprozeß ist aber etwas von der bisher unter diesem Namen gehenden prinzipalen Popularanklage ganz Verschiedenes. Er wird nämlich „allemal von Amtswegen angestellt" (Art. 24 § 1). Es giebt nur noch eine öffentliche Anklage, der Verletzte hat — außer bei Privatverbrechen, also vor allem den geringeren Ehrenhändeln

[92]) Womit nach Art. 23 § 4 die Fiskalitätsklagen nicht zu vermengen sind. Jedoch nimmt § 5 (Marginale: Quantumvis etiam in casibus fiscalitatum pro gravitate circumstantiarum accusatio decerni potest) diese — auch gar nicht vermeidbare — Vermengung selbst vor.

[93]) Mit Unterscheidung von Untergattungen, als Ediktal-, Purgations- Standrechtsprozeß (Processus statarius s. summarissimus).

und sonstigen Injurien — keine Klagbefugnis und **überhaupt keine Prozeßbetriebsrechte. Sein Streben nach Satisfaktion wird im Strafprozesse des ferneren nicht beachtet.** Typus IV ist alleinherrschend geworden.

Ist dieses Resultat schon durch den bisher dargestellten Inhalt der Theresiana klar erkennbar, so wird es zum Überfluß noch durch Art. 24 § 3 unzweideutig ausgesprochen:

(Marginale: Accusationes privatae hac lege generaliter prohibentur).

„Es ist zwar außer deren Eingangs gedachten zwei Fällen bis anhero auch einem Jedwedem, deme es durch die Gesetze nicht ausdrücklich verboten war, freigestanden, einen Andern in peinlichen Sachen vor dem gehörigen Hals Gerichte zu klagen und wider selben einen ordentlichen Anklagsproceß zu erheben. Nachdem aber aus der Erfahrenheit bekannt, daß derlei Privatanklagen mehrentheils aus Rachgier, Zorn, Gähheit oder boshafter Anlernung herrühren und mit arglistigen Aussinnungen zu großem Ungemach des Angeschuldigten freventlich in die Länge hinausgezogen; oder im Gegenspiel, da auch die Anschuldigung wahr, öftermalen nach der Hand durch heymliches Verständnis zu Aushilfe des Thäters die wahrhafte der Sache Beschaffenheit verhüllt, oder wohl gar unter allerhand hervorgesuchten Vorwand von der angefangenen Klage wiederum abgestanden zu werden pflege, somit überhaupt von dieser Gattung der freiwilligen Anklage keine ersprießliche Wirkung, sondern vielmehr Unordnung und Verlängerung zu gewarten stehet, als wollen Wir diesen willkührigen Anklagsprozeß aus vorbemeldt- und mehrer- anderen Bedenklichkeyten hiemit gänzlichen abgeschafft haben[94]).

Noch ein weiterer Grund zu der tiefgreifenden Neuerung wird in Art. 24 § 4 angeführt:

---

[94]) Die im Anfang als regelmäßig erwähnten Beweggründe zu den Privatanklagen führte schon die Ferdinandea (Teil I, Art. 13) tadelnd auf. Nur konnte sie sich zur völligen Beseitigung des Akkusationsprozesses aus diesem Grunde noch nicht entschließen, sondern verpflichtete den Ankläger nur zu Schadensersatz und drohte eventuell Strafe an.

„In all-diesen Anbetracht nicht zu mißkennen ist, daß die sich ergebende Malefizfälle viel förderlicher, rechtsbeständiger und gewissenhafter durch richterliche Amtshandlung als durch willkührige Privatanklagen gerechtfertiget werden mögen."

Wie in Preußen (Crim.-Odg. von 1717), hielt man es auch hier für ratsam, einzuschärfen, daß nicht etwa der Denunziant als Ankläger angesehen und behandelt werden dürfe (Art. 24 § 4, dessen Marginale lautet: Libera tamen est cuilibet, immo quandoque ex stricta obligatione incumbit, criminosorum delatio seu denuntiatio[95]).

Die Josephina (Kriminalgerichtsordnung vom 1. Juni 1788) konnte das Ergebnis nur bestätigen. Sie kennt nur ein durchaus einheitliches Verfahren von richterlichen Amts wegen und hebt im § 1 den „in einigen Provinzen bisher gewöhnlichen" Anklageprozeß gänzlich auf[96]).

Selbst diese letzte Reminiszenz fehlt gänzlich im Gesetzbuch über Verbrechen und schwere Polizey-Übertretungen von 1803 (Teil I, §§ 211—557, Teil II, §§ 276—459.)[97])

C. Der Adhäsionsprozeß.

Ungeachtet der Feindseligkeit, mit der die gemeine und in noch höherem Grade die partikulare Gesetzgebung das Satisfaktions-

---

[95]) Doch verstößt das Gesetz selbst gegen diese Maxime, wenn der Denunziant unter Umständen Sicherheit leisten muß und in Haft genommen werden kann (Art. 28 § 17).

[96]) Das geht insofern weiter als die Theresiana, weil letztere die peinliche Anklage in ihrem Sinne in zwei Fälle zerlegte. (Art. 24 § 1.) Der zweite dieser Fälle geht darauf zurück, daß „einiger Orten vermöge daselbstiger Landesfreiheit" gewisse privilegierte Personen nur auf Anklage zu verfolgen sind. Dieses Privileg wird durch Josefina § 9 aufgehoben. Es war auch bisher lediglich ein formelles Vorrecht, kein inhaltliches, da der Richter nach Art. 24 § 4 die Erhebung der Anklage veranlassen konnte.

[97]) Es giebt nur ein Verfahren von Amtswegen. Vgl. I §§ 215, 226, 231, 232, 334. II §§ 277, 293, 297, 298, 444. Charakteristisch ist, daß in dem 339 Seiten umfassenden amtlichen alphabetischen Register (Wien, 1815) die Stichworte „Anklage" oder „accusatio" oder Ableitungen davon überhaupt nicht vorkommen.

verlangen des Verletzten behandelt, und trotz des Umstandes, daß das Recht des Geschädigten, durch eigenen Prozeßbetrieb auf Bestrafung des Schädigers zu drängen, nur ein kümmerliches Fortleben in der Theorie führt, läßt diese selbe Epoche des Inquisitionsprozesses dem Reparationstriebe des Verletzten volle Gerechtigkeit widerfahren und gewährt ihm breitesten Spielraum. Das praktische Bedürfnis und die ältere deutsche Gewohnheit, von einer den Zivil- und den Strafprozeß nicht scharf trennenden Anschauung ausgehend, trägt über die von den Italienern noch bis in das 16. Jahrhundert festgehaltenen theoretischen Bedenken, als deren Vertreter wir oben Julius Clarus erwähnten, den Sieg davon. Das wissenschaftliche Quellenfundament wird in einer Reihe von Stellen des Corpus juris und der PGO. gefunden,[98]) aus denen die Usualinterpretation die Lehre von der continentia causae entwickelt. Nicht länger wird die Erhebung von Ersatzansprüchen als ein bloß bittweises Angehen des Richters aufgefaßt, sondern man findet in dem Schweben einer Kriminaluntersuchung einen eigenartigen Zuständigkeitsgrund für die Anhängigmachung des zivilen Anspruches. Die systematische Stellung der einschlagenden Sätze ist im Zivilprozeß bei der Lehre von den Gerichtsständen. Die Theorie[99]) zeigt sogar bisweilen die Neigung, die Notwendigkeit einer solchen Verbindung zu behaupten. Die Bezeichnung der Vereinigung ist verschieden: man redet vom

---

[98]) Vgl. ob. S. 22 und S. 42/43.

[99]) Carl Aug. Tittmann, Handbuch des gemeinen deutschen peinlichen Rechts, Halle 1810. Teil IV § 671 S. 207. § 878 S. 755—759; an letzterer Stelle wird der Adhäsionsprozeß zum Teil mit dem summarischen Strafprozesse, zum Teil mit dem Injurienprozeß, der auch Rügen- oder Denunziationsprozeß genannt wird, in unklarer Weise vermengt. Martin, Lehrbuch des Zivilprozesses § 253. S. Jordan, Adhäsionsprozeß, in Weiskes Rechtslexikon, Bd. I, 2. Ausg. (1844), S. 122—132. Jul. Wilh. Planck, Die Mehrheit der Rechtsstreitigkeiten im Prozeßrecht, Göttingen 1844, § 48 S. 375. S. 380—384. Derselbe, systematische Darstellung des Deutschen Strafverfahrens, Göttingen 1857, § 209 S. 636—650. F. Schwarze, Von der Adhäsion des Beschädigten im Strafverfahren, Arch. des Krim.-Rechts, 1852, S. 342—377. Aug. Wilh. Heffter, Lehrbuch des gem. deutschen Strafr., 6. Aufl., 1857, § 709, S. 564f. Heinr. Alb. Zachariae, Handb. des deutschen Strafproz., Gött. 1861, 1868, Bd. I, § 36 II, S. 223 bis 228. Wetzell, System des ordentl. Zivilproz. 3. Aufl. Leipz. 1878, § 41 V, S. 505—507.

Denunziations- [100]) oder gemischten [101]) oder Adhäsionsprozeß [102]). Ihrem Wesen nach ist die Vereinigung eine rein formelle; es liegen zwei selbständige Prozesse neben einander vor, die durchaus verschiedene Zwecke verfolgen. Wenn wir uns der früher erwähnten Typen erinnern, so weist der angehängte Prozeß den Typus II, der Hauptprozeß den Typus IV [103]) auf. Und der Gegensatz wird noch schärfer, wenn wir bedenken, daß zwar im fiskalischen Prozeß der Staat in eine Klägerstellung gerückt ist, daß es dagegen im Inquisitionsprozeß an einem Kläger völlig fehlt, während ein solcher in dem verbundenen Schadensprozeß auftritt. Voraussetzung der Verbindung ist, daß der Kriminalrichter auch für Zivilsachen Kompetenz habe und für den betreffenden Anspruch nicht eine ausschließliche Zuständigkeit (wie z. B. in Ehesachen) begründet sei. In beiden Prozessen erhebt

---

100) Dieser Ausdruck ist irreführend und zu eng. Er bezeichnet auch diejenige Art des Strafverfahrens, bei der ein Angeber oder Anzeiger den ersten Anstoß zur Verfolgung geliefert hat (und in specie den Injurienprozeß). Bezieht man den Namen aber auf das Verfahren über den Zivilpunkt, so würde es scheinen, als sei solcher Anschluß nur an den auf Initiative eines Angebers eröffneten Kriminalprozeß gestattet. Die Art der Veranlassung der strafgerichtlichen Untersuchung (Anzeige, Gerücht, amtliche Wahrnehmung) ist indessen für Charakter und Modus des Vorgehens wie überhaupt, so auch in diesem Punkte unwesentlich. Auch wenn ein anderer Anlaß, als eine Denunziation, den Richter zum Einschreiten brachte, kann der Beitritt des Verletzten wegen seiner Entschädigungsansprüche erfolgen. Daß dieser Beitritt übrigens kein Dazwischentreten, keine „Intervention" im prozessualen Sinne war — was von einigen behauptet und wobei dann des weiteren gestritten wurde, ob accessorische oder prinzipale — darüber s. S. Jordan, a. O., S. 128.

101) So wird aber auch derjenige Inquisitionsprozeß genannt, der sich äußerlich einem akkusatorischen Typus insofern nähert, als ein Promotor oder Fiskal auftritt, also der fiskalische Strafprozeß. Der Ausdruck „processus mixtus" geht somit auf zwei grundverschiedene Dinge und ist daher als zweideutig zu meiden. Selbstverständlich kann auch an einen fiskalischen Strafprozeß ein Adhäsionsprozeß angehängt werden, und es ist dann klar genug, wie sich beide von einander abheben. Gleichwohl gehen die beiden Bedeutungen des Wortes bei älteren Schriftstellern oft durcheinander.

102) Zuerst von Joh. Christ. Eschenbach, Von den Einteilungen und Quellen des Criminalprocesses (Plitt, Repertorium für das peinliche Recht, Bd. II, Rostock 1788) gebraucht.

103) oder Typus III, der jedoch nur ein theoretisches Dasein genießt.

sich eine gemeinsame Frage: Hat der Beschuldigte die und die — einesteils strafbare, andernteils schädigende — Handlung begangen? Die gemeinsame Beantwortung ist für alle Teile Zeit und Kosten sparend, daher bequem. Aber um die spezifischen Rechtsfolgen aussprechen zu können, sind auch noch anderweite und beiderseits häufig verschiedene Feststellungen nötig. Hier kann es zu Kollisionen kommen. Dann gilt als Richtschnur: der Strafprozeß ist die Hauptsache, und der Zivilanspruch muß sich dem anbequemen, so gut es geht. Vor allem muß er weichen und sich die Verweisung vor den Zivilrichter gefallen lassen, wenn andernfalls eine Verzögerung der Entscheidung in der Kriminalsache herbeigeführt werden würde. Ferner wird das Recht der Beweismittel, der Prozeßbetrieb und die Anfechtung durch Rechtsmittel von strafprozessualen Grundsätzen beherrscht. Die Interessen der Kriminaluntersuchung entscheiden allein darüber, ob der Geschädigte auch als Zeuge vernommen werden kann, trotzdem er Zivilpartei ist. Soweit das dem Strafzweck dienende Vorgehen gleichzeitig für den anderen Punkt ausgebeutet werden kann, liegt eben dies im Sinne der Verbindung und der durch sie erstrebten Bequemlichkeit: insbesondere kommt hier die Beweiserhebung und das Verhör des Inquisiten in Betracht. Soweit dagegen nur die Entschädigungsansprüche ins Gewicht fallen, dürfen zu ihrer Feststellung die dem Kriminalprozeß ausschließlich eigentümlichen Mittel und Formen nicht verwendet werden, so z. B. nicht das inquisitionsmäßige artikulierte Verhör des Angeschuldigten mit Antwortepflicht und Lügenstrafen. Aber auch die eigenartigen zivilprozessualen Erscheinungen können andererseits, da ja ein Strafrichter sie handhaben müßte, nicht zur Verwendung gelangen: also weder das Beweisinterlokut noch die Eidesdelation. Aus diesen Grenzziehungen ergiebt sich die ungefähre endgiltige Ausgestaltung des gemeinrechtlichen Adhäsionsprozesses.

Weit entfernt, den Verletzten mit seinen Schadensforderungen aus dem Prozesse zu verdrängen und ihn auch auf diesem Felde lahm zu legen, haben die partikulären Gesetzgebungen die Berücksichtigung solcher Zivilansprüche ausdrücklich unter die amtlichen Aufgaben des Strafrichters einbezogen. Demgemäß führt die preußische Kriminal-Ordnung von 1805, nachdem sie in § 4 der Einleitung die Darlegung der Schuld oder Schuldlosigkeit eines Angeschuldigten als „den" Hauptzweck einer Kriminaluntersuchung bezeichnet hat, in § 6 also fort:

> „Ein anderer Hauptzweck, der niemals außer Acht gelassen werden darf, ist auch der, daß durch die Untersuchung demjenigen, der durch ein Verbrechen beschädiget worden ist, zum Ersatz seines Schadens verholfen werden soll."

Insoweit schließt demnach die Kriminalgerichtsbarkeit die zivile Kompetenz in sich; dagegen ist das Umgekehrte nicht der Fall (vgl. Cr.-Odg. § 20). Über das Verfahren, wenn der Verletzte Ersatzansprüche erhebt, sind nähere Bestimmungen nicht gegeben, außer daß mehrfach auf die Ermittlung des Schadens hingewiesen[104]) und dem Beschädigten ein Vorrecht bei der Zwangsvollstreckung eingeräumt wird:

> § 637. Wenn das Vermögen eines Verbrechers nicht dazu hinreicht, denjenigen, der durch das Verbrechen beschädiget worden, zu entschädigen und zugleich die Untersuchungskosten zu tragen; so gebühret dem Beschädigten in jedem Falle ohne Unterschied der Vorzug vor den Untersuchungskosten, sie mögen in Gebühren oder Auslagen bestehen.

Endlich sind noch zwei Paragraphen zu erwähnen, in denen zum Teil allerdings von einem eigenartigen Spezialpunkt, der Restitution entwendeter Gegenstände, die Rede ist, die im übrigen aber zeigen, daß in Übereinstimmung mit den gemeinrechtlichen Grundsätzen der Kriminalprozeß die Hauptsache bildet, und daß der Reparationszweck, falls er deren Erledigung verzögern würde, zurückzutreten hat.

> § 68: Bei Räubereien, Diebstählen und Betrügereien muß der Richter zugleich auf die Herbeischaffung der entwendeten oder veruntreuten Sachen bedacht seyn, und bei allen solchen Verbrechen, wodurch ein zu ersetzender Schade entstanden ist, den Verbrecher über die Mittel, diesen Ersatz zu leisten, vernehmen, auch von Amtswegen, alle diejenigen Verfügungen treffen, welche zur Sicherstellung des Ersatzes notwendig sind.

---

[104]) Crim.-Odg. §§ 135, 181—185, 196, 197.

§ 69: Sind die Kriminal- und Zivilgerichtsbarkeit getrennt, und erfordert dieser Zivilpunkt eine weitläuftige Erörterung, so muß die Berichtigung desselben dem Zivilrichter überlassen werden.

Unter dem Schaden, dessen Ersatz durch den Anschluß erreicht wird, wird stets nur materieller Schaden verstanden; wie denn auch bei Beleidigungen der Ehre § 585 ALR. II 20 ausdrücklich nur den „an seinem Körper oder äußern Glücksumständen verursachten" hierher bezieht und dazu auf § 79 ff. ALR. I 6 verweist[105]).

In dem „eigentlichen" Injurienprozeß[106]) ist die Schadensklage des Beleidigten mit der Klage auf Privatgenugthuung zu verbinden[107]); in dem fiskalischen Untersuchungsprozeß wegen Injurien hat nach Schluß der Untersuchung und Einkommen der Defension der Inquirent die Akten dem Denunzianten vorzulegen, damit dieser sich erkläre (§ 70 AGO. I. 35)

„was er, in Rücksicht seines bei der Sache mit obwaltenden Privatinteresse, anzuführen habe."

---

[105]) Etwas durchaus Anderes ist die Privatgenugthuung bei Injurien (§ 584). Sie besteht — mit Unterschieden, je nachdem der Vorsatz ausgemittelt ist, oder nicht — in Ehrenerklärung, durch den Beleidiger (schriftlich, § 589, oder mündlich, 590) oder den Richter (§ 604); darin, daß dem Beleidiger sein Unfug durch den Richter nachdrücklich verwiesen wird (§ 595, wobei Dienstboten, Kinder, und sonstige Untergebene knieen müssen § 598); oder in freiwilliger Abbitte statt des Verweises (§ 600). Dazu tritt Ausfertigung der Verweis-Verhandlung (§ 595), eventl. deren Publikation (§ 599). Pasquille werden vom Gerichtsdiener zerrissen und mit Füßen getreten (§ 620), anonyme werden öffentlich verbrannt (§ 621). Alles dies ist seinem Wesen nach Strafe, bei geführtem Wahrheitsbeweis entfällt sie (§ 551; ebenso bei Erwiderung § 661). Aber es ist insofern Privatstrafe, als es ein Verlangen des Beleidigten (§ 656 ff.) voraussetzt, das dieser unter Umständen gar nicht einmal „ohne Verletzung seiner eigenen Ehre" erheben kann (§ 634). Durch den ausdrücklichen oder stillschweigenden Erlaß der Privatgenugthuung wird das Recht „zum eigentlichen Schadensersatze" nicht berührt (§ 660). — Vgl. zur prozessualen Behandlung in den verschiedenen Formen des Injurienprozesses: Allg. Ger.-Ordng. Teil I, Tit. 34 §§ 4, 13, 14. Durch Anhang § 229 wurden Verweis, Abbitte und Ehrenerklärung beseitigt.

[106]) S. ob. S. 49, Anm. 87.

[107]) § 20 AGO. I. 34. Die Anfechtung ist die strafprozessuale, bei Summen über 50 Thlr. jedoch die zivilprozessuale (oder richtiger allgemein prozessuale): Tit. 14, 15.

Das österreichische Gesetzbuch über Verbrechen und schwere Polizey-Übertretungen bezeichnet in Teil I § 338b für das Verfahren wegen Verbrechen, in Teil II § 325d für das wegen schwerer Polizey-Uebertretungen als Zweck der Untersuchung auch: denjenigen, die durch die Strafthat Schaden gelitten haben, Entschädigung zu verschaffen, und erstreckt die amtliche Pflicht der Kriminalgerichte zu Beweiserhebungen ausdrücklich auch hierauf. Es handelt sodann in Teil I, 17. Hauptstück ausführlich von der „Entschädigung und Genugthuung". Das Hauptgericht legt es auf die Zurückstellung des entzogenen Gutes (§ 514) oder die Unterstützung bei der Nachforschung, wo das entzogene Gut geblieben sei (§ 515). Doch auch der Gelderſatz kann durch das Kriminalgericht verhängt werden. Dabei erscheint der Standpunkt der österreichischen Gesetzgebung als minder liberal als das gemeine —, jedoch als viel deutlicher als das preußische Recht. Mit einer gewissen Ängstlichkeit wird betont, daß nur bei absoluter Gewißheit in der Schadensfrage dem Adhärenten zu willfahren sei. Dafür wird andererseits die Zivilklage des Verletzten durch den Anschluß an den Kriminalprozeß nicht verbraucht, soweit sie auf ein Mehr geht. Die einschlägigen Stellen lauten:

§ 522. Wenn das fremde Gut nicht mehr zurückverschafft werden kann, ist das Kriminal-Gericht zwar verpflichtet, bey der Untersuchung von Amts wegen aufzuklären, was für ein Schade aus dem Verbrechen entstanden sey. In dem Urtheile aber ist nur dann etwas in Beziehung auf die Entschädigung zu bestimmen, wenn der Betrag des Schadens, und die Person, der die Entschädigung gebühret, aus der Verhandlung deutlich, und zuverlässig erhellet. In diesem Falle soll das Criminal-Gericht mit dem Strafurtheile zugleich das Erkenntniß schöpfen, wann, und in was für einem Betrage von dem Verbrecher eine Entschädigung zu leisten sey; und dieses Erkenntniß ist jedem, dem eine Entschädigung zugesprochen worden, von dem Criminalgerichte zuzustellen.

§ 523. Ein solches Erkenntniß hat gleich einem andern rechtskräftigen Urtheile die Wirkung, daß derjenige, dem die Entschädigung zuerkannt ist, den Civilrichter des Verurtheilten unmittelbar um die Execution anrufen kann. Er ist aber durch dieses Erkenntniß nicht gehindert, auch eine größere Entschädigung zu fordern, wenn er einen größeren Schaden, als durch das Erkenntniß des Criminal-Gerichtes bestimmet ist, zu erweisen vermag.

§ 524. Findet das Kriminal-Gericht sich außer Stand, mit Zuverlässigkeit zu bestimmen, wem eigentlich eine Entschädigung aus dem Verbrechen gebühre, oder worin diese Entschädigung zu bestehen habe; so hat es nur dem Strafurtheile einzurücken, daß denjenigen, denen der Verbrecher Schaden gethan, ihre Entschädigung im ordentlichen Rechtswege zu suchen bevorstehe. Wenn nun jemand, um dieses ihm vorbehaltene Recht ausführen zu können, sich der Beweise halber bey dem Criminalgerichte meldet, ist ihm das Einsehen der Untersuchungsacten, jedoch bloß an denjenigen Stellen zu gestatten, welche auf das an ihm verübte Verbrechen Beziehung haben, und ihm zu Beweisgründen seines Rechtes dienstlich seyn können. Von solchen Stellen müssen ihm auch auf Verlangen Abschriften hinausgegeben werden.

Beziehen sich die bisher mitgeteilten Vorschriften auf die Verbrechen, so trifft Teil II § 398 für die schweren Polizey-Übertretungen entsprechende Bestimmung. Beide Teile des Gesetzbuchs ordnen ferner an (Teil I § 426 IVb. Teil II § 397c), daß das Urteil sich über die Entschädigung — sei es durch Fixierung des Betrages, sei es durch Vorbehalt der Ansprüche — auszulassen habe, und zwar gehört dies zum „eigentlichen Inhalt des richterlichen Ausspruches", also in den Urteilstenor.

Die Entschädigungsfrage gilt dem Gesetzgeber für so wichtig, daß sie — wenigstens wenn ein Verbrechen den Grund der Ersatzansprüche liefert — unter Umständen den alleinigen Zweck des Verfahrens bilden kann (Teil I § 476, Satz 2). Ist nämlich jemand wegen eines Verbrechens verurteilt, und war bei der Aburteilung unbekannt geblieben, daß er früher schon ein anderes Verbrechen derselben Gattung begangen hatte, so kann er im allgemeinen nicht mehr wegen jener alten Missethat, die er noch auf dem Kerbholz hat, zur Strafe gezogen werden. Jedoch auch in diesem Falle

„kann ein neues Verfahren, nicht um eine strengere Strafe auszumessen, sondern nur so weit Statt finden, als es etwa auf eine Entschädigung ankommt, und aus dem Zusammenhange der vorigen Acten mit den neu entdeckten Umständen, sich mit Grund hoffen läßt, eine Entschädigung verschaffen zu können"[108]).

§ 6. Das reformierte deutsche Strafverfahren.

A. Seitenblick auf das französische Recht.

Als in den vierziger Jahren dieses Jahrhunderts der Wendepunkt im deutschen Strafverfahren eintrat, da war zu erwarten, daß mit der Wiedergewinnung eines Anklageverfahrens auch die prozessuale Stellung des Verletzten sich wieder heben werde. Das französische Recht — sonst in so vielem vorbildlich — kannte eine Einwirkung des Verletzten nach den beiden bisher unterschiedenen Richtungen hin.

Zwar ist die plainte de la partie lésée im Code d'instruction criminelle keine Klagerhebung mehr, sondern nichts weiter als Strafanzeige und mit der dénonciation vollständig zusammengefallen. Aber doch besteht, auch ohne Verfolgung von Schadensansprüchen, die Möglichkeit, daß der verletzte Private ohne Dazwischenkunft des ministère public den Beschuldigten unmittelbar vor das Gericht laden läßt (citation directe — unserer heutigen Privatklage entsprechend). Diese Befugnis besteht erstens bei contraventions de police simple[109]) und zweitens dans les matières du ressort de la police correctionelle[110]), jedoch nur für die erste Instanz. Ein Rechtsmittelrecht wegen des staatlichen Strafanspruches steht dem Verletzten nicht zu (cf. art. 202 Ziff. 2).

---

[108]) Von Entschädigung handeln außerdem in untergeordneter Weise I §§ 252, 353 i, 477 c, 489. II §§ 312, 341. Endlich seien I § 208 b, II § 274 b erwähnt, die beide den Eintritt der Verjährung davon abhängig machen, daß der Verbrecher dem Verletzten Schadensersatz geleistet hat, und die somit auch hierdurch die hohe Bedeutung zeigen, die das österreichische Gesetzbuch der Entschädigungsklage beimißt.

[109]) Art. 145: Les citations . . . . seront faites à la requête . . . . de la partie qui réclame.

[110]) Art. 64, Abs. 2: . . . . la partie lésée pourra s'adresser directement au tribunal correctionnel . . . . Art. 182: Le tribunal sera saisi, en matière correctionnelle, de la connaissance des délits de sa compétence . . . . par la citation donnée directement au prévenu et aux personnes civilement responsables du délit par la partie civile . . . . cf. Art. 183.

Daneben genießt der Verletzte die vollkommenste und größte Freiheit für die Bethätigung seines Reparationstriebes. Die Formen und Mittel des Strafprozesses sind nicht ausschließlich für die action pour l'application des peines, für die action publique bestimmt; sondern die ersten Eingangsbestimmungen des Code d'instruction stellen sie ausdrücklich auch für die action en réparation du dommage causé, für die action civile zur Verfügung:

> Art. 3: L'action civile peut être poursuivie en même temps et devant les mêmes juges que l'action publique.

Der dispositive Teil des Urteils muß sich dann auch über diesen Punkt aussprechen (Art. 161, 195).

B. Der Satisfaktionstrieb des Verletzten.

Die französischen Bestimmungen haben auf die Stellung des Verletzten im reformierten deutschen Strafprozeß im allgemeinen nicht eingewirkt. Ebenso wie neben dem bisherigen Inquisitionsprozeß in einzelnen Fällen noch ein auf Herbeiführung der Bestrafung gerichtetes Verfahren von akkusatorischem Typus (in Preußen direkt eine Art Zivilprozeß) in die Hände des durch die Strafthat Geschädigten gelegt war, so stellten jetzt die neueren Ordnungen neben das im allgemeinen vom Staatsanwalt betriebene Vorgehen zum Zweck der Bestrafung in einzelnen Fällen ein gleichartiges vom gekränkten Privaten ausgehendes. Nur die Fälle und der Umfang solchen Privatklageverfahrens waren Gegenstand höchst verschiedener gesetzgeberischer Normierung und theoretischer Erörterung. Nur über die Fälle und den Umfang der Privatklage bestand auch Schwanken in den Entwürfen zur Reichsstrafprozeßordnung. Der Grundgedanke aber, daß in einzelnen Fällen, schon zur Entlastung der Staatsanwaltschaft, die Verfolgung des staatlichen Strafanspruches dem Verletzten zu privater Mühewaltung zu überlassen sei, ist nicht wieder aufgegeben worden. Die in dieser Richtung radikale Tendenz des Inquisitionsprozesses ist dadurch gemildert und auf ein Maß zurückgeführt worden, über dessen richtige Ziehung sich im einzelnen streiten lassen mag. Diese gesamten Details fallen nicht in den engeren Rahmen unserer Betrachtung [111]).

---

[111]) Vgl. Zachariae, Handbuch, Bd. II (1868) § 73, S. 39/40, Anm. Anlage IV zu den Mot. des Entw. III der Str.-Proz.-Odg., bes. die Über-

Hiermit hängt nun ein höchst merkwürdiger neu auftauchender Gedanke zusammen. Man kann es wohl begreifen, daß der Staat auch in den Fällen, wo er die Verfolgung eines staatlichen Strafanspruches privaten Händen überlassen hat, ein gewisses Mißtrauen nicht unterdrücken kann, ob auch der Private — mag selbst Haß und Rachsucht ihn treiben — mit der nötigen Energie und Furchtlosigkeit für die öffentlichen Interessen einstehen wird, ob er nicht doch erlahmt, erschlafft und mürbe wird, und ob nicht schließlich der Staat in seinen Ansprüchen eine erhebliche Einbuße erleidet. Es ist aus diesen Gründen verständlich, wenn einzelne Partikulargesetzgebungen dem Staatsanwalt auch bei Privatklagen eine Mitwirkung oder gar eine Übernahme der Strafsache auf den Staatsbetrieb gestatten.

Aber nicht verständlich ist das Umgekehrte. Betreibt die Staatsanwaltschaft ex officio die Verfolgung wegen einer Strafthat, durch die ein Privater verletzt ist, wegen deren er vielleicht vorgängig Strafantrag gestellt hat oder ohne Erhebung der öffentlichen Klage zur Privatklage schreiten könnte, so kann nicht wohl ein Mißtrauen entstehen, ob die Interessen dieses Privaten genügend gewahrt sein werden. Andere materielle Interessen als Schadensersatz hat er nicht. Sind aber seine Reparationsansprüche genügend garantiert, so ist überhaupt nicht abzusehen, warum er mit seinem vielleicht ganz ungezügelten Satisfaktionstriebe in das doch lediglich öffentlichen Zwecken dienende Verfahren sich einmischen dürfte. Soweit die Berücksichtigung der Genugthuung, die auch dem Verletzten durch das strafrichterliche Urteil werden soll, im staatlichen Interesse liegt, ist es Sache des staatlichen Funktionärs, diesen Gesichtspunkt hervorzukehren. Nur er, nicht der Private hat darüber ein beachtliches Urteil. Man will und kann nicht Existenz des Strafanspruchs oder Intensität der Strafe von dem Maße des Schmerzgefühls abhängig machen, das die

---

sicht S. 158—160. Nur Bayern und Hessen kannten die Privatanklage überhaupt nicht. Preußen verweist die Klage des Verletzten wegen Ehrverletzung und leichter Mißhandlung in den Zivilprozeß, Art. XVI des Ges. vom 14. April 1851 betr. die Einführung des Strafgesetzbuchs. Hannover kannte nach der StPO. vom 8. November 1850 eine subsidiäre Privatanklage bei Polizeiübertretungen (§§ 40, 204 Abs. 3); auch diese wurde durch die revidierte StPO. vom 5. April 1859 beseitigt.

Strafthat bei einem hitzigen und boshaften Verletzten ausgelöst hat.

Wenn man Billigkeitserwägungen für eine Mitwirkung des Verletzten im staatlichen Strafverfahren, insbesondere für ein ihm zu gewährendes Rechtsmittelrecht geltend gemacht hat, so stellte man damit das kümmerliche Satisfaktionsinteresse des Einzelnen über das Wohl der Gesamtheit, das einzig und allein für Pönalisierung und Bestrafung menschlicher Handlungen maßgebend sein darf.

Gleichwohl hatten jene staatsanwaltsfeindlichen Billigkeitsgefühle, die einer Kontrolle der amtlichen Thätigkeit durch das geschärfte Auge des seelisch Gekränkten geneigt waren, einen lauten Ausdruck gefunden auf den Verhandlungen des I. und II. Deutschen Juristentages (1860 und 1861). Der Rechtsanwalt Lewald in Berlin stellte den Antrag (Nr. 2):

> In allen Fällen sind neben der Staatsanwaltschaft den Privatbeteiligten die vollen Rechte einer Partei, welche nicht bloß die Zuerkennung einer Entschädigungssumme, sondern die Verurteilung des Angeklagten erstreben darf, einzuräumen.

Im Jahre 1860[112]) wurde diese Frage der ständigen Deputation zur Prüfung und zum Vortrag beim nächsten Juristentage überwiesen. Im folgenden Jahre wurden alsdann[113]) in der Abteilung und im Plenum eine Reihe von Beschlüssen gefaßt, von denen sich der beide Male angenommene § 7[114]) auf den uns hier interessierenden Punkt bezieht:

---

[112]) Vgl. Verhandl. 1860, S. 70, S. 246f., S. 258, S. 322ff. Lewalds Vorbild war ein anregender und ideenreicher Aufsatz von Glaser in der Allg. Österr. Gerichtszeitung, 1860, Nr. 87ff. (s. auch Ges. kleinere Schriften, Bd. I, 1868, unter XIV A: „Das Prinzip der Strafverfolgung", S. 427ff., bes. S. 436).

[113]) Nach schriftlichen Gutachten des Ober-Staatsanwalts Dr. v. Groß (Eisenach) und des Obertribunalsrates Dr. v. Seckendorff (Berlin) — 1861, Bd. 1, S. 131ff., S. 175ff. — und nach Berichterstattung durch den Generalstaatsanwalt Dr. Schwarze (Dresden) — Bd. 2. S. 289ff. (in der 3. Abteilung), S. 657ff. (im Plenum). —

[114]) Die vorangehenden §§ 5, 6 beschäftigen sich in ganz genereller Weise mit dem Adhäsionsprozeß und den Rechten des Beschädigten als Adhärenten. Vgl. Verhandl. 1861, Bd. II, S. 280ff., 289, 427ff., 657, 669.

> Dem Beschädigten ist die Befugnis einzuräumen, einen Antrag auf Verurteilung, insbesondere gegenüber dem Antrage des Staatsanwalts auf Freisprechung, vor dem erkennenden Gerichte zu stellen und zu begründen.

Die vom Juristentag ausgehende Anregung fand zunächst in der Kommission des preußischen Abgeordnetenhauses für das Justizwesen in der Session 1862 Anklang. Dortselbst wurde ein Gesetzentwurf ausgearbeitet, der sich mit der subsidiären Privatanklage und der Stellung des Privatanklägers in höchst beachtenswerter Weise beschäftigt[115]). Er enthält auch folgenden § 11:

> Demjenigen, welcher sich durch eine strafbare Handlung in seinen Rechten verletzt hält, steht das Recht zu, der seitens der Staatsanwaltschaft erhobenen Anklage beizutreten und selbständig Anträge auf Beweiserhebung zu stellen. Er muß auf sein Verlangen bei der Verhandlung der Sache über die Frage, ob die strafbare Handlung begangen und ob der Angeschuldigte der Thäter sei, gehört werden. Die Beitrittserklärung sowie die Anträge des Verletzten sind nur zu berücksichtigen, wenn sie durch einen mit Vollmacht versehenen Rechtsanwalt angezeigt und beziehungsweise gestellt werden.
>
> Die selbständige Einlegung von Rechtsmitteln ist dem nur beitretenden Verletzten nicht gestattet[116]).

Endlich fand jener vom Juristentag ausgehende Ruf auch in der wirklichen Gesetzgebung einen Widerhall. Die revidierte Strafprozeßordnung für das Königreich Sachsen vom 9. Oktober 1868 nahm unter Schwarzes Einfluß das neue Institut auf, ohne daß jedoch die Motive bessere Gründe beibringen, insbesondere ohne daß sie mit einem Worte auf ein wirkliches oder

---

[115]) Drucksachen des Abgeordn.-Hauses, 1862, Nr. 66, S. 41. Die §§ 1—3 regeln das Verfahren über die Verstattung zur Privatanklage; sie sind das Urbild zu unsern heutigen Vorschriften in StPO. §§ 170 ff. Es folgen auf einander eventuell: abweisender Bescheid des Staatsanwalts beim Gericht erster Instanz — Beschwerde an den Oberstaatsanwalt beim Appellationsgericht — Antrag beim zuständigen Strafgericht — Beschwerde beim Appellationsgericht.

[116]) § 12 ordnet das Verfahren über die Berechtigung zum Beitritt in Anlehnung an das Verfahren der §§ 1—3 über die Befugnis zur Privatanklageerhebung s. Anm. 115. § 17 Abs. 3 befreit die „Privatpartei" von jeder Kostenpflicht.

auch nur eingebildetes Bedürfnis hinweisen[117]). Der Art. 30b sagt im Anschluß an die vorangegangenen Normen über die Privatklage:

Eine besondere Mitwirkung des antragsberechtigten Verletzten bei dem strafgerichtlichen Verfahren findet nicht weiter statt. Auch stehen ihm, soweit das Gesetz nicht zu seinen Gunsten etwas Anderes ausdrücklich verordnet, die dem Staatsanwalt eingeräumten Rechtsmittel nur insoweit zu, als er die Beschlüsse und Entscheidungen des Gerichts, durch welche die Untersuchung eingestellt oder der Angeklagte freigesprochen wird, in demselben Maße und unter denselben Bedingungen, wie der Staatsanwalt anfechten kann.

Es sind dem Antragsteller zu diesem Behufe die erwähnten Beschlüsse und Entscheidungen des Gerichts von letzterem bekannt zu machen.

Ebenso hat das Gericht ihn von dem Tage der Hauptverhandlung, beziehungsweise des Einspruchstermins, sofern in jener oder in diesem das von ihm angezeigte Verbrechen Gegenstand der Verhandlung und Entscheidung ist, in Kenntnis zu setzen und ihm das Erscheinen bei der Verhandlung zu gestatten.

Dem sächsischen Vorbild ist mit frappierender Selbstverständlichkeit unter weiterem Ausbau des neuen Institutes die Reichsgesetzgebung gefolgt. Der Entwurf I der Strafprozeßordnung (vom Januar 1873) behandelt den „Anschluß des Verletzten als Nebenkläger" in Buch V, Abschn. III (§§ 314—321), die zur Vergleichung mit dem schließlichen Resultat der Beratungen — den §§ 435—442 der heutigen StPO. — hierher gesetzt seien. Die vorangehenden Abschnitte I und II behandeln die Privatklage des Verletzten, und zwar Abschnitt I (§§ 282ff.) die subsidiäre (mit Anwaltszwang und obligatorischer Kautionsstellung) bei strafbaren Handlungen,

„deren Verfolgung nur auf Antrag eintritt oder bei denen

---

[117]) Gesetz- u. Verordnungsblatt 1868, S. 1046. Friedr. Osk. Schwarze, Die Strafprozeßgesetze im Königr. Sachsen, Bd. 1. Lpzg. 1869, S. 20, 213—217. (Mot. der StPO. daselbst S. 215/6.)

der Strafrichter neben der Strafe auf eine an den Verletzten zu erlegende Buße erkennen kann";

Abschnitt II (§§ 305ff.) die prinzipale bei Beleidigungen und Körperverletzungen, die Antragsdelikte sind (ohne Anwalts- und Kautionszwang, aber mit der Voraussetzung erfolglosen Sühneversuchs). Hierauf folgen die von der Nebenklage handelnden Bestimmungen:

§ 314. Wer als Privatkläger aufzutreten befugt sein würde, kann sich der erhobenen öffentlichen Klage in jeder Lage des Verfahrens als Nebenkläger anschließen.

Es kann dies behufs Einlegung von Rechtsmitteln auch nach ergangenem Urteil geschehen.

Zu einer Sicherheitsleistung ist der Nebenkläger nicht verpflichtet.

§ 315. Die Anschlußerklärung ist bei dem Gericht schriftlich einzureichen.

Das letztere hat über die Berechtigung des Nebenklägers zum Anschluß nach Anhörung der Staatsanwaltschaft zu entscheiden.

§ 316. Der Nebenkläger hat nach erfolgtem Anschluß die Rechte des Privatklägers.

Mit Wahrnehmung derselben kann er einen Rechtsanwalt beauftragen.

§ 317. Der Fortgang des Verfahrens wird durch den Anschluß nicht aufgehalten.

Die bereits anberaumte Hauptverhandlung sowie andere Termine finden an den bestimmten Tagen statt, auch wenn der Nebenkläger wegen Kürze der Zeit nicht mehr geladen oder benachrichtigt werden konnte.

§ 318. Entscheidungen, welche schon vor dem Anschluß ergangen und der Staatsanwaltschaft bekannt gemacht waren, bedürfen keiner Bekanntmachung an den Nebenkläger.

Die Anfechtung solcher Entscheidungen steht auch dem Nebenkläger nicht mehr zu, wenn für die Staatsanwaltschaft die Frist zur Anfechtung abgelaufen ist.

§ 319. Ist in der Hauptverhandlung weder der

Nebenkläger noch ein Anwalt desselben erschienen, so wird das Urteil dem ersteren zugestellt.

§ 320. Der Rechtsmittel kann sich der Nebenkläger unabhängig von der Staatsanwaltschaft bedienen.

Wird auf ein nur von dem Nebenkläger eingelegtes Rechtsmittel die angefochtene Entscheidung aufgehoben, so liegt der fernere Betrieb der Sache wiederum der Staatsanwaltschaft ob.

§ 321. Die Anschlußerklärung verliert durch Widerruf sowie durch den Tod des Nebenklägers ihre Wirkung.

Diese Bestimmungen gingen als §§ 320—327 in Entwurf II und mit geringen Änderungen, von denen nur eine uns hier interessiert, als §§ 366—374 in Entwurf III über. Die eine zu erwähnende Änderung ist folgende. Nach Entwurf I § 314 konnte es drei Fälle der Nebenklage geben, die folgenden Fällen der Privatklage entsprechen:

1. der subsidiären Privatklage bei Antragsdelikten;
2. der subsidiären Privatklage des Bußberechtigten;
3. der prinzipalen Privatklage bei Beleidigung und Körperverletzung.

Von diesen ist der Fall 1 in Entwurf III beseitigt, und um ihn auszuschließen, lautet der Eingang des nunmehrigen § 366:

> Wer nach Maßgabe der Bestimmung des § 356 — [welcher nur die prinzipale Privatklage, den obigen Fall 3, betrifft] — als Privatkläger aufzutreten, oder wer die Zuerkennung einer Buße zu beantragen berechtigt ist, kann sich der erhobenen öffentlichen Klage in jeder Lage des Verfahrens als Nebenkläger anschließen.

Im Gesetz hat man dann den herausgeworfenen Fall 1 gewissermaßen wieder in die Nebenklage hereinbezogen; nämlich insofern, als an die Stelle der subsidiären Privatklage überhaupt das Verfahren nach StPO. § 170 ff. getreten ist, und der in diesem Verfahren siegreiche Verletzte — obwohl niemals Privatkläger — nun doch Nebenkläger sein kann. Dem entspricht die Vorschrift des § 435 Abs. 2 des Gesetzes. Daneben wurden die Fälle des § 366 Entwurf III beibehalten, wobei man vergaß, daß der Bußberechtigte ja ebenfalls die Möglichkeit verloren hat, als subsidiärer Privatkläger aufzutreten, daß also der obige Fall 2 des § 314 Entwurf I gar nicht mehr existiert. In Konsequenz davon hätte die Nebenklage des lediglich satisfaktionslustigen Bußberechtigten — von einem etwaigen Reparationsbegehren rede ich hier nicht, das werden wir sogleich bei den Schicksalen des Adhäsionsprozesses zu betrachten haben — fallen müssen, und es ist ein Redaktionsversehen, wenn sie stehen geblieben ist. Der Zusammenhang ist dadurch noch mehr verschleiert worden, daß man die beiden übrigen Fälle des § 366 Entwurf III (nämlich Fall 2 und 3 aus § 314 Entwurf I) noch räumlich auseinander gerissen und auf zwei von einander weit entfernte Paragraphen verteilt hat: den einen hat man in § 435 Abs. 1, den andern in § 443 Abs. 1 des Gesetzes behandelt. Die Versetzung an letzter Stelle ist in hohem Grade zur Irreführung geeignet.

Was die Motive zur Begründung dieser dem bisherigen Recht nicht bekannten Kontrolle der staatsanwaltschaftlichen Thätigkeit durch Private beibringen, ist nicht viel. Es heißt dort (Mot. zu Entw. III, S. 235, 236): man „kann nicht wohl" dem Verletzten diese Befugnis da versagen, wo man ihm das weitergehende Recht der prinzipalen Privatklage zugestanden hat; — dies Klagrecht „kann nicht" erlöschen, wenn der Staatsanwalt öffentliche Klage für geboten hält; — „noch weniger aber kann" der Verletzte dadurch aus seiner Parteistellung herausgedrängt werden, daß später der Staatsanwalt die Verfolgung übernimmt; — „vielmehr muß sein Recht . . . . . gewahrt bleiben"; ein derartiges Recht „muß ferner eingeräumt werden" in den Fällen der Bußberechtigung. Das ist die ganze Argumentation zu Gunsten eines, wie die Motive selbst anerkennen, völlig neu geschaffenen Rechtsgebildes. —

C. Der Reparationstrieb des Verletzten.

Kurz und unerbaulich ist die Geschichte der für den Reparationstrieb des Verletzten aufgestellten Rechtsformen im reformierten deutschen Strafprozeß. Während man erwarten sollte, daß bei der bisherigen kräftigen Entwicklung des Adhäsionsprozesses einerseits, bei der neu auftretenden stärkeren Berücksichtigung des Verletzten im eigentlichen Kriminalverfahren andererseits, dem Entschädigungsverlangen des Verletzten in dieser Epoche weitester Raum zugestanden würde, ist das Gegenteil der Fall. Preußen bricht mit den Anschauungen der Kriminalordnung von 1805 vollständig, und der früher zweitwichtigste Zweck des Strafprozesses, dem Geschädigten zu seinem Ersatz zu verhelfen, ist in der Verordnung vom 3. Januar 1849 und dem ergänzenden Gesetz vom 3. Mai 1852, nicht mit einer Silbe mehr erwähnt. Denselben Standpunkt nimmt die Strafprozeßordnung für die neu erworbenen Gebietsteile vom 25. Juni 1867 ein, durch die dem Adhäsionsprozesse ein weiterer großer Geltungsbereich entzogen wurde[118]).

Das gleiche wurde in anderen deutschen Staaten befolgt[119]), und im Jahre 1879 bestand die Möglichkeit eines Anschlusses des Verletzten für seine Entschädigungsansprüche nur noch in folgenden Ländern: Baden, Königreich Sachsen, Thüringen (d. h. Weimar, Meiningen, Koburg-Gotha, beide Schwarzburg, beide Reuß und ganz Anhalt), Altenburg, Braunschweig, Lübeck, Hamburg und den Gebietsteilen französischen Rechts[120]). Dazu ist außerhalb des Reiches Österreich hinzuzufügen, das sowohl in der Strafprozeßordnung vom 17. Januar 1850[121]) wie in der vom

---

[118]) Nämlich Schleswig-Holstein, wo gemeines Recht gegolten hatte; Kurhessen und Frankfurt, wo nach den Partikulargesetzen der Anschluß allgemein; Hannover und Nassau, wo er mit Beschränkungen zulässig war.

[119]) So Bayern, Württemberg (zwar nicht 1843, wohl aber 1868), Hessen (Oberhessen und Starkenburg, doch vollständig erst 1865).

[120]) Vgl. die Aufzählung, Motive zu Entw. III der StPO., S. 238, 239, wozu noch Altenburg (1854, Art. 67) und der Bereich des Code d'instr. crim., nämlich Appellationsbezirk Köln, bayerische Pfalz, Rheinhessen und Elsaß-Lothringen kommen.

[121]) Den Grundsatz enthält § 4: „Privatrechtliche Ansprüche aus strafbaren Handlungen sind auf Antrag des Beschädigten im Strafverfahren mit zu erledigen, wenn nicht die Notwendigkeit weiterer Ausführung eine Verweisung derselben vor die Zivilgerichte angemessen erscheinen läßt." Über den Anschluß als Privatbeteiligter (Gegensatz zum Privatkläger, der seinem Satisfaktionstriebe nachgeht) handeln im 18. Hauptst. die §§ 401—403, 405, 411, vgl. 406—408. Die Stellung in der Hauptverhandlung regeln §§ 285, 289, 294, 295, vor den Geschworenen §§ 321, 347 (zur Schuldfrage redet der Privatbeteiligte nicht). § 375 giebt das Berufungsrecht auch wegen der Entscheidung über die etwaigen privatrechtlichen Ansprüche. Gegen das freisprechende Urteil hat der Privatbeteiligte kein Rechtsmittel, weil ein solches ihn „jederzeit auf den Zivilrechtsweg zu verweisen" hat (§ 405).

13. Mai 1873[122]) an dem wohlherbrachten Adhäsionsprozeß treu festgehalten hat.

Trotz des hiernach im reformierten Strafprozeß im allgemeinen zu konstatierenden Umschwunges zu Ungunsten des Reparationsverlangens eines Verletzten machten die ersten beiden Entwürfe der Reichsstrafprozeßordnung doch den Versuch, zu dem gemeinrechtlichen Standpunkt zurückzukehren. Im Entwurf I handelte Buch V, Absch. 4 (§§ 322—336) von dem Anschluß des Verletzten als Zivilkläger. Die wichtigsten Bestimmungen lauteten dahin:

> § 322. Vermögensrechtliche Ansprüche, welche unmittelbar aus einer strafbaren Handlung entstanden und gegen den Angeklagten gerichtet sind, können vor den Schöffengerichten[123]) geltend gemacht werden.

---

[122]) § 4 wörtlich wie StPO. 1850, § 4. Die Fundamentalsätze über die Stellung des abhärierenden Verletzten faßt § 47 dahin:

> Jeder durch ein Verbrechen oder durch ein von Amtswegen zu verfolgendes Vergehen in seinen Rechten Verletzte kann sich bis zum Beginn der Hauptverhandlung seiner privatrechtlichen Ansprüche wegen dem Strafverfahren anschließen und wird hierdurch Privatbeteiligter.
>
> Dem Privatbeteiligten stehen folgende Rechte zu:
>
> 1. Er kann dem Staatsanwalt und Untersuchungsrichter alles an die Hand geben, was zur Überweisung des Beschuldigten oder zur Begründung des Entschädigungsanspruchs dienlich ist.
>
> 2. Er kann von den Akten und zwar, wenn nicht besondere Gründe entgegenstehen, schon während der Vorerhebung und der Voruntersuchung Einsicht nehmen.
>
> 3. Zur Hauptverhandlung wird der Privatbeteiligte mit dem Beisatz geladen, daß im Falle seines Nichterscheinens die Verhandlung dennoch vor sich gehen werde und daß seine Anträge aus den Akten vorgelesen werden würden. Er kann an den Angeklagten, an Zeugen und Sachverständige Fragen stellen oder, um andere Bemerkungen zu machen, schon während der Verhandlung das Wort erhalten. Am Schluß der Verhandlung erhält er, unmittelbar nachdem der Staatsanwalt seinen Schlußantrag gestellt und begründet hat, das Wort, um seine Ansprüche auszuführen und zu begründen und diejenigen Anträge zu stellen, über die er im Haupterkenntnis mit entschieden haben will.

Vgl. außerdem §§ 48. 49. 72. 79 Abs. 2. 110. 193 Abs. 3. 224. 241. 270 Ziff. 5. 283. 365—379.

[123]) Man erinnere sich, daß in Entw. I und II die Strafgerichte aller Ordnungen als Schöffengerichte geplant waren.

§ 326. Beweiserhebungen über Thatsachen, auf welche der Anspruch des Civilklägers gegründet wird, sowie über den Gegenstand desselben finden nur insoweit statt, als sie zugleich für das Strafverfahren erforderlich sind oder die Erledigung der Strafsache durch sie nicht aufgehalten wird.

Andernfalls wird der Zivilkläger mit seinem Anspruch an das Civilgericht verwiesen.

Gegen eine solche Verweisung findet ein Rechtsmittel nicht statt.

§ 329. Die Geltendmachung des vermögensrechtlichen Anspruchs hindert nicht die Vernehmung des Civilklägers als Zeugen in der Strafsache.

§ 331. In dem Urteil des Strafgerichts ist über den Anspruch des Civilklägers nur dann zu entscheiden, wenn der Angeklagte verurteilt wird.

Wird derselbe freigesprochen oder das Verfahren ohne Urteil erledigt, so bleibt dem Civilkläger vorbehalten, seinen Anspruch bei dem Civilgericht zu verfolgen.

§ 332. Eine Mitwirkung der Schöffen findet bei der Entscheidung über den vermögensrechtlichen Anspruch nicht statt.

Das Gericht hat bei letzterer die thatsächlichen Feststellungen des Strafurteils zu Grunde zu legen.

§ 333. Die in dem Urteil getroffene Entscheidung über den vermögensrechtlichen Anspruch kann von dem Civilkläger und dem Angeklagten mit denjenigen Rechtsmitteln, welche im Civilverfahren zulässig sind, innerhalb der für dieses vorgeschriebenen Fristen angefochten werden.

Über die Rechtsmittel entscheiden die Civilgerichte der höheren Instanzen in demjenigen Verfahren, welches bei Anfechtung des Urteils von Civilgerichten eintritt.

§ 336. In den Fällen, in denen der Verletzte die Zuerkennung einer an ihn zu erlegenden Buße verlangt, regelt sich das Verfahren nach den für die Privatklage und den Anschluß des Verletzten als Privatkläger gegebenen Vorschriften.

Diesen Sätzen entsprachen im Entwurf II die §§ 328—341, die aber von dem Bundesratsausschuß für Justizwesen gestrichen wurden. Statt dessen wurde zwischen § 320 und § 321 des Entwurfs II (= § 314 und § 315 des Entw. I, ob. S. 67) die folgende Bestimmung eingeschaltet:

§ 320a. Ein Verletzter, welcher in einem auf erhobene öffentliche Klage anhängigen Verfahren die Zuerkennung einer Buße beansprucht, muß sich zu diesem Zwecke der Klage als Nebenkläger anschließen.

Dem entspricht § 367 des Entw. III, wobei die Motive nur einen Grund gegen den Adhäsionsprozeß anführen, der allerdings — wie sie (S. 240) meinen — seiner Einfügung gebieterisch entgegensteht: die Verschiedenheit des Rechtsmittelsystems im Zivil- und Strafprozesse.

Hierbei ist es denn auch geblieben, obwohl von Schwarze in der ersten Lesung als Mitglied der Kommission noch einmal den Versuch machte, auf die Wiederaufnahme der Bestimmungen des Entwurfs I hinzuwirken. Seine Anträge nach dieser Richtung wurden abgelehnt (Prot. 685—690). Die Kommission stellte ferner den § 367, zusammen mit dem dritten der oben S. 68 unterschiedenen Fälle, an das Ende des Abschnittes (§ 374a = § 443 StPO.), führte die lakonische Andeutung des Entwurfes über die Geltendmachung des Bußanspruches auf Grund v. Schwarzescher Anträge näher aus (§§ 374b—d = §§ 444, 445 StPO.) und fügte den — infolge der oben S. 68 besprochenen anfänglichen Streichung des Falles 1 vergessenen — Fall hinzu, daß ein Privatkläger Buße verlangt (§ 374e = § 446 StPO.).

Hiermit sind wir bei den Bestimmungen unseres geltenden Reichsrechts angelangt, deren näherer Betrachtung wir uns im folgenden Teile zuwenden.

Nur das Eine sei im Rückblick auf die historische Erörterung hervorgetreten, daß von den S. 5 unterschiedenen Typen im Laufe der Neuzeit der Typus IV die Alleinherrschaft errungen und auch im reformierten Strafprozeß behauptet hat — in diesem letzteren freilich unter Einräumung einiger untergeordneter Konzessionen, die wir (S. 6) als Prozeßbetriebsrechte aufzufassen haben, an gewisse Kategorien von Verletzten. Den Typus III repräsentiert im heutigen Recht die auf ganz wenige Fälle beschränkte Privatklage, deren Wesen und Ausgestaltung nicht im Rahmen dieser Arbeit liegt. Typus II — unentbehrlich, soweit ein Privater seine eigenen Interessen verfolgt — spielte im Adhäsionsprozesse des gemeinen Rechts eine wichtige Rolle. Im reformierten Strafprozeß wurde sein Geltungsgebiet kleiner und kleiner, und das Reichsrecht hat diesen Typus gänzlich abzuthun und alle Arten und Zwecke der Beteiligung des Verletzten am Strafverfahren unter einheitliche Form und Regelung zu bringen versucht.

Typus I ist aus dem Strafverfahren längst entschwunden[123]), und höchstens könnte man einen eventuellen Ersatz in StPO. § 127 Abs. 1 finden in der Befugnis „Jedermanns" also auch des Verletzten, einen auf frischer That betroffenen Übelthäter „auch ohne richterlichen Befehl" festzunehmen.

[123]) Was den Reparationstrieb des Verletzten angeht, so giebt es noch Beispiele der Selbsthilfe (s. S. 6). Aber das ist nicht Strafverfahren.

Dogmatischer Teil.

§ 7. Vorbemerkungen.

Die Wissenschaft des heutigen deutschen Strafprozesses hat sich mit der theoretischen Konstruktion des Instituts der Nebenklage viele Mühe gegeben und die verschiedenartigsten Ansichten aufgestellt. Lassen wir unbedeutendere Versuche beiseite, so können wir die drei Hauptmeinungen dahin skizzieren:

entweder (I.) wird die Nebenklage als eine wirkliche Klage aufgefaßt und zwar als eine eigenartige gegenüber der des Staatsanwaltes;

oder (II.) sie wird zwar als eine wirkliche Klage angesehen, die aber mit der des Staatsanwaltes inhaltlich identisch sei;

oder (III.) sie wird überhaupt nicht als eigentliche Klage betrachtet, sondern nur als eine Summe bestimmter prozessualer Befugnisse.

Alle diese Bemühungen wird später, nachdem erst eine eigne sichere Basis gewonnen ist, näher zu analysieren und zu beurteilen der Ort sein. Vorderhand erscheint mir aber allen gegenüber, so wertvoll sie gewiß sind und so mancherlei Licht sie über die verschiedenen Seiten der Sache verbreiten, ein und derselbe Einwand möglich. Es liegt, wie ich glaube, überall derselbe Irrtum oder wenigstens dieselbe ungeprüfte Voraussetzung zum Grunde. Diese stillschweigend als selbstverständlich hingenommene Prämisse für die weiteren Schlußfolgerungen ist bei allen Schriftstellern die Annahme, daß das Institut der Nebenklage überhaupt ein einheitliches sei, und daß deshalb eine theoretische Konstruktion möglich sei, welche alle Formen der Nebenklage umfasse. Diese Voraussetzung bildet auch in der That das Arsenal, aus dem jeder der Schriftsteller, der die ihm voraufgegangenen Theorien bekämpft, das Rüstzeug für seine Widerlegungen holt, ohne daß er indessen Augen dafür hat, daß die von ihm gebrauchten Waffen — nämlich der Nachweis der Inkongruenz gewisser Fälle der Nebenklage mit der bekämpften Konstruktion — auch sehr wohl gegen ihn selbst zu kehren sind.

Es wird sich für unsere Zwecke zuvörderst darum handeln, die Natur der Nebenklage mit Sicherheit so zu bestimmen, daß eine feste Richtschnur für alle zu ziehenden Konsequenzen und Einzelanwendungen gegeben ist. Das wird zwar mit völliger Genauigkeit erst nach sorgsamer Sammlung aller im geltenden Recht enthaltenen Andeutungen möglich sein. Doch sind zwei Punkte sogleich zu erwähnen, die einen vorläufigen Anhaltspunkt für solche Grundlegung bieten.

Der eine ist allgemeiner Natur, der andere positivrechtlicher.

Der erstere weist uns sogleich auf die bedeutsamste Scheidung innerhalb der Nebenklage hin [1]).

Es ist dies die einfache und logisch unbestreitbare Erwägung, daß durch das Auftreten eines Nebenklägers sich an dem wichtigsten und der Regel nach einzigen Zwecke des Strafprozesses nichts ändere: das Vorhandensein eines Strafanspruches zu konstatieren — näher: erstens festzustellen, daß die vom Strafgesetzbuch präzisierten Voraussetzungen für einen Anspruch auf Strafe vorliegen, und zweitens diesem Anspruch einen bestimmten Inhalt zu geben. Bleibt aber dieser Strafanspruch auch bei Auftreten eines Nebenklägers vorhanden, bleibt seine Geltendmachung auch fernerhin der treibende Gedanke des Verfahrens, so bleibt derjenige, dem dieser Anspruch zusteht, auch fernerhin Partei [2]) —

---

[1]) Nur vereinzelte Ansätze zur Beachtung dieser Unterscheidung finden sich in der bisherigen Litteratur. Am schärfsten sind sie bei Bennecke, Lehrb. S. 662 ausgeprägt.

[2]) Zu Grunde gelegt wird hier und im folgenden der materielle Parteibegriff, wie er von Wach, Handb. des deutschen Zivilprozeßr., Lpz. 1885, § 46 I maßgebend aufgestellt wird. Nur diesen Sprachgebrauch kann ich als berechtigt anerkennen. Die Anwendung des Ausdrucks „Partei“ auf andere Personen schafft eine verworrene Terminologie. Vgl. Birkmeyer, StProz. § 52 II 1, 3, 4. III, 2b.

und diejenigen, die die Geltendmachung betreiben, sind Parteivertreter. In dem heutigen Strafrecht giebt es nur ein einziges Subjekt solcher Ansprüche, den Staat[3]). Es handelt sich überall um staatliche Strafansprüche, und von den Bedingungen und dem Inhalt staatlicher Strafansprüche handelt das ganze materielle Strafrecht. Mit anderen Worten: ein Nebenkläger, der in den Strafprozeß eintritt, ist, sofern dadurch ja die Geltendmachung des staatlichen Strafanspruches nicht alteriert wird, keineswegs Partei; Partei ist der Staat und lediglich dieser. Der Nebenkläger ist es so wenig wie in einem Zivilprozeß der Staatsanwalt oder ein Rechtsanwalt, selbst bei Anwaltszwang, oder wie ein Vormund oder ein Konkursverwalter. Vielmehr ist der Nebenkläger genau wie der Staatsanwalt Parteivertreter.

Eine andere Anschauung hätte nur Berechtigung, wenn der Nebenkläger etwas für sich begehrte, wenn es sich um seine rechtlichen Interessen[4]) in dem Prozeß handelte, wenn eine Kon-

---

[3]) Singuläre Überreste älterer Anschauung finden sich vielleicht hie und da in der Landesgesetzgebung. So fließt nach dem preußischen Forstdiebstahlsgesetz vom 15. April 1878 die Geldstrafe dem Beschädigten zu (§ 34). Es schließt aber andererseits gerade dieses Gesetz den Beschädigten von jeder Mitwirkung beim Verfahren, sogar mit seinem Reparationsbegehren, gänzlich aus. Sein Anspruch auf Werterfatz wird in § 9 berücksichtigt, aber ohne daß ihm eine Disposition darüber zusteht. Gleichzeitig, ob er Werterfatz verlangt oder nicht, ist ihm dieser von Amtswegen zuzusprechen. Also Offizialbetrieb in einem Zivilpunkt. — Ungewöhnlich weit geht es auch für unsere heutigen Anschauungen, wenn dem Verletzten eine Disposition über den Strafvollzug eingeräumt ist, wie sich das in den preußischen Gesetzen über die Verletzungen der Dienstpflichten des Gesindes (für Altpreußen vom 24. April 1854; für Schleswig-Holstein vom 6. Februar 1878; für Hessen-Nassau vom 27. Juni 1886) insofern findet, als die Zurücknahme des Strafantrages bis zum Beginn der Strafvollstreckung zulässig ist.

[4]) Glaser, Handb. II 20 nennt den Nebenkläger eine Privatperson, die „ihr an die Durchführung des Hauptanspruches mittelbar oder unmittelbar geknüpftes Nebeninteresse zur Geltung bringt". Dieses Nebeninteresse ist indes nur bei der Bußklage ein notwendigerweise rechtliches. Im übrigen kann es zwar auch ein rechtliches sein (Konstatierung eines Eigentums, einer Forderung), ebensogut aber auch ein rein menschliches und unter Umständen sogar ein entschieden verwerfliches, ohne daß sich an der juristischen Natur der Nebenklage etwas ändert. Für die gewöhnliche Nebenklage und ihre Konstruktion kann somit jener Gesichtspunkt, daß hier ein Nebeninteresse geltend gemacht werde, keine juristische Verwendung finden.

statierung ihm zustehender materiellrechtlicher Ansprüche durch den Prozeß erreicht werden könnte. Und dies ist thatsächlich für den einen Fall, die Bußeklage, zutreffend. Hier begehrt der Nebenkläger, daß der Verklagte verurteilt werde, so und so viel Mark und Pfennige an ihn zu zahlen, — daß ein materiellrechtlicher Anspruch, den er dann im Wege gewöhnlicher Zwangsvollstreckung durchführt, als für ihn bestehend durch die Deklaration des Urteils festgestellt werde. In diesem Falle tritt also in der That etwas ganz Neues durch die Anstellung der Nebenklage in den Prozeß hinein[5]), es wird ein neuer, nicht staatlicher Anspruch erhoben; in diesem Fall ist also der Nebenkläger in der That Partei[6]). Es zeigt sich dann ein gewöhnlicher zivilrechtlicher Anspruch[7]), nur in einem fremdartigen prozessualen Gewande. Wenn hier nach der Forderung des Gesetzes (abweichend vom früheren Adhäsionsprozeß) zugleich auch die obige Stellung als gewöhnlicher Nebenkläger für den Bußekläger vorgeschrieben wird, er also zu gleicher Zeit für den einen Anspruch Parteivertreter, für den andern Partei ist, so hat diese Verbindung ein zivilistisches Analogon in dem Falle, wo eine uneheliche Mutter zugleich für sich Deflorationsgebühren und für das Kind Alimente einklagt. Auch scheint die Verbindung durch die präjudizielle Bedeutung der Entscheidung über den Strafanspruch gerechtfertigt zu werden.

Der zweite hier gleich zu erwähnende Punkt ist im positiven Recht gegeben. In allen Fällen der Nebenklage stellt sich diese als Anschluß an eine erhobene öffentliche Klage dar. Der „Anschluß" bezeichnet die Nebenklage als etwas Sekundäres, Subsidiäres neben einem Primären, Prinzipalen. Noch deutlicher tritt diese unselbständige Anlehnung an etwas bereits Vorhandenes in der Forderung heraus, daß die öffentliche Klage bereits „erhoben" sein müsse. Dabei ist aber das eben erlangte Resultat wohl festzuhalten, daß für den gewöhnlichen Fall sich lediglich ein sekundärer Parteivertreter an den ersten, den Staatsanwalt

---

[5]) Die gegnerische Meinung sieht in solchen Sätzen eine Verwechslung der Nebenklage und des Antrags auf Zuerkennung einer Buße. Doch läßt sich beides nicht wirklich trennen.

[6]) Bennecke S. 657. Löwe, Komm. Anm. 2 vor § 434.

[7]) Das hängt freilich von der Auffassung des Institutes der Buße ab; auf alle Fälle liegt aber ein Vorgehen in privatem Interesse (Typus II) vor.

anschließt. Da hier neben dem ersten Ankläger ein sekundärer zweiter steht, so ist das Verhältnis vielleicht mit dem Ausdruck Neben-Ankläger einigermaßen bezeichnet. Daneben mag der Verletzte des anderen Falles im folgenden als Bußekläger bezeichnet werden.

§ 8. Voraussetzungen der Nebenklage.

Die beiden Gestaltungen der Nebenklage, Neben-Anklage und Bußeklage, haben — wie überhaupt die formalen Äußerlichkeiten — so auch die Art und die Vorbedingungen der Erhebung gemeinsam. In Beziehung auf die Frage „Wie gelangt man in die Stellung eines Nebenklägers?" sind eine Reihe auf alle Unterfälle passende Regeln vorhanden, die hier zunächst zusammengestellt werden sollen (§§ 8—10). Es sind Voraussetzungen sachlicher Natur (und zwar objektiver Art und subjektiver Art) und Erfordernisse formaler Natur zu unterscheiden.

A. In objektiver Beziehung wird erheischt, daß eine öffentliche Klage anhängig sei. Es muß also erstens eine Klage vorliegen, keines der „Mußerfordernisse" einer strafprozessualen Klageschrift darf fehlen. Zweitens, die Klage muß eine öffentliche sein. Drittens, diese öffentliche Klage muß erhoben sein, ihre Rechtshängigkeit muß eingetreten und darf folglich auch viertens nicht wieder weggefallen sein, während im übrigen Lage und Art des Hauptprozesses gleichgiltig ist.

I. Gerade die Forderung, daß eine Klage bereits da sein muß, zeigt auf das deutlichste, daß die Nebenklage nicht dazu bestimmt ist, ein gerichtliches Verfahren anzuregen. Die „Nebenklage" sich nennende Erklärung ist vielmehr nur dann von Bedeutung und beachtlich, wenn anderweit geklagt wird. Ihr selbst einen klagähnlichen Inhalt zu geben, ist im allgemeinen ganz überflüssig und hilft in keinem Falle im geringsten, sobald die anderweite angebliche Klage in Wahrheit keine Klage im gesetzlichen Sinn ist. Maßgebend sind dabei in erster Linie für die normale Sachlage, in der ein Nebenkläger auftritt, die §§ 196 bis 198 StPO. Ist also keine Anklageschrift eingereicht, oder entbehrt das Eingereichte der Mußerfordernisse[8]) einer Anklageschrift,

[8]) Die Mußerfordernisse sind ausschließlich folgende: a) Bezeichnung der That; b) Hervorhebung der gesetzlichen Merkmale; c) Hervorhebung des

so können die Einreichungen des Nebenklägers, die Ergänzungen und die Nachholung des Versäumten durch ihn nichts fruchten. Das gilt unbedingt für das Zwischenverfahren der §§ 199, 200 StPO. Sollte in diesem Stadium ein Nebenkläger auftreten, so würde in dem Falle, daß der staatsanwaltlichen Anklageschrift Essentialien mangeln, die Nichteröffnung des Hauptverfahrens[9]) zu beschließen und gleichzeitig die Nebenklage abzuweisen sein. Enthält die Schrift des Staatsanwaltes keinen strafbaren Thatbestand, so hilft also eine Darstellung, die der Nebenkläger giebt, nichts. Dieser von Stenglein angeführte Fall wird allerdings kaum je vorkommen. Dagegen ist die gleiche Erwägung und Entscheidung von praktischer Bedeutung für den Fall, daß der Nebenkläger noch andere Thaten oder Personen hereinziehen wollte. Hier steht ihm § 153 Absatz 1 StPO. bindend entgegen[10]).

Sollte dagegen das Gericht bei der Fassung seines Beschlusses den Mangel eines der Mußerfordernisse übersehen haben, so ist mit aller Entschiedenheit zu behaupten, daß alsdann die Nichtigkeit durch den Eröffnungsbeschluß geheilt ist. Denn dieser bildet weiterhin die alleinige und maßgebende Basis des Verfahrens. Eine erneute Prüfung der abgethanen Anklageschrift würde somit auch bei der Anschlußerklärung eines Nebenklägers nicht anzustellen sein[11]). Wird indessen gar kein Eröffnungsbeschluß gefaßt, wie regulärer Weise im Übertretungsprozeß, so baut der ganze fernere Prozeß sich auf der schriftlichen oder mündlichen Anklage auf: jede neue Phase weist wieder darauf zurück, und jeder weitere Schritt kann nur gethan werden, wenn jene Basis ihn trägt. Es sind vier solche Fälle hervorzuheben:

Strafgesetzes; d) Angabe der Beweismittel; e) Angabe des erkennenden Gerichts; f) Darstellung der wesentlichen Ermittlungsergebnisse (außer in schöffengerichtlichen Sachen); g) Benennung des Vertreters in dem Falle des § 464 StrPrO.

[9]) Mag Voruntersuchung vorangegangen sein oder nicht. Ich schließe mich also in diesem Punkte der Meinung von Glaser und v. Kries an. Vgl. die Kontroverse bei Löwe(-Hellweg), 9. Aufl., § 198, Note 11a.

[10]) Dagegen wird sein Bemühen in derartiger Beziehung in der Voruntersuchung nicht unbeachtlich sein. Vgl. § 189 StPO.

[11]) Genau das gleiche gilt natürlich auch im Fall einer gezwungenen (sei es auf Gerichtsbeschluß, StPO. § 173, sei es auf Befehl des Vorgesetzten StPO. § 170, GVG. § 147) erhobenen Anklage.

1. StrPO. § 211 Absatz 1;
2. StPO. § 211 Absatz 2;
3. StPO. § 265;
4. StPO. § 477.

Im ersten ist schriftliche Anklage zwar die Regel, aber entbehrlich; im zweiten und dritten erfolgt sie wohl stets mündlich. Deshalb giebt es hier überall keine „Mußerfordernisse", außer der nötigen und eventl. durch Korrektur sofort zu erlangenden Deutlichkeit der mündlichen Bezeichnung von That und Thäter. Wenn ein Nebenkläger sich meldet[12]), so ist eine Nachprüfung der Basis des Verfahrens unnötig und unthunlich. Anders im vierten Falle, wo stets ein schriftlicher „Antrag"[13]) erfordert wird, aber ein Eröffnungsbeschluß oder ein Analogon dazu nicht stattfindet. Hier können deshalb die Mängel nicht sanieren und werden auch bei Erhebung einer Nebenklage zu beachten sein. Infolge der hierdurch veranlaßten erneuten Prüfung kann das ganze Verfahren zum Stillstand kommen[14]).

Ist die öffentliche Klage durch Antrag auf Voruntersuchung erhoben, so muß dieser den Erfordernissen des § 177 StPO. entsprechen; doch werden, analog dem oben besprochenen Fall, etwaige Mängel durch die eröffnende Verfügung des Untersuchungsrichters[15]) geheilt.

II. Es wird verlangt, daß die Hauptklage eine **öffentliche** sei, somit ist ausgeschlossen die Nebenklage im Anschluß an eine Privatklage[16]) nnd an die Widerklage im Privatklageverfahren.

---

[12]) Der Fall ist auch im Übertretungsprozeß nicht undenkbar; er kann z. B. bei behaupteter Idealkonkurrenz des groben Unfugs mit Beleidigung oder Körperverletzung vorkommen.

[13]) Auf welchen § 198 StPO. analog anzuwenden ist, wie die gemeine Meinung mit Recht annimmt. Vgl. Löwe(-Hellweg), § 477 Note 5.

[14]) Keine Schwierigkeiten bieten in dieser Beziehung die besonderen Verfahrensarten „bei" Strafbefehl, Strafverfügung und Strafbescheid. Die angegebenen Erlasse müssen formell in Ordnung sein. Ein mangelhafter Antrag aus § 448 StPO. wird durch den Strafbefehl gedeckt.

[15]) bezw. den Gerichtsbeschluß des § 180 Abs. 2.

[16]) Anders nur Auerbach, Goltd. Arch. Bd. 33, S. 321; gegen ihn richtig v. Kries, Lehrb. S. 206.

Dagegen ist zulässig die Nebenklage eines Privaten[17]) im Anschluß an eine von der Verwaltungsbehörde erhobene Anklage, da diese zwar gemäß StPO. § 466 den Vorschriften der Privatklage unterliegen soll, aber dennoch nach GVG. § 75, Schlußabsatz, eine öffentliche Klage ist.

III. Die öffentliche Klage muß erhoben sein. Für die beiden wichtigsten Fälle heißt das: der Antrag auf Eröffnung der Voruntersuchung muß bei dem Untersuchungsrichter, oder — der Antrag auf Eröffnung des Hauptverfahrens muß bei der Eröffnungsstrafkammer eingegangen, „vorgelegt" sein (StPO. §§ 196, 168, 152). Daß über den Antrag schon entschieden sei, ist nicht nötig; in diesem Zwischenstadium kann der Nebenkläger bereits eintreten und hat dann Anspruch darauf, daß sogleich sein Beitritt respektiert und er vor Absetzung eines Beschlusses mit herangezogen werde, sofern keine Zögerung dadurch entsteht. (StPO. § 438 Abs. 1.) Insbesondere gilt das Gesagte für die Voruntersuchung, auch für die von Gerichtswegen nach StPO. § 200 beschlossene; ebenso für die einzelnen Beweiserhebungen zur besseren Aufklärung der Sache. Nicht dagegen ist ein Anschluß in früheren Stadien des Verfahrens möglich; das Ermittlungsverfahren der Staatsanwaltschaft spielt sich als geheimes und rein aktenmäßiges Verfahren ohne jede Rücksicht auf einen etwaigen künftigen Nebenkläger ab. Insbesondere hat auch, sofern das Gericht in diesem Ermittlungsverfahren irgend welche Akte vornimmt, hierbei keinerlei Beachtung des zur Nebenklage bereiten Verletzten obzuwalten; er hat nicht nur keinen Anspruch darauf, bei Terminen anwesend zu sein; sondern es ist sogar wegen der Heimlichkeit dieses Verfahrens solches nicht einmal gestattet. Die einzige Beachtung, die der Nebenklaglustige als Antragsteller oder Verletzter in eben diesen Eigenschaften fordern kann, und die einzige Art der Reaktion, die ihm gewährt ist, findet sich in den §§ 169, 170 StPO. angegeben. Es kann daher auch nicht einmal ein Anschluß in eventum[18]) stattfinden.

---

[17]) Beispiele lassen sich unschwer ersinnen. So könnte z. B. die unter Verletzung des Postzwanges erfolgte Beförderung von Briefen sich gleichzeitig als Beihilfe zur Beleidigung darstellen.

[18]) Ein solcher äußert m. E. weder sofort, noch auch bei später nachfolgender öffentlicher Klagerhebung irgend welche Wirkungen. Zweifelhaft

Ebenso, wie die Staatsanwaltschaft sich während des vorbereitenden Verfahrens keinerlei Eingriffe durch einen Nebenkläger gefallen lassen darf, ist der Verletzte natürlich seinerseits berechtigt, ohne jede Einmischung der Staatsanwaltschaft auf eigene Faust Ermittlungen anzustellen oder anstellen zu lassen. Und er kann das, sofern Augenscheinseinnahme, Zeugenvernehmung, Erforderung von Gutachten oder Einforderung von Urkunden aus den Händen Privater genügen, mit genau so viel Aussicht auf Erfolg thun, wie die Staatsanwaltschaft und ihre Hilfsbeamten. Denn die Zulassung zu der Stätte des Augenscheins, die Aussage, die Abgabe des Gutachtens, die Aushändigung der Urkunde kann diesen genau ebenso verweigert werden, wie dem inquirierenden Privaten. Auch dieser letztere kann ferner die vorläufige Festnahme nach § 127 Abs. 1 StPO. vornehmen.

Nur zweierlei bleibt dem Privaten versagt, und zwar mit vollem Rechte; denn dem Staatswalt muß natürlich eine überlegenere Stellung eingeräumt sein, weil er bei solchen Nachforschungen seines Amtes waltet, während der Private eben so gut eine unlautere wie eine ehrenhafte Triebfeder bei seinen Schleichwegen haben mag. Versagt bleiben ihm erstens die vorläufige Festnahme nach § 127 Abs. 2 StPO. und die sonstigen, „Gefahr im Verzuge" voraussetzenden Handlungen, also Durchsuchung und Beschlagnahme (StPO. §§ 98, 105 cf. 100). Das wenigstens ist die vom Gesetz gewollte Regelung, daß in diesen Punkten nur bei „Gefahr im Verzuge" das amtliche Einschreiten größere Macht besitzt, als das private[19]). Versagt bleibt ihm zweitens die zwingende Anregung des Gerichts zu Ver-

kann dies allerdings erscheinen. Denn wenn für eine prozessuale Maßnahme mehrere Voraussetzungen erforderlich sind, so brauchen diese nicht auf einmal sämtlich vorzuliegen, sondern können auch successiv eintreten und alles Frühere sanieren. Wenigstens entscheiden wir so tagtäglich bei dem erst nach der Klagerhebung oder gar erst während der Hauptverhandlung nachgebrachten Strafantrage. Vgl. über Festnahme und Verhaftung bei Antragsdelikten StPO. § 127 Abf. 3. § 130.

[19]) Die Praxis — wenigstens die mir bekannte preußische — kümmert sich um die einschränkende Floskel nicht. Es tritt niemals auch nur der Anschein eines Bemühens hervor, zu begründen, warum denn periculum in mora liege. Ebenso wird mißbräuchlicher Weise kaum je § 98 Abs. 2 StPO. beobachtet. — Wohlgemerkt, es handelt sich nicht um gerichtliche Praxis.

nehmungen (bei denen es dann für den Vernommenen keine Weigerungsbefugnisse mehr giebt) und zu Entscheidungen über Verhaftung, Durchsuchung, Beschlagnahme, Durchsicht von Papieren, Zurückhaltung von Briefen und Telegrammen[20]) u. dgl. Im übrigen aber mag der spätere Nebenkläger sein eignes Ermittlungsverfahren betreiben und kann dabei ebensogut, und wenn er Kosten nicht scheut, oft schneller zum Ziel kommen, als der Staatsanwalt, der auch in solchen Fällen kein Recht hat, dem glücklicheren Sammler von Anklagematerial dreinzureden oder ihn zur Auslieferung seines Materials zu zwingen — höchstens kann er ihn als Zeugen vernehmen lassen[21]). Nach Erhebung der Anklage hat der Nebenkläger insofern die bessere Stellung, als er seine privaten Nachforschungen noch fortsetzen kann, während der Staatsanwalt, der einmal die Sache aus der Hand gegeben hat, natürlich nicht einen prozessual unmöglichen Rückwärtssprung wieder in das Ermittlungsverfahren hinein machen kann[22]).

Der für die Möglichkeit eines Anschlusses maßgebende Zeitpunkt in den Fällen ohne Anklageschrift ist leicht zu bestimmen. Es ist im summarischen Verfahren die mündliche Klagerhebung (StPO. § 211 und dergl. § 265), im Strafbefehlsverfahren der Antrag auf Erlaß des Strafbefehls (StPO. § 448)[23]), im Strafverfügungs- und Strafbescheidsverfahren die Vorlegung der Akten (§§ 454 Abs. 2. 460).

IV. Absolut ausgeschlossen ist die Nebenklage, wenn die einmal erhoben gewesene öffentliche Klage **nicht mehr anhängig** ist. Das ist der Fall vor allem bei rechtskräftigem Urteil, mag dieses auf Verurteilung oder Freisprechung oder Straffreierklärung oder Einstellung[24]) lauten, sodann bei unanfechtbar gewordenem

---

[20]) Die Anregung zur Unterbringung in einer Irrenanstalt kann auch vom Verletzten als Nebenkläger ausgehen, da jene Maßregel einen „Angeschuldigten" voraussetzt. StPO. 81, 155.

[21]) Vor gleicher Maßregel durch den Nebenkläger schützt den Staatsanwalt (soweit es sich um nicht aktenkundiges Material handelt) StPO. § 53. Was ohnehin aktenkundig ist, kommt hierfür nicht in Betracht.

[22]) Die Praxis lehrt indes, daß auch dies vorkommt.

[23]) Das ergiebt sich aus § 447 Abs. 2. Wird der Strafbefehl nicht erlassen, so muß Eröffnungs- oder Nichteröffnungsbeschluß erfolgen.

[24]) StPO. § 259. Nur in diesem Falle ist die Einstellung auf die Möglichkeit des Anschlusses eines Nebenklägers von Einfluß. Anders in den

Beschluß, das Hauptverfahren nicht zu eröffnen oder den Angeklagten außer Verfolgung zu setzen (§ 202); endlich in den Fällen der Klagzurücknahme (§§ 451, 454, 460, vgl. § 154 v. „nach").

Im übrigen ist die Lage des Hauptprozesses gleichgiltig. Wie schon hervorgehoben, kann der Nebenkläger eintreten und muß beachtet werden sofort nach der öffentlichen Klagerhebung, schon vor dem Beschlusse des Gerichts. Der Zulassungsbeschluß hat dann in der Regel dem Eröffnungs- oder Nichteröffnungsbeschlusse voranzugehen. Dies ist von Wichtigkeit wegen der Anfechtbarkeit desjenigen Eröffnungsbeschlusses, der die Sache vor ein Gericht niederer Ordnung, als beantragt, verweist, und des Nichteröffnungsbeschlusses. Desgleichen ist auch nach dem Urteil, insbesondere durch Einlegung von Rechtsmitteln, die Nebenklage möglich. Sie ist auch möglich, wenn ein Verfahren wieder auflebt; im Wiederaufnahmeverfahren kann der Anschluß erfolgen. Dagegen ist die Nebenklage natürlich ausgeschlossen, wenn das ergangene Urteil in seiner Rechtskraft unangetastet bleibt und ohne neue Anhängigkeit des Verfahrens etwas daran geändert wird (StPO. §§ 492, 494: nachträgliche Substituierung einer Freiheitsstrafe und Bestimmung einer Gesamtstrafe)[25].

Gleichgiltig ist ferner, vor welchem Gericht der Hauptprozeß schwebt. Daß er auch vor dem Schwurgericht anhängig sein kann, zeigt StPO. § 437 Abs. 2. Ebenso kann es sich um nichtordentliche, reichsrechtlich bestellte oder zugelassene Sondergerichte handeln, sofern nicht durch besondere reichsrechtliche[26]) oder nach Einf.-Ges. z. StPO. § 3 Abs. 2 zulässige landesrechtliche Vor-

Fällen der vorläufigen Einstellung (§§ 203, 208), weil hier ein bloßer Stillstand des Verfahrens vorliegt, bei welchem die künftige Fortsetzung des gleichen Prozesses vorausgesetzt wird. Die Einstellungsfälle der §§ 168 Abs. 2, 429, 433 gehören nicht hierher.

[25]) Diese Vornahmen gehören eben zu den Akten der Strafvollstreckung, und diese gehören nicht mehr in den Prozeß hinein. Auf demselben Gedanken beruht auch StPO. § 463: gegen den Beschluß hat die Verwaltungsbehörde keine sofortige Beschwerde. Vgl. Dalcke, Note 37, 38.

[26]) Das ist nach der Militärstrafgerichtsordnung vom 1. Dezember 1898 der Fall, da diese ihr Gebiet allein beherrscht und von irgend welcher subsidiären Anwendung der bürgerlichen Strafprozeßordnung nicht die Rede ist. — Die Konsulargerichtsbarkeit kennt zwar nicht den Staatsanwalt (Ges. vom 10. Juli 1879 § 24), aber gleichwohl den Nebenkläger (§ 38).

schriften der Nebenkläger ganz ausgeschlossen wird. Das gleiche könnte auch in Forst- und Feldrügesachen nach Einf.-G. z. StPO. § 3 Abs. 3 der Fall sein[27]). —

B. Zu den bisher erörterten objektiven sachlichen Voraussetzungen für die Erhebung der Nebenklage gesellt sich ein subjektives Erfordernis. Denn wer als Parteivertreter auf der Klägerseite neben dem Staatsanwalt auftreten will, muß rechtlich im stande sein, als Vertreter im Prozeß thätig zu werden. Es wird also in seiner Person die rechtliche Fähigkeit[28]) verlangt, durch seine Handlungen und Unterlassungen Einwirkungen auf das Prozeßrechtsverhältnis hervorzurufen oder solche durch selbstgewählte Vertreter hervorrufen zu lassen. Mit andern Worten — der Nebenkläger muß die Prozeßfähigkeit besitzen. Diese stellt einen Ausschnitt der allgemeinen Handlungsfähigkeit dar, deren spezielle Voraussetzungen an sich für jedes Rechtsgebiet, und namentlich für das des öffentlichen Rechtes, verschieden bemessen sein können. Für den Strafprozeß kann es nun auf eine Fähigkeit, über das materielle im Streite befangene Recht (den staatlichen Strafanspruch) zu disponieren, nicht ankommen; denn solche Disposition ist im allgemeinen überhaupt ausgeschlossen[29]). Worauf der Ton zu legen ist, ist vielmehr, daß man durch die Handlungen im Prozesse eine pekuniäre Verantwortlichkeit für diejenige Thätigkeit des Gerichts und seiner Organe, die man durch seine Anregung veranlaßt, und für die dem Gegner im gleichen kausalen Zusammenhang erwachsenden Kosten überkommt[30]). Da-

---

[27]) Ein solcher Ausschluß findet sich weder im preuß. Forstdiebstahls-, noch im preuß. Feld- und Forstpolizeigesetz. Beide erklären die StPO. für subsidiär anwendbar (§ 20 FDG. § 55 FFPG.).

[28]) Vgl. Bennecke, Lehrb. S. 148—150.

[29]) Wenigstens im Rechtswege. Aber auch die Disposition im Gnadenwege durch das Staatsoberhaupt selbst ist verfassungsmäßig auf gewisse Stadien des Verfahrens eingeschränkt. So Preußen, Art. 49 Abs. 3. Im Reiche giebt es nur ein eigentliches „Begnadigungsrecht" des Kaisers im Stadium der Strafvollstreckung, kein sog. Abolitionsrecht. StPO. § 484. Ges. v. 9. Juni 1871 (Elsaß-Lothringen) § 3. Ges. v. 10. Juli 1879 (Konsulargebiete) § 42. Ges. vom 17. April 1886 (Schutzgebiete) § 2.

[30]) Omnia fiunt sumtibus extrahentis. Besonders eingehend erörtert bei Birkmeyer, § 25 III. Für die Kostentragungspflicht gegenüber den Behörden ist allein und ausschließlich das Verursachungsprinzip maßgebend. Das Verschuldensprinzip hat daneben im allgemeinen nur die Bedeutung,

nach ist der Maßstab für die Prozeßfähigkeit zu entnehmen; sie fällt zusammen mit der vollen bürgerlichen Geschäftsfähigkeit[31]). Mithin mangelt sie dem Minderjährigen, dem Geisteskranken, dem wegen Geisteskrankheit oder wegen Verschwendung Entmündigten, nach BGB. ferner dem wegen Geistesschwäche oder wegen Trunksucht Entmündigten und dem unter vorläufige Vormundschaft gestellten. Dagegen besitzt sie der geistig oder körperlich Gebrechliche, auch wenn er einen Pfleger (für alle oder für einzelne Angelegenheiten) hat.

Die Folge müßte nun sein, daß die prozeßunfähigen Personen als Parteivertreter eben unbrauchbar sind und folglich zur (Privatklage und) Nebenklage nicht zugelassen werden können Stehen doch materielle Ansprüche lediglich des Staates in Frage! Dieser mag sich, wenn er Wert auf die prozessuale Durchkämpfung seines Anspruches legt, einen andern Vertreter suchen, d. h. durch den Staatsanwalt die Offizialklage erheben. Die Sache liegt ähnlich dem Falle, daß in einer Zivilklage der Prozeßbevollmächtigte geschäftsunfähig wird. Sicher ist dann die Negative: der bisherige Bevollmächtigte kann den Prozeß nicht führen. Bei Anwaltszwang steht das Verfahren folglich zunächst still (ZPO. § 244); im übrigen mag sich die Partei einen anderen Vertreter bestellen oder selbst handelnd eingreifen.

Die StPO. hat sich indessen in dem auch für die Nebenklage giltigen § 414 Abs. 3 auf einen andern Standpunkt gestellt. Während es nach strenger Konsequenz ein „Prozessieren unter Assistenz, Auctoritas, Konsens eines Dritten" nicht giebt (Wach, Zivilprozeß, S. 534), läßt hier das Gesetz eine Ergänzung der Prozeßfähigkeit zu. Gewissermaßen wird die Sachlage so betrachtet, als ob das Recht, als freiwilliger Staatsvertreter Privat- und Nebenklage zu erheben, eine materiellrechtliche Befugnis des Auftretenden sei, die ihm durch seine zufällige Prozeßunfähigkeit nicht verloren gehen dürfe.

---

daß ein materieller Ausgleich herbeigeführt werden kann, indem der Kostenpflichtige einen Erstattungs- oder auch Liberationsanspruch gegen einen andern hat.

[31]) Wir können auch sagen, indem wir den höchsten und bedeutendsten Ausläufer jener generellen Fähigkeit hervorheben, mit der (kontraktlichen) Verpflichtungsfähigkeit. Die strafprozessuale Handlungsfähigkeit ist sonach mit der zivilprozessualen (ZPO. § 52 Abs. 1) inhaltlich identisch.

Nach dieser Auffassung des § 414 Abs. 3 handelt es sich, falls ein gesetzlicher Vertreter auftritt, um die „Wahrnehmung" einer fremden „Befugnis zur Erhebung der Privatklage" (bezw. Nebenklage). Da diese fremde „Befugnis" selber wieder auf eine Parteivertretung geht, so ist jener gesetzliche Vertreter mithin in Wahrheit Vertreter eines Parteivertreters [32]). Privatkläger und Nebenkläger ist der Vertretene, z. B. der Minderjährige, der Wahnsinnige.

Anderer Ansicht ist hier Birkmeyer (§§ 56 I 1c, S. 323 und § 52 IIId, S. 298), der den Vertreter als Kläger ansieht und ihn, da er (§ 52 II) dem Parteibegriff nur eine formelle Bedeutung giebt, als „Partei" bezeichnet. Dagegen spricht die oben gegebene Erörterung [33]), ferner der Wortlaut des § 414 Abs. 3, der von einem „Wahrnehmen", also einer Ausübung fremder, nicht eigner Rechte redet [34]), endlich eine Reihe praktisch unhaltbarer Konsequenzen. Es ist doch selbstverständlich, daß der Vormund eines Geisteskranken nicht die Kosten eines Anwaltes, die Zustellungen, die Gerichtsgebühren aus eigner Tasche vorschießen und eventuell (z. B. im Falle des § 429) bezahlen wird. Nach Birkmeyer müßte dies jedoch geschehen, müßte die Gerichtskasse und der Angeklagte, sofern sie erstattungsberechtigt sind, die Zwangsvollstreckung in das Vermögen des Vormundes ausbringen [35]). Der Vormund, Vater rc. könnte ferner nicht als

---

[32]) Und zwar eines prozeßunfähigen Parteivertreters. Man beachte, daß in den Worten „prozeßunfähiger Parteivertreter" — streng genommen — eine contradictio in adjecto steckt.

[33]) Wollen wir nicht in freiester terminologischer Willkür einen eigenen Parteibegriff und damit auch einen neuen Prozeßbegriff für den Strafprozeß zurechtzimmern, so müssen wir Partei und Prozeß als feststehende Begriffe der allgemeinen Rechtslehre auffassen. Von dieser Grundlage aus kann m. E. nur durch die oben versuchte Betrachtungsweise der § 414 Abs. 3 ins rechte Licht gerückt werden.

[34]) Auf die Fassung von § 435 Abs. 1 kann Birkmeyer sich nicht berufen. Die Möglichkeit der Ergänzung der Prozeßunfähigkeit auch für den Nebenkläger folgt aus der Rechtsähnlichkeit, die überhaupt zwischen diesem und dem Privatkläger besteht, nicht aber aus § 435 Abs. 1. Wäre letzteres der Fall, so fände § 414 Abs. 3 keine Anwendung auf den Nebenkläger aus § 435 Abs. 2 und den aus § 443. Vgl. RGerEntsch. Bd. 9, S. 124.

[35]) Allerdings hat der Vater und Vormund die Wahl, ob er auf eigne Kosten oder die des Kindes klagen will. Denn er kann nach § 414 Abs. 2

Zeuge vernommen werden, wenigstens nicht bei der Privatklage, da ja hier die Unvereinbarkeit der Kläger- und Zeugenrolle feststeht. Schließlich würden sich die Voraussetzungen der Widerklage völlig verschieben. Wenn sich zwei 16jährige Jungen geprügelt haben, so müßten stets zwei getrennte Privatklagen angestrengt werden. Widerklage wäre ausgeschlossen, da „Kläger" ja der Vater oder Vormund ist und mittels der Widerklage (§ 429) die Bestrafung des „Klägers" verlangt wird.

Noch eines geht aus der rein positiv-rechtlichen, die logischen Konsequenzen abbrechenden Bestimmung des § 414 Abs. 3 hervor. Als Voraussetzung für diese Vertreterstellung zweiten Grades ist nicht die Geschäftsunfähigkeit bezeichnet. Wenn somit eine voll geschäftsfähige Person einen gesetzlichen Vertreter hat, so ist jedenfalls Erhebung der Nebenklage durch diesen, z. B. den Pfleger eines Gebrechlichen (BGB. 1910), nicht ausgeschlossen. Daneben kann aber auch der Vertretene selbständig auftreten, da er sich um den Pfleger ja gar nicht zu kümmern braucht[36]). Sofern die Pflege auf Vermögensangelegenheiten beschränkt ist, was stets bei der cura bonorum absentis (BGB. 1911) der Fall ist, wird die Bußeklage des Pflegers (insoweit sie sich nicht auf immateriellen Schaden erstreckt) zuzulassen sein[37]), dagegen nicht die Neben-Anklage[38]). Damit sind die durch § 414 Abs. 3[39]) modifizierten

---

selbst als Privat- oder Nebenkläger auftreten. Gerade diese besondere Erwähnung spricht aber gegen Birkmeyer.

[36]) Dem steht die kategorische Ausdrucksweise des § 414 „. . so wird die Befugnis . . . . wahrgenommen" nicht entgegen.

[37]) Wie steht es mit dem Embryo? Zwar als Erbe eines Bußanspruchs kommt er wegen StPO. § 444 Abs. 4 nicht in Betracht. Aber es könnte für ihn selbst wegen verletzter Urheberrechte oder wegen unlauteren Wettbewerbs ein Bußanspruch erwachsen sein.

[38]) Das erstere ist eine hier vorweggenommene Konsequenz aus der reinen Entschädigungsnatur der Buße — s. unten.

[39]) Die variierenden Auffassungen dieser Stelle zusammenzufassen, hat wenig Zweck, da die Stellungnahme hinreichend gekennzeichnet ist. Zu ververweisen ist auf Löwe, Anm. 5 u. 6. Dabei muß jedoch bemerkt werden, daß L. Unrecht hat, wenn er § 414 Abs. 3 einfach dahin verstehen will, daß die Grundsätze der ZPO. Anwendung finden sollen. Die bürgerliche Prozeßfähigkeit trotz bestehender väterlicher oder ehemännlicher Gewalt ist deshalb nicht ohne weiteres hierher zu übertragen. — Mit der Erwähnung der juristischen Personen steht StPO. § 414 Abs. 3 noch auf dem Standpunkt

subjektiven Erfordernisse bezeichnet, welche in der Person eines jeden Nebenklägers gegeben sein müssen.

Ein Weiteres tritt für die Bußeklage hinzu, weil es sich, wie oben bemerkt, hier um einen zivilistischen Anspruch handelt und der Bußekläger Partei ist. Für diesen Fall ist somit außer der (eventuell ergänzten) Prozeßfähigkeit und ihr gegenüber als logisches Prius Parteifähigkeit des Bußeklägers zu verlangen. Parteifähig ist aber jeder, dem ein Bußanspruch zustehen kann, somit nicht bloß jeder Mensch, sondern überhaupt jedes Rechtssubjekt, außerdem aber auch solche Rechtsgebilde, denen das materielle Strafrecht etwa einen Bußanspruch zuweist, selbst wenn ihnen Rechtspersönlichkeit im übrigen nicht eignet. Dahin gehören die offenen Handelsgesellschaften nach HGB. § 124 und Gesetz über den unlauteren Wettbewerb § 1 Abs. 1, §§ 12 und 14.

§ 9. Die Anschlußerklärung.

Formaler Erfordernisse zum Erwerb der Stellung als Nebenkläger können wir zwei unterscheiden: eine eigene Erklärung (§ 9) und eine solche des Gerichts (§ 10).

I. Man wird nicht Nebenkläger ohne eine Willensäußerung in dieser Richtung (§ 436). Eine Anschlußerklärung wird gefordert. Irgend etwas Näheres ist hierüber nicht gesagt. Eines klagähnlichen Inhalts bedarf es nicht. Es genügt jede noch so lakonische Wendung, die erkennen läßt, der Erklärende wolle in einem bestimmten Strafprozesse als Nebenkläger behandelt werden[40]. Es muß nur ersichtlich sein, daß einer der Fälle vorliegt, in denen die Nebenklage zulässig ist. Das kann schon aus dem Akteninhalte hervorgehen[41]. Nur wenn es nicht daraus

---

der älteren Lehre von der Handlungsunfähigkeit der Körperschaften. Dieser Standpunkt ist durch die germanistische, vornehmlich durch Gierke begründete Anschauung überholt und auch im BGB. verlassen. Der Vorstand ist nicht mehr gesetzlicher Vertreter, er hat nur dessen „Stellung". (BGB. § 26 Abs. 2.) Der Verein handelt und prozessiert selbst durch seine Organe. Seine Prozeßfähigkeit ist zu bejahen, und eine Bestimmung über Ergänzung der Prozeßunfähigkeit ist hier überflüssig.

[40]) Vgl. RGer. Rechtspr., Bd. 4, S. 42.

[41]) Insofern hat Stenglein, GS. Bd. 35 S. 294 gegen Oppenheim S. 35 Recht.

erhellt, wird der Erklärende besondere Behauptungen, zu deren Glaubhaftmachung er indessen mangels jedes gesetzlichen Anhaltes nicht verpflichtet ist, zur Begründung beizufügen haben. Im übrigen kann die Erklärung mit jeder sonstigen im Prozeß vorkommenden verbunden werden. Bei der Rechtsmitteleinlegung werden jedoch mindestens die Worte „als Nebenkläger" gebraucht werden müssen, da ja die Berechtigung zur Rechtsmitteleinlegung sich aus mancherlei Gründen herschreiben kann. In der Einlegung eines Rechtsmittels allein ist also die nötige Erklärung noch nicht enthalten.

II. Die Form der Anschlußerklärung ist schriftliche Einreichung bei Gericht (StPO. § 436 Abs. 1). Gewöhnlich wird hieraus die Folgerung gezogen, daß die Erklärung die Unterschrift des Erklärenden oder seines mit Vollmacht versehenen[42]) Anwaltes tragen müsse.

Das ist insofern richtig, als eine Aufnahme zu ununterzeichnetem Protokoll nicht genügt[43]); selbst wenn die Erklärung mündlich abgegeben und dem Protokoll der Hauptverhandlung einverleibt wird, ist der Anschluß ungiltig, falls der betreffende Passus von dem Erklärenden nicht unterzeichnet wird. Dagegen wird man nicht stets eine besondere Unterschrift erfordern müssen. Eine Anschlußerklärung, die etwa beginnt: „Ich, der Schneidermeister Amandus Zech . . . ." muß genügen. Die Erklärung zu unterzeichnetem Protokoll hat keine Bedenken. Eigenhändige Niederschrift des Ganzen wird — außer beim holographischen Testament — nirgend auf dem Rechtsgebiet gefordert.

---

[42]) Mündliche Vollmacht genügt. War sie im Moment der Einreichung bei Gericht bereits, wenn auch nur mündlich erteilt, so ist der Anschluß giltig, mag eine schriftliche Vollmacht auch erst später ausgestellt werden.

[43]) RGerEntsch. Bd. 1, S. 285, Bd. 6, S. 139, Bd. 9, S. 223, Bd. 24, S. 283. Löwe § 436 Note 1. Oppenheim S. 33/34. Dagegen Glaser Bd. II, S. 213, Anm. 6. Aber die Berufung auf ein Redaktionsversehen ist nicht schlüssig. § 436 Abs. 1 hatte auch im Entw. I (§ 315) und III (§ 368) seinen jetzigen Wortlaut. Die Einfügung der Worte „zu Protokoll des Gerichtsschreibers oder" in die Vorschrift über die Erhebung der Privatklage (§ 421 = Entw. III § 339) zog keineswegs notwendig die Abänderung des § 436 nach sich. Beide Stellen sind in ihrem übrigen Inhalt nicht konform und waren es auch nicht in den Entwürfen.

Was als Unterzeichnung anzusehen ist, unterliegt auf strafprozessualem Gebiet keiner Besonderheit. Der Analphabet kann unterkreuzen[44]), wenn nur die schreibende Person ersichtlich ist und die Eigenhändigkeit der Unterkreuzung bezeugen kann. Juristische Personen können nur durch ein legitimiertes Organ handeln: die Unterzeichnung muß deshalb die Namen einer oder mehrerer physischen Personen — je nach der Verfassung der Korporation — enthalten, wie auch das Reichsgericht (Bd. 24 S. 283) hinsichtlich der Verwaltungsbehörde entschieden hat.

Diese selbe Entscheidung läßt auch keinen Zweifel darüber, daß hier, wie auf anderen Rechtsgebieten, die telegraphische Erklärung ebenfalls eine schriftliche ist.

III. Ob die schriftliche Form bei jeder Art des Anschlusses zu erfordern sei, ist kontrovers. Zum Teil wird für den Anschluß der Verwaltungsbehörde eine Sonderstellung beansprucht[45]); zum Teil soll der Anschluß durch Rechtsmitteleinlegung nur den Formen der letzteren unterliegen — was unlogisch ist; denn wenn in einer und derselben Äußerung zwei verschiedenartige rechtlich relevante Erklärungen, A und B, abgegeben werden sollen, von denen das Gesetz bestimmte Formerfordernisse verlangt, z. B. für A die Erfordernisse a, b, c —, für B die Erfordernisse d, e, f, so müssen offenbar sämtliche Erfordernisse a bis f vorliegen, damit die Äußerung beiden Zwecken rechtlich genügt[46]). Endlich soll der Fall des sog. depossedirten Privatklägers (St.P.O. § 417 Abs. 3) eigenartig liegen. Einstimmig behauptet hier Theorie und Praxis, daß der ehemalige Privatkläger ohne jede Äußerung von selbst und ipso jure zum Nebenkläger werde[47]). In den Worten des Gesetzes findet diese Meinung keinen Anhalt.

---

[44]) Vgl. Stenglein GS. Bd. 35 S. 294.

[45]) Dalcke § 467 n. 1. Dagegen die herrschende Meinung und implicite RGer. Bd. 24, S. 283. Die Widerlegung ergiebt sich aus § 467 Abs. 2.

[46]) RGer.Entsch. Bd. 5, S. 335. Oppenheim S. 36. Dagegen Glaser Bd. II. S. 212f., der somit — unter Einbeziehung des Falles des depossedierten Privatklägers — drei Arten des Anschlusses unterscheidet. Der Vorwurf der Unlogik trifft Glaser deshalb nicht, weil er überhaupt den Anschluß zu ununterzeichnetem Protokoll zulassen will. Aber damit schwindet dann jede Besonderheit des Anschlusses durch Rechtsmitteleinlegung.

[47]) RGer. Entsch. Bd. 7 S. 437. Löwe § 417 Note 9. Oppenheim S. 20.

Wenn das Gesetz auf die „Bestimmungen, welche im zweiten Abschnitt dieses Buches für den Anschluß des Verletzten als Nebenkläger gegeben sind" verweist, so ist damit doch in erster Linie auf § 436 hingedeutet; genau genommen, enthält einzig § 436 Bestimmungen für den Anschluß. Wollte man gerade diejenigen Vorschriften, die nicht für den Anschluß gegeben sind, sondern die Situation nach erfolgtem Anschlusse betreffen, in § 417 bezeichnen, so wäre es ein Leichtes gewesen, eine unzweideutige Gesetzesfassung zu geben.

Was sollte auch der Gesetzgeber für ein Interesse daran haben, daß der Privatkläger mit zwingender Gewalt in die neue Rolle hineingedrängt werde? Vielleicht ist er herzlich froh, daß er nicht mehr Partei zu spielen braucht. Wir werden somit zu sagen haben, daß auch hier niemand ohne eine eigene Willenserklärung Nebenkläger wird. Dem § 417 Abs. 3 wird dadurch nicht die Existenzberechtigung entzogen. Denn erstens ist es nicht überflüssig ausdrücklich zu sagen, daß dieselbe Person in demselben Verfahren zuerst als Privatkläger und dann als Nebenkläger auftreten darf. Zweitens liegt in jener Bestimmung ein ebenfalls nicht überflüssiger Hinweis darauf, daß eine nochmalige Prüfung der Anschlußberechtigung stattzufinden hat. Verstünde man die Stelle im Sinne der herrschenden Meinung, so käme man dazu, eine ganz neue Gruppe von Nebenklägern einzuführen, bei denen es an allen speziellen Voraussetzungen fehlte außer der, daß sie vorher eine Privatklage angebracht haben. Wäre also irrtümlich wegen eines Offizialdeliktes eine Privatklage in der Form des § 421 StPO eingereicht und gemäß § 422 an die Staatsanwaltschaft mitgeteilt und würde diese letztere nunmehr — oder vielleicht nach einem ebenfalls irrtümlich erlassenen Eröffnungsbeschluß — die Verfolgung nach Maßgabe des § 417 übernehmen, so würde jener Pseudo-Privatkläger nach herrschender Meinung definitiv und ohne Möglichkeit der Remedur Nebenkläger geworden sein. Ferner würde, soweit neuere Gesetze etwa neue Fälle der Privatklage schaffen, diesen Privatklageberechtigten zwar an sich nach § 435 Abs. 1 StPO. ein Anschluß abgeschnitten sein, aber nach vorgängig erhobener Privatklage und darauffolgender Übernahme durch die Staatsanwaltschaft würden sie von selbst in diese ihnen sonst verschlossene Stellung hineingleiten. Diese Argumentation trifft seit dem Gesetz vom 27. Mai 1896 auf die

Privatkläger wegen unlauteren Wettbewerbs zu. Alles dieses kann nicht der Zweck der Bestimmung sein[48]).

Wir haben demnach für jeden Fall der Nebenklage die **gleichen** Normen über den Anschluß, sowohl über Inhalt und Form der Erklärung, wie auch über das gerichtliche Verfahren als geltend anzusehen.

§ 10. Der Zulassungsbeschluß.

Ob den eben besprochenen Erfordernissen genügt ist und ob überhaupt ein Fall der Berechtigung zur Nebenklage vorliegt, ist stets vom Gerichte zu prüfen und das Ergebnis ist durch ausdrückliche Entscheidung auszusprechen (§ 436, Abs. 2). Dabei findet ein richterliches Ermessen nicht statt; je nachdem ob jene Prüfung ein bejahendes oder ein verneinendes Ergebnis hat, ist die Zulassung des Nebenklägers oder seine Zurückweisung zu beschließen. Die Prüfung aber ist unerläßlich[49]); daran wird man nach den Erörterungen des vorigen Paragraphen auch für den Fall des depossedirten Privatklägers und der Verwaltungsbehörde festzuhalten haben[50]).

Diese Prüfung und Entscheidung muß ohne allen Aufschub erfolgen; vor ihrer Erledigung darf im allgemeinen nicht zu einem weiteren Akte im Prozesse geschritten werden[51]). Ausnahmen von dieser Regel ergeben sich aus § 438 Abs. 1 und 2. Insbesondere findet also eine Verlegung des bereits anberaumten Hauptverhandlungstermins — auch wenn der den Anschluß Erklärende nicht als Zeuge geladen ist — nicht statt.

---

[48]) Der richtige Standpunkt ist in der preußischen Geschäftsordnung für die Gerichtsschreibereien der Amtsgerichte vom 3. August 1879, § 34 Abs. 3 eingenommen: „Schließt sich der Privatkläger im Falle der Übernahme der Verfolgung durch die Staatsanwaltschaft als Nebenkläger an, so ist dies in Spalte 8 zu bemerken." Nach der herrschenden Auslegung wäre diese Vorschrift unverständlich.

[49]) Vgl. RGer., Jur. Woch. Schr., Bd. 21, S. 44.

[50]) Das erstere ist gegen die herrschende Meinung. Das letztere wird nur von Meves (Holtzend. Handb. Bd. 2, S. 432) bestritten.

[51]) Ist zwischen einer etwaigen Verzögerung und dem Urteile der Kausalzusammenhang nicht ausgeschlossen, so würde die Revision begründet sein. Goltd. Arch., Bd. 43, S. 32. RGer. Entsch. Bd. 25, S. 186. Das letztere Urteil halte ich sachlich für unzutreffend, da die Verzögerung m. E. nicht auf das Urteil eingewirkt hat.

Eine weitere Ausnahme ergiebt sich daraus, daß das Gericht der Einreichung und das der Entscheidung nicht immer identisch sind. Wird nämlich der Anschluß mit einer Rechtsmitteleinlegung verbunden, so wird die Erklärung beim judex a quo eingereicht; es befindet aber darüber der judex ad quem [52]).

Vor der Entscheidung ist die Staatsanwaltschaft anzuhören, was aus § 33 StPO. ohnehin folgt, und daher nicht noch in § 436 Abs. 2 aufzunehmen gewesen wäre. Man darf aus der Existenz dieser Vorschrift, die positiv nichts Neues bringt, nicht etwa den Schluß ziehen, als wohne ihr wenigstens ein besonderer negativer Sinn inne; nämlich daß in jedem Falle die Anhörung des Angeschuldigten entbehrlich sei. Vielmehr bleibt es hier bei der generellen Bestimmung des § 33 StPO.: erfolgt also die Entscheidung über den Anschluß während der Hauptverhandlung — und mithin selbstverständlich auch in der dieser entsprechenden Besetzung des Gerichts — so ist der Angeschuldigte ebenfalls zu hören.

Die Entscheidung des Gerichts bedarf einer Begründung jedenfalls dann, wenn sie den Anschluß zurückweist. Aber auch in allen übrigen Fällen werden Gründe beizufügen sein, weil die Entscheidung stets anfechtbar ist. (§ 34 StPO.).

Der Anschlußlustige hat nämlich gegen den zurückweisenden Bescheid stets die einfache Beschwerde (§ 346 Abs. 2) und braucht auch, wenn der Beschluß vom erkennenden Gericht ausgeht, nicht erst die Urteilsfällung abzuwarten (§ 347 Satz 2). Nur er kann gegen die Zurückweisung ein Rechtsmittel ergreifen; weder der Angeschuldigte: denn in seine Sphäre wird nicht eingegriffen; noch der Staatsanwalt [53]) kann es: denn die singuläre Befugnis des § 338 Abs. 2 ist ihm nur zu Gunsten des Beschuldigten, nicht zu Gunsten anderer Parteivertreter, Betroffener oder Interessenten eingeräumt.

Den zulassenden Beschluß kann der Angeklagte [54]), wenn

---

[52]) Folgt aus dem Verhältnis des § 360 Abs. 1 zu § 363 Abs. 1, Satz 1 und des § 386 Abs. 1 zu § 389 Abs. 1. Vgl. RGer., Entsch. Bd. 6, S. 139. Entsch. des OLG. München, Bd. 6, S. 138.

[53]) And. Ans. Stenglein GS. Bd. 35 S. 300. Isenbart u. Samter, S. 384 Note 5.

[54]) Oder der Staatsanwalt, doch nur nach StPO. § 338 Abs. 2. Ein

er vor Eröffnung des Hauptverfahrens erlassen ist, durch einfache Beschwerde (§ 346 Abs. 1) ohne weiteres anfechten; den später erlassenen dagegen nur auf dem Umwege, daß er das Urteil, welches auf diesem Beschlusse beruht, durch Berufung oder Revision angreift (§§ 347 Satz 1. 375. 369 Abs. 2)[55]).

Wird die Beschwerde eingelegt, so kann das Gericht nach Maßgabe des § 348 Abs. 2 seine Entscheidung widerrufen. Auf diese Weise ergiebt sich ein Fall von Zurücknehmbarkeit der Zu-

---

anderer, schon vorhandener Nebenkläger kann sich gegen das Eintreten des späteren Nebenklägers nicht wehren.

[55]) Auf anderem Standpunkt stehen vereinzelt Isenbart und Samter, S. 383/4, Note 5. Sie fassen die Entscheidung über den Anschluß als „accessorisches Analogon des Eröffnungsbeschlusses" auf. Sie soll daher nicht der einfachen, sondern der sofortigen Beschwerde nach § 209 Abs. 2 unterliegen und für den Angeklagten nach § 209 Abs. 1 der Anfechtung entrückt sein. — Die Konsequenzen dieser Auffassung gehen viel weiter. Der Beschluß müßte dann auch die Erfordernisse und Voraussetzungen eines Eröffnungsbeschlusses haben, insbesondere nur auf „hinreichenden Verdacht" hin gefaßt werden können. Das Gericht würde, um die hierzu nötige thatsächliche Prüfung anstellen zu können, nach § 200 die Möglichkeit haben müssen, das Hauptverfahren durch eine nachträgliche Voruntersuchung zu unterbrechen. Es führt das endlich weiter dazu, die Anschlußerklärung als Klagerhebung zu behandeln, die den Vorschriften des § 198 genügen müßte. Alle diese aus jener eigenartigen Auffassung folgenden Sätze finden in dem Gesetz und seiner Vorgeschichte keinen Anhalt, sie widersprechen dem § 436 auf Schritt und Tritt und führen zum Teil zu prozessualen Unmöglichkeiten. Wie soll endlich in dem Falle, daß der Anschluß in der Voruntersuchung oder im Zwischenverfahren erfolgt, das „accessorische Analogon" des noch gar nicht vorhandenen Eröffnungsbeschlusses behandelt werden? — Isenbart und Samter ziehen als einziges Argument eine recht gelegentliche Wendung in einem RGer.Urteile (Bd. 9, S. 225) heran. Ein Nebenkläger war in der Hauptverhandlung unvertreten; gleichwohl wurde auf seine Anträge eingegangen. Die Revision rügte Verletzung des Prinzips der Öffentlichkeit. Bei Erörterung dieses Punktes sagt das RGer.: „es unterliegt keinem Bedenken, daß der auf die Anschlußerklärung erlassene Beschluß des Gerichts gleich einem Beschlusse über Eröffnung des Hauptverfahrens verlesen werden konnte (§ 242, Abs. 2. § 424 Abs. 1)." Abgesehen davon, daß hieraus noch keineswegs als Meinung des RGer. folgt: Zulassungsbeschluß = Eröffnungsbeschluß; Zurückweisungsbeschluß = Nichteröffnungsbeschluß, — muß betont werden, daß das RGer. nur ein Beispiel dafür wählen wollte, daß außerhalb der Hauptverhandlung gefaßte Beschlüsse in derselben verlesen werden können und sogar müssen. Ein anderes Beispiel bietet der Beschluß über Entbindung des Angeklagten vom Erscheinen.

lassung des Nebenklägers, die im übrigen vollkommen ausgeschlossen ist[56]).

Von einer Sicherheitsleistung oder einem Kostenvorschuß darf die Einräumung der Nebenklägerstellung nicht abhängig gemacht werden. Nur bei einem Ausländer wäre dies möglich, der Rechtsmitteleinlegung und Anschlußerklärung verbindet (StPO. § 436 Abs. 3. GKostenG. §§ 83 Abs. 1. 85 Abs. 1 u. Abs. 5).

§ 11. Die Fälle der Neben-Anklage.

Außer den erörterten allgemeinen Bedingungen (§§ 8 bis 10) für das Auftreten als Nebenkläger muß auch der konkrete Fall dazu angethan sein. Es müssen die besonderen Voraussetzungen des § 435 Abs. 1 oder Abs. 2 oder des § 443 oder des § 467 StPO. zutreffen; oder, anders ausgedrückt, es muß eine Anschlußbefugnis — nach der von Oppenheim gebrauchten Bezeichnung: ein Nebenklagerecht — vorliegen.

Der Hauptunterschied dieser besonderen Voraussetzungen von den bisher behandelten allgemeinen liegt darin, daß diese dem Prozeßrecht, jene besonderen aber dem materiellen Recht angehören.

Es handelt sich bei ihnen nunmehr um Inhalt und Existenz des staatlichen Strafanspruchs; nicht mehr um seine Durchführbarkeit und deren Art und Weise, nicht mehr darum, wie weit die Entwickelung des Prozeßrechtsverhältnisses vorgeschritten ist. Der im Prozeß begriffene staatliche Strafanspruch muß eine bestimmte Beschaffenheit haben, oder es muß doch diese bestimmte Qualität zur Diskussion gestellt sein. Davon, ob er diese Qualität hat, ob sie wenigstens von dem Interessierten behauptet wird, hängt es ab, ob die Nebenklage zulässig ist.

Der Unterschied beider Arten von Voraussetzungen ist bedeutsam für § 380. Nur die besonderen Voraussetzungen unterliegen der Möglichkeit einer Nachprüfung in dritter Instanz[57]). Auch

[56]) Vgl. § 442. — Stenglein Ger.-Saal, Bd. 35, S. 299.

[57]) Goltd. Arch., Bd. 38, S. 455. — Daß die Berufungsstrafkammer einem formell unzulässigen Anschluß stattgab, oder daß sie auf eine Anschlußerklärung hin nicht sofort, sondern erst nach Erledigung anderer Prozeßetappen Beschluß faßte, entzieht sich der Revision. — Das Zitat des § 398 in § 380 hat für unseren Gegenstand keine praktische Bedeutung.

§ 384 Abs. 2 StPO. bringt eine Konsequenz jenes Unterschiedes. Wird die Revision eines erstinstanzlichen Strafkammerurteils oder eines Schwurgerichtsurteils auf die mangelhafte Prüfung der allgemeinen Voraussetzungen einer Nebenklage gestützt, so liegt Anfechtung wegen Verletzung einer Rechtsnorm über das Verfahren vor, und für die Begründung der Revisionsanträge tritt ein Mußerfordernis mehr hinzu.

A. Neben-Anklage bei Beleidigung und Körperverletzung.

Eine erste Gruppe von Nebenklägern bezeichnet StPO. § 435 Abs. 1 durch Verweisung auf die Privatklagebefugnis des § 414, welche bei Beleidigung und Körperverletzung gegeben ist. Die Privatklage kann nach § 414 Abs. 1 von dem Verletzten, nach Abs. 2 außerdem von demjenigen erhoben werden, der ein selbständiges Recht auf Strafantrag hat.

Wir können also Privatkläger erster und zweiter Ordnung unterscheiden. Das Kennzeichen für die Selbständigkeit des Antragsrechts wird vornehmlich darin zu sehen sein, daß der gestellte Antrag eine gesonderte Beachtung erheischt und z. B. auch dann zur Verfolgung genügt, wenn der von dem eigentlichen Verletzten gestellte Antrag wieder zurückgenommen ist. Die hieher zu zählenden Fälle solcher Privatkläger zweiter Ordnung ergeben sich aus StGB. § 65 Abs. 2 und Abs. 3, § 195, § 196 und § 232 Abs. 3.

Eine Gesamtpersönlichkeit kann als Privatklägerin zweiter Ordnung (und folglich auch als Nebenklägerin) auftreten, wenn sie eine Behörde, und zwar die vorgesetzte Behörde eines Beamten, eines Religionsdieners oder eines Mitgliedes der bewaffneten Macht ist.

Kann aber die Gesamtpersönlichkeit — durch ihre Organe handelnd — auch als Privatklägerin erster Ordnung und dem entsprechende Nebenklägerin auftreten?

Die Beantwortung der Frage fällt, da Körperverletzung nicht in Frage kommt, zusammen mit der Untersuchung nach der Fähigkeit der Gesamtpersönlichkeit, beleidigt zu werden. Die Antwort hängt davon ab, ob diese Gebilde — juristische Personen, rechtsfähige Vereine, Körperschaften oder wie wir sie nennen wollen — des Rechtsgutes der Ehre theilhaftig sind, und demnach des weiteren davon, wie das Rechtsgut der Ehre aufzufassen und begrifflich zu bestimmen sei. Ausschließlich und lediglich hiervon hängt die Antwort ab; denn bei der lakonischen Ausdrucksweise des StGB.: „Die Beleidigung ..... wird bestraft“ erscheint es selbstverständlich, die Beleidigung Jedes zu strafen, der beleidigt werden kann, dessen Ehre somit angegriffen werden kann.

„Ehre“ als Rechtsgut kann nun nicht im Sinne von Menschenwürde oder im Sinne ethischen Wertes aufgefaßt werden[58]); denn die so verstandene Ehre ist nach begrifflicher Notwendigkeit „durch dritte Hand nicht verletzbar“, und sämtliche Beleidigungen wären somit stets und für immer absolut untaugliche und völlig ungefährliche Versuchshandlungen. Wollen wir also überhaupt das durch die Beleidigung angegriffene Rechtsgut „Ehre“ nennen, so müssen wir einen anderen Sinn damit verbinden. Nicht der innere Wert, sondern die äußere Geltung ist es, auf die der Ton zu legen ist. Sie allein bedarf auch eines Schutzes[59]). Damit ist die heute herrschende Meinung wiedergegeben. Ist dies richtig, so kommt auch der Kollektivpersönlichkeit das Rechtsgut der Ehre zu. Während wir einen ethischen Maßstab nur an das Verhalten des Einzelmenschen anlegen, daher nur ihm eine Ehre im ersterwähnten Sinn zusprechen könnten, kann die äußere

---

[58]) Wie namentlich Binding, Grundr. II, § 132 das thut. Er bezeichnet S. 55 ausdrücklich die Ehre in diesem Sinne als „Angriffsobjekt“ oder Beleidigung. Dem naheliegenden Einwand, daß ethischer Unwert alsdann gegenüber Beleidigungen vogelfrei machen müßte (wenigstens soweit die „angeborene“ Ehre nicht in Frage steht), sucht er durch Aufstellung einer gänzlich willkürlichen Rechtsvermutung für das Dasein dieses Angriffsobjektes zu entgehen. Binding müßte aber sogar diese Rechtsvermutung für unwiderleglich erklären! Denn sonst scheitern seine Konstruktionen an StGB. § 192. Die kategorische Bemerkung hiergegen, S. 61 oben: „Deshalb bezieht sich auch GB. § 192 zweifellos nicht nur auf den Thatbestand der §§ 186 und 187, sondern auch auf den des § 185“, vermag den Wortlaut nicht in sein Gegenteil zu verkehren.

[59]) Gegen eine dritte Ansicht, welche die Zufügung eines Seelenschmerzes als das Wesentlichste ansehen will, sei auf die Bemerkungen bei Frank, Komm., 14. Abschn., I verwiesen, mit dem ich bis auf den Punkt übereinstimme, daß ich diese Auffassung auch nicht de lege ferenda als wertvoll bezeichnen kann.

Geltung und soziale Stellung für die Gesamtpersönlichkeiten nicht geleugnet werden. Gerade in Anerkennung dieser Qualität stattet das Recht sie mit Rechtsfähigkeit aus.

Das Resultat ist also die Bejahung der Frage, ob Personenvereine taugliche Objekte der Beleidigung sind. Billigermaßen sind dabei nur diese beiden Standpunkte möglich: Ja! — oder Nein! Eine Mittelansicht erscheint mir unhaltbar. Gleichwohl wird sie vielfach vertreten[60]). Sie geht dahin, das geltende Recht habe nur in beschränktem Umfange die gedachte Konsequenz anerkannt. Ich vermisse jedoch jede Beschränkung im geltenden Recht. Sie könnte nur entweder in einer ausdrücklichen Zurückweisung der Beleidigungsfähigkeit der Kollektivpersonen unter Zulassung einiger Ausnahmen liegen, oder in einer stillschweigenden Zurückweisung, indem die Stellen, welche die Beleidigung juristischer Personen erwähnen, einen exzeptionellen Charakter trügen und vor allem eine förmliche Zulassung gerade jener besonderen Gebilde in die Reihe der beleidigungsfähigen Subjekte aussprächen.

Daß es an dem allgemeinen ausdrücklichen Satze fehlt, ist bekannt. Und was die zweite Möglichkeit anbetrifft, so haben die §§ 196. 197 StGB. durchaus nicht die Natur von Ausnahmevorschriften. Sie lassen sogar die Frage nach der Beleidigungsfähigkeit der Behörden und politischen Körperschaften unerwähnt und reden nur von der Person des Antragsberechtigten, bezw. von der Ersetzung des Antrages durch die Ermächtigung. Was aber den § 187 StGB. und die ziemlich unbestritten behauptete Möglichkeit der Kreditverleumdung gegen Handelsgesellschaften angeht, so müßte folgerichtig dieser Fall von den Vertretern der Mittelmeinung überhaupt geleugnet werden. Denn von Handelsgesellschaften ist im § 187 nicht die Rede — und von der angeblich dem Gesetz stillschweigend zu Grunde liegenden Regel (Beleidigungsunfähigkeit der Körperschaften) hier eine ebenso stillschweigende angebliche Ausnahme (Beleidigungsfähigleit der Handelsgesellschaften) annehmen zu wollen, erscheint doch allzukühn.

Oder soll die Begründung darin gefunden werden, daß „Kredit" ein auch Handelsgesellschaften zustehendes Rechtsgut sei? Damit verfallen die Verfechter der Mittelmeinung lediglich in denselben

---

60) z. B. v. Liszt, 9. Aufl., S. 354.

Gedankengang, den sie auf die allgemeine Regel nicht angewendet wissen wollen. Denn wenn das Bestehen der Kreditverleumdung von Handelsgesellschaften im geltenden Recht dadurch erwiesen werden soll, daß man nachweist, die Handelsgesellschaften seien des Kredites fähig, so ist es ebenso richtig, das Bestehen der Ehrenbeleidigung von juristischen Personen im geltenden Recht damit zu erweisen, daß man darthut, diese Gebilde seien des Rechtsgutes der Ehre fähig.

Letzteres will ich in der That ganz allgemein behaupten und zwar deshalb, weil sich im StGB. irgend eine Einschränkung nicht angedeutet findet. Man hat ja auch sonst keine Bedenken, den Personengesamtheiten andere Rechtsgüter zuzugestehen und sie für antragsberechtigt zu halten; man denke an Jagdvergehen, Sachbeschädigung, Hausfriedensbruch, Verletzung des Brief-, des Geschäftsgeheimnisses, der Urheberrechte, an den unlauteren Wettbewerb u. s. w. Kurz, keineswegs bloß Delikte gegen materielle oder Vermögensrechts, sondern auch solche gegen sogenannte unkörperliche Rechtsgüter können gegen Kollektivpersonen begangen werden. Überall genügt uns die bloße Konstatierung, daß die Personengesamtheit des betreffenden Rechtsgutes fähig sei, um sie sogleich auch als durch das Strafgesetz geschützt, als durch die strafbare Handlung verletzt und als antragsberechtigt anzusehen.

Von dem gewonnenen Resultate aus können wir nunmehr auch an den bisher gar nicht berührten § 189 StGB. herantreten. Dieser Paragraph ist sicher so singulär, daß man am besten thut, sich mit ihm nicht eher zu befassen, als bis man mit anderweiten Mitteln sich eine solide Grundlage für den ganzen Aufbau geschaffen hat. Es erscheint mir nun am stichhaltigsten die Ansicht, daß hier die Gesamtpersönlichkeit der Familie beleidigt wird. Für unsere prozessualen Zwecke ist somit — welchen Standpunkt man auch in der oben S. 88 ff. erörterten Frage über die subjektiven Fähigkeiten und Erfordernisse des Nebenklägers einnehmen mag — soviel mit aller Sicherheit zu sagen, daß die „Familie" weder partei- noch prozeßfähig ist. Und da sie als bußberechtigt auch nicht in betracht kommen kann, so ist hier überhaupt keine Anwendbarkeit des § 414 Abs. 1 StPO. zu ersehen. Es können demnach in dem Falle des § 189 StGB. nur Privat- und Nebenkläger zweiter Ordnung auftreten (Vater, Mutter, Söhne, Töchter, Gatte oder Gattin).

In allen anderen Fällen der Beleidigung von Gesamtpersönlichkeiten wird es sich nach der Verfassung der Behörde[61]), der Korporation oder des Personenvereins richten, welches die zur Stellung des Antrages berufenen Organe sind.

Die einzelnen Fälle der Beleidigung, die hierher gehören, sind StGB. §§ 185. 186. 187[62]).189. 103. 104. Dagegen kommen nicht in betracht StGB. §§ 197. 95. 97. 99. 101.

Merkwürdiger Weise besteht ein Streit darüber, ob aus §§ 103. 104 StGB. Privatklage erhoben werden kann[63]). Die hier vorgenommene Handlung wird vom Gesetze selbst als Beleidigung bezeichnet, und daß sie mit der gewöhnlichen Beleidigung nur den Namen, nicht aber die Begriffsmerkmale gemeinsam haben sollte, wird von niemandem behauptet. Im Gegenteil, man lehrt, die Handlung sei die gewöhnliche Beleidigung, und man wird gewiß § 193 StGB. für anwendbar erklären können, ja sogar §§ 199. 200[64]).

Ferner: die Paragraphen sprechen ausdrücklich davon, daß die Verfolgung nur auf Antrag eintrete, und daß der „Antrag" hier etwas anderes sei, als was sonst darunter im Strafgesetzbuch und Strafprozeßordnung verstanden wird, behauptet wiederum niemand; im Gegenteil wird § 65ff. für anwendbar erachtet.

Das Ergebnis ist demnach: es liegt eine Beleidigung vor, bei der die Verfolgung nur auf Antrag eintritt. Folglich finden auch StPO. § 414 und GVG. § 27 Ziff. 3 Anwendung.

---

[61]) Daß auch die Behörde, wiewohl in StPO. § 414 Abs. 3 nicht erwähnt, doch sowohl Privat- wie Nebenklage erheben kann, nimmt auch RGer., Entsch. Bd. 23, S. 293 an.

[62]) Die „Amtsehrenbeleidigung" (§ 196) ist natürlich nicht ausgenommen. Sie bildet überhaupt keinen besonderen „Fall". Bedenklich erscheint Birkmeyer, S. 322 K. 1.; s. auch StPO. § 420.

[63]) Für die Bejahung u. a. v. Kries S. 203, Bennecke S. 630, Stenglein, G. S. Bd. 35, S. 274. Liszt, 9. Aufl., S. 582 läßt die Privatklage nur bei § 104 zu.

[64]) v. Liszt a. O. nimmt sogar an, daß §§ 185ff. gegenüber § 104 durchgreifen, soweit sie strenger sind. Es wäre also z. B. § 187 stets durchgreifend. Was soll das aber für ein Verhältnis sein? Wenn Idealkonkurrenz, so muß auch die mildere Bestimmung des § 187 Abs. 2 angewendet werden dürfen. Das Gleiche müßte aber doch auch gegenüber § 103 gelten. Es ist kein Grund, hier den strengeren § 187 auszuschließen. Ich nehme durchweg alternatives Verhältnis d. h. im Ergebnis Idealkonkurrenz an.

Die entgegengesetzte Ansicht bringt denn auch keinerlei Gründe für sich bei. Man folgt nur einem dunklen Gefühl, daß die Beleidigungen des 2.—4. Abschnittes im StGB. etwas anderes seien, als die des 14. Abschnittes. Damit stellt man sich aber in einen Widerspruch zu der allgemein anerkannten Wesensgleichheit zwischen der Majestäts- und gewöhnlichen Beleidigung. Und sodann wird jener Standpunkt in einer anderen Frage der Gerichtsverfassung von niemandem festgehalten. Es ist das die Anwendbarkeit des § 75 Ziff. 4 GVG. auf die Delikte der §§ 103. 104 StGB. Und doch ist diese Vorschrift in Verbindung mit dem Umstande, daß es bei Majestätsbeleidigung keines Antrags bedarf, der einzige Grund, weshalb Majestätsbeleidigung nicht vom Schöffengericht abgeurteilt werden kann. Für §§ 103. 104 StGB. wird dagegen allgemein ohne Bedenken die Konsequenz gezogen, daß dies „Überweisungsdelikte" sind. Das ist aber nur möglich, indem man sie als Beleidigungen und zwar mit einer nur auf Antrag eintretenden Verfolgung ansieht. Diese Subsumtion führt aber auch zur Zulassung der Privatklage und damit auch zu der Möglichkeit, daß die hier Verletzten als Nebenkläger auftreten. In der That besteht auch gar kein Grund, weshalb eine solche von der Staatsanwaltschaft nicht zu eliminierende Einwirkung auf den Strafprozeß den ausländischen Fürsten und Regenten und den Gesandten versagt sein sollte, und weshalb diese Personen — und zwar gerade die „befreundeten"! — in dieser Beziehung ungünstiger gestellt sein sollten, als gewöhnliche Sterbliche.

Ein letzter Fall der Beleidigung schließt sich noch hier an: die fahrlässige Beleidigung, deren Strafverfolgung auf § 21 Preßgesetzes gestützt wird. So die durchaus herrschende Meinung [65]), die aber nur dann in logisch konsequenter Weise vorgeht, wenn sie den Thäter des § 21 a. O. als den „Beleidiger" ansieht. (Anders Löwe, a. O.). Denn entweder ist hier ein eigenartiger Deliktsthatbestand vorhanden, — und dann ist die Strafthat eben

[65]) Löwe, 9. Aufl., § 414 Note 2c. v. Kries, S. 203. v. Liszt, Reichsprozeßrecht, 1880, S. 198, 200b. Stenglein verneint die Zulässigkeit der Privatklage sehr bestimmt in den Strafrechtl. Nebengesetzen (2. Aufl., Berl. 1895, S. 445 Note 15), bejaht sie dagegen mit Entschiedenheit im Kommentar zur StrPO. (3. Aufl., Münch. 1898, S. 610 Note 2).

keine Beleidigung, sondern dieses neue delictum sui generis. Von Antragserfordernis, Privat- und Nebenklage kann dann keine Rede sein. Oder der § 21 Preßges. hebt nur eine besondere Art und Weise der Begehung von Delikten hervor und straft in diesem Falle auch fahrlässige Begehung. An dem jeweiligen Wesen des Deliktes ändert sich dadurch nichts. Bei letzterer Auffassung ist, falls des in dieser besonderen Art und Weise fahrlässig begangene Delikt Beleidigung ist, an dem Antragserfordernis festzuhalten, auch Privat- und entsprechend Nebenklage zuzulassen[66]).

Diese zweite Auffassung erscheint mir nun als die richtige, vornehmlich aus drei Gründen. Erstens beruht das Wesen des „Preßdeliktes" — Preßgesetz, Teil III (vgl. § 22 Eingang) — überhaupt nur in etwas Formalem, nämlich in der Begehungsmodalität. Zweitens sagt der Wortlaut des § 21: die betreffenden Personen seien „wegen Fahrlässigkeit" zu bestrafen. Die Fahrlässigkeit kann aber logischer Weise nicht einen eigenen Thatbestand darstellen und ist auch nach dem reichsgesetzlichen Sprachgebrauche nicht ein solcher, sondern eine Schuldform. Drittens ist der § 21 a. O., isoliert betrachtet, ganz inhaltsleer, niemand kann aus diesem Paragraphen allein bestraft werden. Der Paragraph ist hilfs- und ergänzungsbedürftig; er gewinnt erst Blut und Leben, wenn er mit einem sonstigen Strafparagraph in Verknüpfung gebracht wird. Man kann nur verurteilt werden „aus §§ 185 StGB. 21 Preßges." oder „aus §§ 110 StGB. 21 Preßges." u. dergl.

Die Fälle der Nebenklage, die sich aus der Berechtigung, als Privatkläger wegen Körperverletzung aufzutreten, ergeben, bieten keine Schwierigkeiten. Es gehört hierher die einfache vorsätzliche Körperverletzung, auch gegen Aszendenten, und jede fahrlässige. Doch ist überall (auch bei der vorsätzlichen) die Einschränkung zu machen, daß keine Amts-, Berufs- oder Gewerbspflicht übertreten sein darf. (StGB. §§ 223. 230. 232). Privatkläger zweiter Ordnung (StGB. § 232, Abs. 3) kommen auch hier vor und können Nebenkläger werden. Körperverletzung von Gesamtpersönlichkeiten gibt es selbstverständlich nicht, weil ihnen kein

[66]) Auch für Retorsion und Buße dürften dann Schlußfolgerungen zu ziehen sein.

Körper und somit nicht das Rechtsgut körperlicher Unversehrtheit eignet. Als Privatkläger zweiter Ordnung kann jedoch eine vorgesetzte Behörde in betracht kommen.

Die Fälle der Nebenklage erfahren noch eine Vermehrung, wenn man erwägt, daß der Nebenkläger auch einen sonst übersehenen rechtlichen Gesichtspunkt bei der Beurteilung des Straffalles zur Geltung bringen kann. Da er (wie unten näher zu zeigen sein wird) von der staatsanwaltschaftlichen Auffassung unabhängig ist, so kann er z. B. dafür eintreten, daß das zur Aburteilung stehende Verbrechen in Wahrheit nicht den in der Anklage angenommenen Charakter, sondern den einer solchen Beleidigung oder Körperverletzung habe, die der Privatklage unterliegen würde. Dies kann geschehen zunächst, ohne daß eine Konkurrenz von Offizial- und Privatklagedelikt unterzulaufen brauchte, indem die Auffassung der Strafthat als eines Privatklagedelikts als die einzig zutreffende behauptet, etwa die Eigenschaft des Stockes, mit dem geschlagen wurde, als eines gefährlichen Werkzeuges bestritten wird[67]).

Ferner muß im Falle der Idealkonkurrenz, wenn nur unter dem Gesichtspunkt eines Offizialdeliktes das lediglich durch die Staatsanwaltschaft vertretene öffentliche Verfahren im Gange ist, jedenfalls dann der Beitritt als Nebenkläger erlaubt sein, wenn nach der Regel des § 73 StGB. das Privatklagedelikt das bei der Strafabmessung allein maßgebende ist (man denke an das Verhältnis von Bedrohung und Beleidigung, von Nötigung und Realinjurie, von Widerstandsleistung und Körperverletzung). Aber auch in dem umgekehrten Fall wird die Nebenklage berechtigt sein, um das Urteil zu der Konstatirung zu veranlassen, daß die That auch unter einen anderen Strafparagraphen falle. Dabei ist die Einheitlichkeit der That, die „Verbrecheuseinheit" unumgängliche Voraussetzung. Denn sonst könnte der Klaglustige ja einfach eine Privatklage erheben und somit einen neuen Prozeß beginnen. Wegen der Einheitlichkeit der That ist das in dem gemeinten Falle nicht möglich: die Strafklage wird durch den einen Prozeß verbraucht, und es giebt keine Möglichkeit, außerhalb

---

[67]) So mit Recht Stenglein. Der Widerspruch Oppenheims (S. 20, Note 1) entbehrt der Angabe einer Begründung.

dieses Prozesses den ideell konkurrierenden Gesichtspunkt geltend zu machen. Die Zulassung des Verletzten als Nebenklägers in solchem Falle folgt also als Konsequenz aus der Rechtsregel „ne bis in idem“ [68]) Die urteilsmäßige Feststellung [69]), daß die That zugleich die Begriffsmerkmale einer Beleidigung oder Körperverletzung enthalte, ist zunächst durch den Schuldigspruch selbst von Bedeutung. Es kann dadurch z. B. der Wahrheitsbeweis im Sinne des § 190 StGB. geführt sein. Jene Konstatierung zieht aber ferner sämtliche Rechtsfolgen einer Verurteilung nach sich, — mit Ausnahme einer einzigen, freilich der wichtigsten: die Strafe kann nur aus dem „schwersten“ Strafgesetz im Sinne des § 73 StGB, entnommen werden. Die Benutzung des für das andere Delikt angedrohten Strafrahmens oder die Bildung kombinierter Strafrahmen (was de lege ferenda am empfehlenswertesten wäre) ist verboten. Aber auch nur diese Konsequenz schneidet § 73 StGB. ab. Im übrigen kann der festgestellte Umstand, daß z. B. die Gefangenenbefreiung gleichzeitig als Körperverletzung sich darstellt, als Strafzumessungsgrund benutzt werden. Wenn auch die Strafe im gegebenen Beispiel dem Rahmen des § 120 StGB. zu entnehmen ist, so liegt doch auch eine Verurteilung „auf Grund“ des § 223 StGB. vor: dieser Paragraph ist deshalb in die Strafnachricht für das Strafregister mit aufzunehmen; es liegt eine Vorbestrafung vor u. s. w. [70]). Endlich können alle

---

[68]) Über deren Anerkennung im geltenden Recht sei auf die Darstellung bei Birkmeyer, besonders S. 682f., verwiesen.

[69]) Dieselbe hat am korrektesten in der Urteilsformel zu geschehen. Dies hat in dem Entsch. Bd. 4, S. 180 erörterten Falle das Reichsgericht selbst nachgeholt.

[70]) Eine derartige Verurteilung wegen eines nur ideell konkurrierenden, für den Strafrahmen keinen Ausschlag gebenden Verbrechens reicht also m. E. aus, um später die Feststellung eines Rückfalles darauf zu gründen. Der Stand der Kontroverse ist bekannt. Nur das möchte ich hervorheben, daß die entgegengesetzte Ansicht von Liszt, Lehrb., 9. Aufl., S. 246 nicht auf einer schlüssigen Argumentation beruhen dürfte. Die nachträgliche Verfolgung wegen des leichteren Verbrechens wird freilich durch die Rechtskraft des Urteils ausgeschlossen. Daraus folgt aber für die hier berührte Frage nichts; denn die Konstatiernng eines Rückfalles ist keine nachträgliche Verfolgung. Heinemann, Lehre von der Idealkonkurrenz, Berlin 1893, S. 96, übersieht durchaus, daß die Annahme einer einheitlichen Handlung, d. h. mithin einer einzigen als „Verbrechen“ zu bezeichnenden Episode im Leben des Thäters

Rechtsfolgen auch des leichteren Verbrechens, sofern sie nur nicht den Charakter der Strafe haben, sogleich im Urteilstenor mit verhängt werden. Praktisch wird dies für die Urteilsausfertigung (StGB. §§ 200. 165), für einige Fälle der Urteilspublikation und der Einziehung, für die Buße, für die etwa wegen des ideell konkurrierenden Deliktes auszusprechende Haftung Dritter wegen einer Geldstrafe u. s. w.

In allen diesen Punkten braucht — das ist das uns hier interessierende Ergebnis — der durch die ideell konkurrierende Beleidigung oder Körperverletzung Verletzte nicht unthätig zuzuschauen, ob das Gericht von Amtswegen auf die einschlägigen Gesichtspunkte kommt. Er darf durch eigene beachtliche Willenserklärungen darauf hinleiten, und zu diesem Zwecke steht ihm eine Prozeßbetriebsthätigkeit als Nebenkläger offen [71]).

Falls nicht Ideal-, sondern sog. Gesetzeskonkurrenz vorliegt, ist das Resultat ein anderes [72]). Ist lediglich ein Paragraph anzuwenden, der gegenüber Beleidigung und Körperverletzung lex specialis ist, so können die Abschnitte XIV und XVII StGB. in gar keiner Beziehung herangezogen werden. Denn die Handlung ist dann eben nicht Beleidigung und Körperverletzung, sondern

---

die Möglichkeit nicht ausschließt, daß vollzählig die Merkmale mehrerer vom Gesetz beschriebener und im Sinne des besonderen Teiles als „Verbrechen" zu bezeichnender Thatbestände vorliegen. Recht treffend erscheint mir der von Jakobs, Idealkonkurrenz (Dissertation, Erlangen 1897) gebrauchte Ausdruck „Konkurrenz von Verbrechenselementen".

[71]) Gleicher Ansicht das Reichsgericht, vor allem in der Entsch. Bd. 7, S. 437, welche freilich über einen anderen Punkt, nämlich darüber, was die schwerste Strafe sei, bei Gelegenheit eines Zusammentreffens der §§ 185 und 183 höchst auffällige und sicherlich falsche Erwägungen anstellt. Ebenso u. a. Stenglein, GS. Bd. 35, S. 287. Den Deduktionen bei Oppenheim, S. 19, wonach das obige Resultat nur durch analoge Gesetzesanwendung zu erreichen wäre, vermag ich nicht zu folgen. Oppenheim macht die Nebenklagebefugnis von dem Zufall abhängig, ob der Staatsanwalt den ideell konkurrierenden Gesichtspunkt in seine Anklageschrift mit aufgenommen hat oder nicht.

[72]) Ebenso im Endergebnis das Reichsgericht. Man vgl. einerseits Entsch. Bd. 13, S. 30, andererseits Entsch. Bd. 9, S. 236. Es handelt sich dort allerdings nicht um Privatklagedelikte, sondern um konkurrierende Gefällsdelikte und um die Nebenklagebefugnis der Verwaltungsbehörde. Das ist jedoch im Grunde genau dieselbe Frage.

etwas anderes. Man denke an das Verhältnis von Körperverletzung zu Raub oder zu Notzucht mit Gewalt gegen die Person, oder an das Verhältnis der Beleidigung zu § 153 Gew.-Odg. Alsdann kann auch ein Nebenkläger nicht zugelassen werden. Natürlich ist es aber möglich, daß der betreffende Verletzte behaupten will, es komme die Handlung lediglich als Beleidigung oder Körperverletzung in betracht, z. B. es sei auf einen Beischlaf oder auf unzüchtige Handlungen bei der angeblichen Notzucht, auf die Erlangung einer Sache bei dem angeblichen Raub gar nicht abgesehen gewesen u. dgl. Dann darf es ihm nicht versagt sein, seine Auffassung durchzusetzen. Seine Rolle im Prozeß ist aber damit auch fest umgrenzt und bezeichnet: sie ist auf die Geltendmachung des vermeintlichen staatlichen Strafanspruches wegen Beleidigung oder Körperverletzung beschränkt. Hält dagegen der Private die Auffassung als Gesetzeskonkurrenz für zutreffend und behauptet nichts abweichendes, so kann er nicht Nebenkläger sein.

Da somit die Gesetzeskonkurrenz anders behandelt wird, als die Idealkonkurrenz, so ist es von Wichtigkeit, ausdrücklich darauf hinzuweisen, daß zwischen der Majestätsbeleidigung und der gewöhnlichen Beleidigung Idealkonkurrenz, nicht Gesetzeskonkurrenz besteht. Nur insoweit, als die Abschnitte II und III einfache Qualifikationen des Grundthatbestandes enthalten, paßt die Formel der Gesetzeskonkurrenz, also z. B. auf das Verhältnis des § 95 zu § 185. Dagegen ist das gleiche bei den Beziehungen zwischen § 95 und § 186 nicht der Fall. Hier dreht es sich vielmehr um das Verhältnis zweier Qualifikationen desselben Grundthatbestandes zu einander, und ein solches Verhältnis ist stets Idealkonkurrenz. So ist z. B. solche zwischen § 244 und § 243 ² StGB. möglich, und — falls man von der Voraussetzung ausgeht, daß der Mundraub seinem Wesen nach Diebstahl (und niemals Unterschlagung) sei — zwischen § 370 ⁵ und § 243 ².

Es geht nun nicht etwa an, die Majestätsbeleidigung als ein gänzlich anders geartetes Delikt aufzufassen. Das wäre nur gerechtfertigt, entweder, falls man als Angriffsobjekt hier ein anderes Rechtsgut aufzuweisen vermöchte, als bei der gewöhnlichen Beleidigung. Solches wird aber von niemandem ernstlich behauptet. Oder, falls man die Angriffshandlung als eine von der bei der gewöhnlichen Beleidigung verschiedene darlegen könnte. Auch das entspricht nicht der durchaus herrschenden Meinung[73]). Die hiermit vertretene Anschauung, daß die Majestätsbeleidigung in ihrem Begriff und Wesen von der Beleidigung des XIV. Abschnittes nirgendwie unterschieden sei, tritt übrigens, wie unterstützend hervorgehoben sei, unbewußt oder unausgesprochen auch in der bisher noch keinem Zweifel unterzogenen Meinung zu Tage, daß die Beleidigung verstorbener Herrscher dem § 189 StGB. unterfalle.

Die notwendige Konsequenz ist, zwischen den verschiedenen Qualifikationen (und Privilegierungen) des Beleidigungsgrundthatbestandes Idealkonkurrenz anzunehmen[74]). Desgleichen ist Idealkonkurrenz zwischen der Thätlichkeit gegen Herrscher und Mitglieder landesherrlicher Familien und den sämtlichen Fällen der Körperverletzung anzunehmen.

Es können sonach folgende Kombinationen in Betracht kommen. I. Was die Thätlichkeiten angeht, so bleibt § 94 stets maßgebend, während § 96 hinter beiden Fällen des § 229 Abs. 2, — § 98 gegenüber §§ 229 Abs. 2, 226, 225 und 340 Abs. 2, — § 100 außerdem gegenüber § 224 zurücktritt. II. Was die Beleidigungen betrifft, so bleibt § 95 unangetastet, aber die §§ 97, 99, 101 treten gegenüber dem Thatbestand der öffentlichen Verleumdung (§ 187 Abs. 1, Fall II) zurück. Auch sei hier noch eingeschaltet, daß § 81 Ziff. 1 und alle diejenigen Thatbestände, in welche das Merkmal

---

[73]) Man vgl. über den Stand der Frage v. Liszt, 9. Aufl. S. 576, Binding, Grundr. II, S. 76 (de lege ferenda unterscheidet er zwei Angriffsobjekte und danach zwei streng zu trennende Delikte, S. 74); Frank, Komm., S. 132f. Olshausen, § 95, Note 2 cf. 7. 8b. Der letztgenannte führt nur folgende Dissentienten an: Schütze, Meves, Puchelt, v. Kirchmann. Binding, Handb. I S. 352 will „Alternativität" der Strafgesetze annehmen. Diese ist aber, genauer betrachtet, nichts Anderes als Idealkonkurrenz.

[74]) Aus der Gleichheit des Grundthatbestandes ergiebt sich m. E., daß alle nicht besonders ausgeschlossenen Bestimmungen über Beleidigungen auch auf die Majestätsbeleidigung anwendbar sind. Die von v. Liszt, 9. Aufl., S. 576 gemachte Scheidung kann um so weniger gehalten werden, als ein sicheres Kriterium für dieselbe nicht gegeben ist. Eine Ausnahme macht lediglich das Antragserfordernis, welches hier wegfällt, wozu das Argument §§ 99 und 101, Abs. 2 liefern. Als weitere Folge knüpft sich hieran die Unanwendbarkeit der Privat- und der Nebenanklage, und die veränderte Zuständigkeit. Ich betrachte insbesondere auch die Sätze über Retorsion und Buße als hier anwendbar, woraus auch die Möglichkeit einer Bußeklage, also der Nebenklage auf diesem Wege, folgt.

der Gewalt aufgenommen ist, sowie alle durch den schweren Erfolg einer Körperverletzung qualifizierten Fälle mit den Bestimmungen des XVII. Abschnittes in Idealkonkurrenz stehen können[75]).

Außer den bisher erörterten Fällen kennt das Reichsrecht noch einen Fall der Privatklage: nach § 12 Abs. 3 des Gesetzes über den unlauteren Wettbewerb. Diese Möglichkeit interessiert uns indeß für die Nebenklage an dieser Stelle nicht. Da StPO. § 435 Abs. 1 sich ausdrücklich auf § 414 zurückbezieht, so kann ein Anschluß an die erhobene öffentliche Klage wegen unlauteren Wettbewerbes nicht erfolgen. Auch § 417 Abs. 3 (der sogenannte depossedierte Privatkläger) greift nicht ein; denn nach dem oben erörterten ist ja auch hier eine besondere Anschlußerklärung notwendig, es erfolgt nicht etwa eine Umwandlung von Gesetzeswegen. Die Anschlußerklärung müßte unter § 435 StPO. sich einreihen lassen, und das ist hier nicht der Fall. Wollte der Gesetzgeber dieses Ergebnis nicht, so hätte er im § 12 des Wettbew.-Ges. wie zu StPO. § 414, so auch zu § 435 einen entsprechenden Zusatz fügen müssen[76])

B. Neben-Anklage nach erzwungener öffentlicher Klage.

Eine zweite Gruppe von Nebenklägern bezeichnet § 435 Abs. 2 StPO. durch den Hinweis auf § 170 StPO. Es handelt sich hier um den Fall, daß die Staatsanwaltschaft zur Erhebung der Anklage unwillig war und dazu singulärer Weise durch einen Beschluß des Oberlandes- oder des Reichsgerichts angehalten werden mußte. Unter solchen Umständen, wo die Staatsanwalt-

---

[75]) In den Erörterungen über die Majestätsbeleidigung ist nicht erwähnt, erscheint jedoch nach früher Gesagtem auch kaum der Erwähnung bedürftig der Fall, daß das angebliche Mitglied eines landesherrlichen Hauses diese seine Eigenschaft leugnet und nach den gewöhnlichen Bestimmungen über Beleidigung behandelt sein will. Er kann zweifellos seine abweichende Rechtsansicht auch durch Nebenklage durchsetzen, da ja seiner Behauptung nach ein Fall gewöhnlicher Nebenklageberechtigung vorliegt und die Geltendmachung dieser Behauptung ihm nicht abgeschnitten werden darf. — Ferner sollte es selbstverständlich sein, daß im Falle einer Realkonkurrenz auch die Nebenklageberechtigung soweit besteht, als die Beleidigung oder Körperverletzung in Frage kommt. Vgl. jedoch RG. Entsch. Bd. 22, S. 400.

[76]) Anderer Ansicht ohne Begründung Finger, Das Reichsges. zur Bekämpfg. des unlaut. Wettbew., Berlin 1897, S. 319 Anm. 5.

schaft nach StPO. § 173 Satz 2 gezwungen, nicht freiwillig das Verfahren betreibt, liegt es besonders nahe, eine Möglichkeit zur Kontrolle dieser ungern vorgenommenen Thätigkeit zu schaffen. Der Grundgedanke, daß dem Verletzten die Möglichkeit gegeben werden solle, unabhängig von der Staatsanwaltschaft auf die Untersuchung dauernd (und eventuell führend) einzuwirken[77], hat zur Zulassung desjenigen, der den Anstoß zur Einleitung des Strafprozesses in maßgebender Weise gegeben hatte, in die Rolle des Nebenklägers geführt. Nur ist dieser leitende Gedanke merkwürdig eingeschränkt worden. Der Umfang der beiden Begriffe „Verletzter nach § 170" und „Nebenklageberechtigter nach § 435 Abs. 2" deckt sich nicht. Die beiden Paragraphen sind nicht konform. Die erste Stelle zieht den Personenkreis außerordentlich weit: es gehört jeder dahin, dessen Rechtssphäre durch das Delikt irgendwie berührt ist; selbst dann, wenn die angegriffenen Rechtsgüter, zu deren Schutze und deren Schutzes halber der Deliktsbegriff aufgestellt ist, nicht die seinigen waren[78]. Danach läßt sich eine Unterscheidung zwischen unmittelbar und mittelbar Verletzten machen. In § 170 StPO. sind beide Kategorien gemeint, dagegen z. B. in StGB. §§ 65. 165 nur die erstere[79].

Für § 435 Abs. 2 StPO. lautet nun die gewöhnliche Behauptung, auch hier sei nur die erstgenannte Kategorie der unmittelbar Verletzten darunter zu verstehen[80]. Dem möchte ich widersprechen. Allerdings ist der Umfang des Kreises der Ver-

---

[77] Kommissionsprotokolle S. 678. (Hahn I 1107).

[78] So sind die Angehörigen eines Getöteten hierher zu rechnen. Löwe, 9. Aufl., § 170, Note 5b, wo sich eine Übersicht über den Stand der Frage findet. Ein Widerspruch liegt bei v. Kries, S. 271 und S. 272 Note 1 und bei John, Bd. II, S. 408 und S. 416 vor. Das RGer., Entsch. Bd. 23 S. 361 f., behandelt die Frage nur gelegentlich bei Interpretation des § 22 Ziff. 1 StPO., woselbst unter dem Verletzten nur die unmittelbar berührte Person verstanden sein soll. Es erklärt daher das Mitglied einer Eingetr. Genossenschaft, gegen die eine Unterschlagung verübt ist, für fähig, bei der Aburteilung dieser That das Amt eines Geschworenen auszuüben. Ob das mit der ratio legis stimmt, erscheint zweifelhaft. Bei diesem Anlaß erörtert das RGer. den Ausdruck „Verletzter" in einer Reihe von Stellen, denen GVG. § 156 II noch zuzufügen wäre.

[79] S. insbes. die Ausführungen bei Bennecke S. 169, Note 23—27.

[80] So auch die gelegentlich vom Reichsgericht (Entsch. Bd. 23 S. 362) geäußerte Meinung.

letzten nach § 435 Abs. 2 enger als der aus § 170 sich ergebende. Nur dann wird ihm der Anschluß zugestanden, „wenn die strafbare Handlung gegen sein Leben, seine Gesundheit, seine Freiheit, seinen Personenstand oder seine Vermögensrechte gerichtet war."

Es fragt sich, worauf bei der Interpretation dieser Bestimmung der Nachdruck zu legen ist. Die herrschende Meinung betont das „gerichtet". Aber sie vergißt, daß damit die fahrlässigen Delikte ausscheiden müßten, — ein Schluß, der ausdrücklich abgelehnt wird[81]). Auch wenn man, logisch ungenau, einer so weiten Auslegung vom herrschenden Standpunkt aus beistimmen wollte, so bleibt sich die h. M. dennoch nicht treu, wenn sie z. B. denjenigen, der auf Grund eines Meineides zu einer Freiheitsstrafe verurteilt wird, als durch den Meineid verletzt ansieht[82]). Der Oberreichsanwalt hatte völlig recht, wenn er bei der Aburteilung dieses Falles durch das Reichsgericht sagte, hier läge nur eine mittelbare Verletzung vor, die nach herrschender Meinung bei § 435 Abs. 2 nicht genüge.

Unrichtig ist es auch, mit Bennecke (S. 169 Anm. 26) den Ton auf das „sein", „seine" u. s. w. zu legen. Verletzt ist stets, auch bei § 170, nur derjenige, dessen eigene Rechtsgüter durch die That betroffen wurden. Der Unterschied zwischen unmittelbar und mittelbar Verletzten hat das einzig brauchbare Kriterium vielmehr darin, ob die betroffenen Rechtsgüter identisch sind mit denjenigen, zu deren Schutz die Norm aufgestellt ist oder nicht.

Zu betonen ist vielmehr, daß in § 435 Abs. 2 nur gewisse aufgezählte Rechtsgüter als berücksichtigenswert anerkannt werden. Das ist die einzige aus dem Wortlaut ersichtliche Beschränkung; im übrigen ist, gerade zufolge des ausdrücklichen Hinweises, der Kreis der Verletzten ebenso zu ziehen, wie nach § 170. Und zwar ist unmittelbare und mittelbare, vorsätzliche und fahrlässige Verletzung, ja auch Verletzung und Gefährdung einander gleichzustellen[83]). Es macht deshalb nichts aus, wenn unter jenen speziell

[81]) RGer. Rechtspr. Bd. 10, S. 419 gestand bei fahrlässigem Falscheid den Anschluß zu.

[82]) So RGer. in dem erwähnten Falle, Rechtspr. Bd. 10, S. 419. Hier handelte es sich noch dazu nicht um einen (wie das RGer. selbst sich ausdrückt) direkt gegen den Angeklagten gerichteten Meineid, sondern um eine falsche Aussage des Zeugen über seine eigenen Vorstrafen.

[83]) Wegen des letzten Punktes vgl. Löwe, 9. Aufl., § 435, Note 3b am

privilegierten Rechtsgütern die weibliche Geschlechtsehre nicht mit aufgezählt ist. Durch eine Notzucht oder durch gewaltsame unzüchtige Handlungen wird regelmäßig auch das Rechtsgut der persönlichen Freiheit des Handelns und vielfach auch die Gesundheit oder das Leben in Frage gestellt, und das genügt[84]).

C. Neben-Anklage der Verwaltungsbehörde.

Als Nebenklägerin kann drittens in dem Verfahren wegen „Zuwiderhandlungen gegen die Vorschriften über die Erhebung öffentlicher Abgaben und Gefälle" die Verwaltungsbehörde sich anschließen, wobei des Genaueren zwei Fälle auseinander zu halten

---

Ende. Daher ist Schadenseintritt nicht erforderlich, und daher giebt es Nebenklage auch beim Versuch: Stenglein, GS. Bd. 35, S. 278.

[84]) So richtig das RGer., Entsch. Bd. 24, S. 187. Dagegen fehlt es an einem der privilegierten Rechtsgüter bei den Angehörigen des Getöteten, und aus diesem Grunde ist hier Nebenklage unzulässig. Ebenso ist z. B. die durch das Verbrechen des § 146 StGB. verletzte Münzhoheit des Staates kein privilegiertes Rechtsgut. Der preußische Staat, vertreten durch die Münzdirektion zu Berlin, konnte daher in dem Fall des Oberlandesgerichts Karlsruhe (Goltd. Arch. Bd. 37 S. 74) wohl den Antrag aus § 170 StGB. stellen (hiergegen mit Unrecht und inkonsequent v. Kries, S. 270 Note 1), dagegen nicht als Nebenkläger sich anschließen. — Zulässig wäre die Nebenklage in einem von Löwe bei § 170 Note 5b abgehandelten Falle — und zwar selbst Löweschen Standpunkt aus, weil hier unmittelbare Verletzung bezw. Gefährdung vorliegt. Es sind nämlich als Nebenkläger zuzulassen die Passagiere des fahrenden Zuges, gegen den das Delikt der §§ 315. 316 StGB. verübt wird; — denn die geschützten Rechtsgüter sind bei diesem gemeingefährlichen Verbrechen Leben und Gesundheit der Passagiere und Bahnbeamten, sowie Sachenrechte der gleichen Personen, sonstigen Güterversender und der Eisenbahngesellschaft. Diese unbestimmte Vielzahl geschützter Rechtsgüter ist für alle gemeingefährlichen Verbrechen und überhaupt für alle vagen Verbrechen, von denen jene bloß eine Kategorie bilden, charakteristisch. Unmittelbare Verletzung liegt auch in einem zweiten bei Löwe a. a. O. behandelten Falle, nämlich bei dem durch ein Delikt gegen § 183 StGB. in Ärgernis versetzten Zuschauer vor. Das geschützte Rechtsgut ist hier das (sonst nur selten berücksichtigte und meistens ignorirte) Sittlichkeitsgefühl. Ein privilegiertes Rechtsgut ist dies aber nicht; Nebenklage wäre daher ausgeschlossen. — Überhaupt kein geschütztes Rechtsgut war in dem vom Oberlandesgericht Hamburg (Goltd. Arch. Bd. 37, S. 310) in richtigem Sinne, aber mit bedenklichen Gründen entschiedene Fall vorhanden, daß ein Hausbesitzer in einer Straße, wo die Polizei den Prostituierten das Wohnen gestattete, zur Erhebung der Anklage wegen Kuppelei gegen die Beherberger der Dirnen drängte.

sind, je nachdem, ob ein Strafbescheid vorausgegangen ist oder direkt die Staatsanwaltschaft Anklage erhoben hat (§ 467). Hierzu gesellt sich kraft §§ 466. 417, Abs. 3 StPO. ein dritter Fall (Eröffnung des Verfahrens durch Anklage der Verwaltungsbehörde, alsdann Übernahme der Verfolgung durch die Staatsanwaltschaft und nunmehr nebenklägerischer Anschluß der Verwaltungsbehörde).

Es ist übrigens nicht ganz unbestritten, ob die Verwaltungsbehörde wirkliche Nebenklägerin wird, oder ob sie nur die gleiche Stellung und demnach kraft Rechtsähnlichkeit die gleichen Rechte hat, so daß also der Hinweis auf die Nebenklage nur ein kurzer sprachlicher Ausdruck zur Charakterisierung dieser eigentümlichen Stellung wäre[85]). Indessen ist die Wendung in § 467 Abs. 2, im Wesentlichen genau mit der in § 417 Abs. 3 übereinstimmend, und man wird nicht behaupten wollen, daß der sog. depossedierte Privatkläger nicht zum wahren Nebenkläger werde, sondern nur die gleiche Behandlung erfahre wie ein solcher. Zu einer grundsätzlich verschiedenen Auffassung dieses Falles der Nebenklage liegt sonach kein Grund vor. Eine praktische Verschiedenheit ergiebt sich zudem wohl überhaupt nicht. Denn es ist keine logische Konsequenz der andern Meinung, daß eine formelle Anschlußerklärung und ein besonderer Zulassungsbeschluß nicht erfordert werde. Zudem ist dieser Punkt auch bei der Umwandlung der Privat- in eine (wahre) Nebenklage bestritten (oben S. 94ff.), kann also mit der Grundauffassung nicht zusammenhängen. Endlich

---

[85]) Meves, v. Holtzend. Handb., Bd. 2, S. 432; vgl. auch Glaser, Handb. II, S. 19 Anm. 16, der hier nur von „Analogie" redet. — Meves sieht den wesentlichen Unterschied im Motiv des Anschlusses. Der Nebenkläger habe den Zweck, 1. bei dem Verfahren seine eigenen Interessen zu wahren und 2. darüber zu wachen, daß die beschädigende Handlung nach allen Richtungen hin aufgedeckt und ermittelt werde. Dieses Motiv fehle bei der Verwaltungsbehörde. Dagegen ist zu sagen: der Zweck 1 ist beim gewöhnlichen Neben-Ankläger gleichgiltig, auf die Existenz eines rechtlichen Interesses bei ihm kommt es nicht an, vgl. S. 79 Anm. 4; den Zweck 2 verfolgt die Verwaltungsbehörde ebenfalls und teilt ihn somit mit den sonstigen Nebenklägern. Übrigens besteht der Zweck 2 nicht in der Aufdeckung nach „allen" Richtungen, sondern nur in der Aufdeckung nach den zum Anschluß berechtigenden Richtungen. — Richtig ist, daß das Anschlußrecht der Verwaltungsbehörde älter ist als das ganze Institut der Nebenklage: Preuß. (Zusatz-) Gesetz vom 2. Mai 1852, Art. 145. Aber die StPO. hat dieses ältere Recht unter den neugeschaffenen Begriff einbezogen.

sagt das Gesetz selbst deutlich, inwieweit es die Verwaltungsbehörde anders als gewöhnliche Nebenkläger behandelt wissen will: es sind in den §§ 468. 469 drei bedeutsame Abweichungen normiert[86]). Von einer Abweichung in der hervorgehobenen Hinsicht dagegen verlautet nichts. Die „für den Anschluß des Verletzten als Nebenkläger gegebenen Vorschriften" sind recht eigentlich und in erster Linie die §§ 436. 438. 439 StPO. Gerade auf diese beziehen sich buchstäblich die Worte des § 467 Abs. 2 StPO.

Unumgängliches Erfordernis für den Anschluß der Verwaltungsbehörde ist, daß eine strafbare Handlung der im § 459 StPO. bezeichneten Art — mit kurzem Ausdruck ein Gefällsdelikt — vorliegt oder wenigstens von der Nebenklägerin als vorliegend behauptet wird. In dieser Beziehung kommen überall die gleichen Erwägungen in betracht, die bei Erörterung der Privatklage angestellt wurden, sofern mit dem behaupteten Gefällsdelikt ein andersartiges in realer oder ideeller oder Gesetzeskonkurrenz steht[87]). Ob die Idealkonkurrenz immer nach der Regel des § 73 StGB., oder etwa nach der des § 147 Abs. 2 Gew.-Ordg., oder nach der des § 158 Vereins-Zoll-Gesetzes behandelt wird, ist dabei gleichgiltig.

Wenn wir die Begriffselemente des Gefällsdeliktes aufsuchen, so sind folgende Punkte hervorzuheben:

1. Es muß sich um „Abgaben und Gefälle" handeln. Eine Definition dieses Begriffes ist nicht leicht zu geben: in der gesamten Literatur findet sich kein ernstlicher Versuch dazu. Negativ wird hervorzuheben sein, daß es gleichgiltig ist, einmal ob die Abgaben und Gefälle auf öffentlichrechtlichem oder privatrechtlichem Titel beruhen; sodann von wem sie gezahlt werden, ob von einem Einzelnen — Inländer oder Ausländer —, einer Korporation, einer Gemeinde, einem Einzelstaat; ferner an wen sie gezahlt

---

[86]) 1. Notwendigkeit der Zustellung aller Entscheidungen. 2. Berechnung der Rechtsmittelfrist. 3. Frist für Revisionsanträge.

[87]) Vgl. Stenglein, Komm., § 467 Note 1 a. E. Löwe, Note 5 vor § 459. § 464 Note 1. § 467 Note 2. Von RGer. Entscheidungen sind zu vergleichen: Bd. 9, S. 236, besonders S. 239. Bd. 13, S. 30. Bd. 16, S. 130. Bd. 22, S. 400. Doch sind diese Urteile in mancherlei anderen Punkten bedenklich, so die Entsch. Bd. 13, S. 30, wenn sie die Konterbande hierher zieht, die Bd. 22, S. 400, wenn sie dem Nebenkläger ein Rechtsmittelrecht zu Gunsten des Angeklagten giebt.

werden, ob an den Staat, eine Gemeinde, einen sonstigen Kommunalverband oder einen Privaten; weiter, ob sie dauernd oder einmalig gezahlt werden; endlich, ob sie im Hinblick auf eine Gegenleistung gezahlt werden oder nicht. Nach Ausscheidung aller dieser Distinktionen wird der Begriff freilich etwas sehr Vages erhalten. Es wird sich schwerlich ein Mehreres festhalten lassen, als daß wir unter „Abgaben und Gefällen" verstehen alle Übereignungen körperlicher Gegenstände, insbesondere Geldzahlungen[88]), die in fortlaufender Weise durch dieselbe Person oder in gleichförmiger Weise durch mehrere Personen auf Grund von Verpflichtungen geleistet werden, und zu deren Erhebung der Zahlungsempfänger organisierte, auf Massenerscheinungen berechnete Einrichtungen trifft. Praktisch am wichtigsten ist hieran, daß Leistungen anderer Art nicht hierher gehören. Die Erfüllung z. B. der Wehrpflicht ist keine Abgabe, und die Vergehen der §§ 140 StGB. sind keine Gefällsdelikte.

2. Es muß sich um öffentliche Abgaben und Gefälle handeln. Hier ist der Titel entscheidend, auf dem die Zahlungsverpflichtung beruht. Abgaben auf Grund privatrechtlicher Verbindlichkeiten gehören nicht hierher[89]). Im Reiche kommen Gebühren, Zölle, Verbrauchssteuern und Stempelsteuern in Betracht.

3. Die Beziehung der für strafbar erklärten Handlung zu irgendwelchen Abgaben und Gefällen muß ein gesetzliches Thatbestandsmerkmal bilden. Wenn also ein Gesetz sich dahin ausdrückt: „Wer den Beamten, die zur Durchführung der Erhebung der und der Abgabe berufen sind, in solcher Amtsausübung gewaltsamen Widerstand leistet, wird . . . bestraft" — oder: „Wer einem derartigen Beamten Geschenke gewährt, um ihn zu einer Amtspflichtverletzung zu bestimmen, wird . . . . bestraft" —,

[88]) Im Reichsstaatsrecht nur solche. Aber als private Abgaben sind auch Naturalleistungen möglich.

[89]) Meves, v. Holtzend. Handb., Bd. II S. 424/425. Er führt als Beispiel Zahlungen von früheren Erbzinsgütern an den preußischen Staat an. Ein anderes Beispiel sind die Gebühren für Benutzung der Eisenbahnen, soweit nicht das Staatsbahnsystem rein durchgeführt ist. Vgl. Zorn, Staatsrecht, Bd. II, S. 719 (2. Aufl., 1897). Dem entsprechend ist z. B. in Preußen, wenn eine derartige Zahlnng (etwa für Fahren ohne gültiges Billet) nicht geleistet wird, von Seiten des Fiskus nicht im Verwaltungszwangsverfahren, sondern im Zivilrechtswege vorzugehen.

so würden die Zuwiderhandlungen Gefällsdelikte darstellen. Wenn dagegen das betreffende Zoll- oder Steuergesetz den Schutz der bezeichneten Beamten dem § 113 StGB. überließe oder wegen der Bestechung lediglich anf § 333 StGB. verwiese, so würde das nämliche Verhalten nicht als Gefällsdelikt anzusehen sein. Da nun die Finanzgesetze mehrfach es für nötig befunden haben, den Schutz ihrer Beamten über die allgemeinen Thatbestände des StGB. hinaus auszudehnen — etwa auf bloße Vorbereitungshandlungen oder, unter Absehen von einzelnen Thatbestandsmerkmalen, auf ähnlich gelagerte Fälle —, so ergiebt sich das eigentümliche Resultat, daß unter Umständen die Vorbereitungshandlung Gefällsdelikt ist, der Versuch oder die Vollendung nicht. Zur Illustrierung sei hier § 27 des Branntweinsteuergesetzes vom 24. Juni 1887 bezw. 16. Juni 1895 angeführt, welcher dahin lautet:

Mit Ordnungsstrafe gemäß § 26 wird auch belegt:

1. wer einem zum Schutze der Verbrauchsabgabe verpflichteten Beamten oder dessen Angehörigen wegen einer auf dieselbe bezüglichen amtlichen Handlung oder der Unterlassung einer solchen Geschenke oder andere Vorteile anbietet, verspricht oder gewährt, sofern nicht der Thatbestand des § 333 StGB. vorliegt;

2. wer sich Handlungen oder Unterlassungen zu schulden kommen läßt, durch welche ein solcher Beamter an der rechtmäßigen Ausübung der zum Schutze der Verbrauchsabgabe ihm obliegenden amtlichen Thätigkeit verhindert wird, sofern nicht der Thatbestand der §§ 113 oder 114 StGB. vorliegt.

Danach ist zu sagen: wird der Beamte für eine Pflichtwidrigkeit bestochen, so trifft StGB. § 333 zu, es ist kein Gefällsdelikt; wird er für etwas nicht Pflichtwidriges bestochen, so liegt das Gefällsdelikt des § 27 a. O., Ziff. 1 vor. Wird der Beamte vor begangener Pflichtwidrigkeit bestochen, so ist es kein Gefällsdelikt (StGB. § 333); es ist ein solches, wenn er nach begangener Pflichtwidrigkeit beschenkt wird. Ebenso ist es ein solches, wenn seine Ehefrau ohne sein Vorwissen bestochen wird, um auf ihn einzuwirken, z. B. ihn zuhause zu halten zur Zeit, wo er eine Revision vornehmen sollte. Wird gegen den Beamten Gewalt oder

Drohung angewendet, so wird im allgemeinen[90]) kein Gefällsdelikt vorliegen, sondern StGB. § 113 oder § 114 zutreffen. Wird dagegen List als Mittel angewendet, z. B. der Beamte in die Irre geleitet oder betrunken gemacht, so haben wir es mit dem Gefällsdelikt des § 27 a. O. Ziffer 2 zu thun, und es steht in diesem Falle — aber nicht im ersten — der Verwaltungsbehörde die Befugnis zu, sich als Nebenklägerin anzuschließen[91]).

Etwas anders liegen die Verhältnisse bei § 148 Vereinszollgesetzes, der in den hier einschlägigen Worten lautet:

> (Absatz 1.) Wer bei Verübung einer Defraudation Waffen zum Widerstande gegen die zur Wahrnehmung des Zollinteresses verpflichteten Beamten mit sich führt, hat neben der ordentlichen Strafe des Vergehens sechsmonatliche bis einjährige Freiheitsstrafe verwirkt.

---

[90]) Doch könnte es am nötigen Vorsatz fehlen. Fahrlässige Bereitung von Hindernissen fällt nicht unter StGB. § 114, wohl aber unter § 27 a. O., Ziff. 2, und ist demnach Gefällsdelikt.

[91]) Ähnlich steht es mit dem Verhältnis des Betrugs zur Defraude, das jedoch hier keiner näheren Erörterung unterzogen werden soll. Mit den obigen Erwägungen stimmen durchaus die Argumentationen des RGer.-Urteils im Bd. 9, S. 237/238 über das Verhältnis der Brausteuerhinterziehung zum Betrug. Das Reichsgericht geht davon aus, „daß das Gesetz wegen Erhebung der Brausteuer vom 31. Mai 1872 eine Bestimmung in betreff der bei Gelegenheit des Abschlusses oder der Erfüllung des Fixationsvertrages zum Zweck der Steuerhinterziehung begangenen Täuschung nicht enthalte, und daß aus dem Grunde, weil es an einer Regelung der Materie im Spezialgesetze fehle, die Strafbarkeit eines Thatbestandes, wie er hier vorliegt, nach dem allgemeinen Strafgesetze zu beurteilen sei." Es fährt dann fort: „Eben hierdurch ist aber der Thatbestand . . . . in die Reihe der gemeinen Delikte gestellt und aus der Klasse der Zuwiderhandlungen gegen die Vorschriften über die Erhebung öffentlicher Abgaben und Gefälle geschieden . . . . Denn es kann keinem gegründeten Zweifel unterliegen, daß unter diesen Zuwiderhandlungen nicht alle Delikte, welche durch Gegenstand oder Tendenz eine Beziehung zu den daselbst erwähnten öffentlichen Gerechtsamen haben, ... sondern nur solche begriffen sind, welche zugleich in den bezüglichen Spezialgesetzen ihre strafrechtliche Norm erhalten und hierdurch, im Gegensatz zu den durch das allgemeine Strafgesetz normierten, die Natur von Spezialdelikten erlangt haben." — Da der Begriff des „Spezialdeliktes" etwas besonders Klares nicht ist, so wird der gleiche Gedanke wohl besser dahin präzisiert, daß es darauf ankommt, ob die hervorgehobene Beziehung unter die Thatbestandsmerkmale aufgenommen ist. In dem gedachten Betrugsfalle verneinte das Reichsgericht ganz folgerichtig die Anschlußberechtigung des Hauptsteueramtes und verwarf dessen Revision als unzulässig.

(Absatz 3.) Hat der Angeschuldigte sich der Waffen zum Widerstande gegen die Beamten wirklich bedient, so treten die nach den Landesgesetzen verwirkten Strafen ein.

Die Stelle der Landesgesetze nehmen jetzt vor allem §§ 113, 114 Reichs-StGB. — eventuell §§ 211—214, 223—228 StGB. — ein. Fassen wir nur das Verhältnis zwischen StGB. § 113 und VZG. § 148 in das Auge, so könnte man, wenn man sich bloß an den Buchstaben hielte, zu dem Schlusse kommen, VZG. § 148 Abs. 1 finde nur Anwendung, wenn jemand in der Absicht, einem Zollbeamten während der Amtsausübung Widerstand zu leisten, Waffen bei sich trüge; dagegen trete StGB. § 113 ein, wenn jemand einem Zollbeamten während der Amtsausübung mit der zu diesem Zwecke mitgenommenen Waffe gewaltsamen Widerstand leistete. Das würde besagen: die Vorbereitungshandlung wird mit 6 Monaten bis 1 Jahr Gefängnis bestraft, die Vollendung dagegen mit 14 Tagen bis 2 Jahren Gefängnis, bei mildernden Umständen mit Gefängnis von 1 Tag bis zu 1 Jahr oder mit Geldstrafe bis zu 1000 M. Dies Ergebnis ist widersinnig, und daher wird allgemein angenommen, daß in den Fällen des VZG. § 148 Abs. 3 eine Idealkonkurrenz zwischen Abs. 1 und den betreffenden Paragraphen des StGB. stattfinde[92]). Doch ist erstens die bloße Widersinnigkeit kein ausreichender Gegengrund. Und zweitens würde man auch bei einfacher Idealkonkurrenz, da die Regel des § 73 StGB.[93]) nicht einen Strafrahmen durch Kombination zu bilden gestattet, zu dem gleichen Resultat kommen.

Wohl aber läßt sich folgendes anführen. Sofern ein Strafgesetz Handlungen pönalisiert, die sich als Vorbereitungshandlungen kennzeichnen, will es damit niemals besagen, daß der Versuch oder daß die Vollendung straflos sein solle. Vielmehr umfaßt die Bestimmung für die Vorbereitungshandlungen erst recht den Versuch und die Vollendung. Und ebenso erstreckt sich eine für Versuchshandlungen angedrohte Strafe erst recht auch

---

[92]) Stenglein, Nebengesetze, 2. Aufl., S. 868, Note 5.

[93]) Es hilft nichts, sich statt dessen auf die Regel des § 158 VZG. zu beziehen. Diese will nur ermöglichen, daß neben anderweiten Strafen, z. B. neben denen des § 148 VZG., auch kumulativ die „Geldbußen" der §§ 134. 135. 140, die Freiheitsstrafe der §§ 141. 147, die Strafschärfung des § 146, die Ordnungsstrafen der §§ 137 Abs. 2, 138. 152 VZG. stattfinden. Das Delikt des § 148 Abs. 1 ist aber nicht selbst eine Konterbande oder Defraude.

auf die Vollendung[94]). Diese Erstreckung ist jedoch im Sinne der Subsidiarität zu verstehen, d. h. soweit nicht nach strengerer Satzung ein weitergehender Strafanspruch besteht[95]).

Das durchaus billigenswerte Resultat ist dann, daß in allen Fällen des § 148 Abs. 3 VZG. niemals unter 6 Monate Festung oder Gefängnis hinuntergegangen werden darf; wohl aber kann das Maß von einem Jahre überschritten werden, sofern das konkurrierende Gesetz dies zuläßt. Oder, mit anderen Worten, jeder bewaffnete Widerstand gegen Zollbeamte, der ohne § 148 VZG. mit geringerer Strafe, als mit 6 Monaten Festung oder Gefängnis, belegt werden könnte, darf nur mit Beachtung des § 148, Abs. 1 VZG. abgeurteilt werden. Er stellt somit ein Gefällsdelikt dar, da die hier in Rede stehende Beziehung der strafbaren Handlung auf öffentliche Abgaben und Gefälle zu den relevanten Thatbestandsmerkmalen gehört; der Anschluß der Zollverwaltungsbehörde als Nebenklägerin ist folglich statthaft.

Wäre dagegen schon ohnehin — abgesehen von § 148 VZG. — auf ein höheres Minimum als 6 Monate Freiheitsstrafe zu erkennen, so bleibt der bezeichnete Paragraph bei der Aburteilung ganz bei Seite. Sein Thatbestand interessiert in keiner Weise; ein Gefällsdelikt liegt mithin nicht vor, und die Nebenklage der Verwaltung ist ausgeschlossen.

4. Die übertretenen Vorschriften müssen sich auf die Erhebung öffentlicher Abgaben und Gefälle beziehen. Wenn es sich gar nicht darum handelt, daß — dies ist ja der wichtigste einschlägige Fall — beim Eintritt einer Ware in den inländischen Verkehr ein Zoll oder eine Steuer entrichtet werden soll, sondern wenn der Eintritt überhaupt verboten wird, oder wenn umgekehrt etwa der Austritt aus dem inländischen Verkehr begünstigt, etwa eine Exportprämie gewährt wird, so liegt eine der gesetzlichen

[94]) Dafür, daß wir stets so entscheiden, sei auf StGB. § 81 Ziff. 1 hingewiesen. Es wird — um einen ganz unbestrittenen Fall herauszugreifen — niemandem einfallen, denjenigen, der es „unternimmt", einen Bundesfürsten gefangen zu nehmen, nach der angezogenen Stelle mit lebenslänglichem Zuchthaus zu belegen, ihn dagegen, wenn er den Bundesfürsten wirklich gefangen nimmt, nach StGB. § 239 mit höchstens 5 Jahren Gefängnis davon kommen zu lassen.

[95]) Bindings zweite Form der Subsidiarität, Handb. S. 356, S. 361 (§ 76, IV 2).

Bestimmungen, wie sie durch den Wortlaut der Überschrift des 3. Abschnitts im 6. Buch der StPO. bezeichnet werden, ganz offenbar nicht vor. Daher ist m. E. die Schlußfolgerung unabweisbar, daß die Konterbande (VZG. § 134), die Erschleichung eines Ausfuhrzuschusses für Zucker (Zuckersteuergesetz §§ 77, 43b) und ähnliche Strafthaten nicht unter die Gefällsdelikte gehören[96]), kein Strafbescheidsverfahren zulassen (StGO. § 459), dem Landesprozeßrecht keinen Raum geben (EG. z. StGO. § 6 Ziff. 3) und der Verwaltungsbehörde den Anschluß versagen.

5. Vorschriften über die Erhebung öffentlicher Abgaben sind nicht nur solche, die bestimmen, daß eine Abgabe zu entrichten sei, sondern auch solche, die die Entrichtung gegen Störungen sichern wollen. Demgemäß geht der Kreis der Gefällsdelikte über die bloße Hinterziehung (Defraudation) von Abgaben hinaus; er

[96]) Ich bin mir keinen Augenblick darüber im Unklaren, daß das im Text Gesagte gewissermaßen nur eine protestatio facto contraria ist. Die gesamte Literatur steht auf anderem Standpunkte vgl. Arndt, Zeitschr. f. d. ges. Str. R. Wiss., Bd. 5, S. 327. Löwe, Komm., zu § 458, Note 5. Ebenso hat das RGer. entgegengesetzt entschieden: Bd. 13, S. 32. Desgleichen ist die abweichende preußische Praxis seit mehr als 60 Jahren fest begründet, nämlich seit dem sog. Zollstrafgesetz vom 23. Januar 1838 (GS., S. 78), §§ 28ff. Dort ist allerdings der Ausdruck „Zollgesetz-Übertretung“ oder „Zollvergehen“ gebraucht und § 1 bezieht die Kontrebande ein. Die Anwendung des Strafbescheidverfahrens auf sie ist somit im Gesetz begründet. Doch gegenüber dem späteren Reichsrecht läßt sich dies nicht halten. — Endlich widerspricht auch die neueste preußische Gesetzgebung — §§ 1. 2 des Gesetzes über das Verwaltungsstrafverfahren vom 26. Juli 1897 — der im Text aufgestellten Ansicht. Diese muß dennoch aufrecht erhalten und das preußische Gesetz insoweit als gegen Reichsrecht verstoßend erklärt werden, da die herrschende Meinung kein anderes Argument hat, als daß der Ausdruck „Zuwiderhandlungen gegen die Vorschriften über die Erhebung öffentlicher Abgaben und Gefälle“ gleichbedeutend sei mit dem von den Motiven gebrauchten Ausdruck „Steuer-, Zoll- und ähnliche Vergehen“, und da es unlogisch ist, das Präzise durch das Vage zu definieren und nicht umgekehrt. Bezeichnend ist übrigens, daß auch § 1 des cit. preußischen Gesetzes zwischen „Zuwiderhandlungen gegen die Ein-, Aus- oder Durchfuhrverbote“ und „Zuwiderhandlungen gegen die Vorschriften wegen Erhebung der Zölle und der indirekten Reichs- und Landesabgaben“ unterscheidet. — Die Kontroverse hat außer nach den angedeuteten Richtungen auch in sonstigen Beziehungen praktische Bedeutung, z. B. GVG. § 75 Ziff. 15. § 136 Abs. 2. Bundesrats-Verordnung vom 16. Juni 1882 betr. Einrichtung von Strafregistern § 2, Abs. 2, Ziff. 3.

umfaßt, worauf schon oben mehrfach hingewiesen wurde, auch Widerstand gegen die betreffenden Beamten, Bestechung derselben, Verletzungen des amtlichen Warenverschlusses und andere „Ordnungswidrigkeiten" (vgl. VZG. §§ 148, 161, 160, 151, 152). Gleichgiltig ist es, ob nur eine sog. „Ordnungsstrafe" angedroht ist. Denn diese ist — zum mindesten soweit sie in den Reichsgesetzen vorkommt — in ihrem Wesen von der „kriminellen" Strafe nicht zu unterscheiden.

6. Endlich ist noch der eine Punkt hervorzuheben, daß die Verfolgbarkeit durch Strafbescheid nicht zu den Begriffsmerkmalen des Gefällsdeliktes gehört. Ob und in welchen Fällen das summarische Vorgehen der §§ 459—463 StPO. Platz greift, — das zu bestimmen, hat, bis auf einen Fall[97]), die Reichsgesetzgebung dem Landesrecht überlassen. Nur Gefällsdelikte können Strafbescheidsdelikte sein; aber nicht sind umgekehrt alle Gefällsdelikte auch Strafbescheidsdelikte. Die §§ 464 ff. und 467 ff. gelten aber für alle Gefällsdelikte. Demnach ist die Nebenklage der Verwaltungsbehörde bei jedem Gefällsdelikt im Sinne der Nummern 1—5 angängig, mag es auch zur Erlassung eines Strafbescheides an einer reichsrechtlichen oder landesrechtlichen Voraussetzung fehlen. So ist z. B. wegen gewerbsmäßigen Konterbandierens im zweiten und ferneren Rückfall der Anschluß zu gestatten, wenngleich VZG. § 141 hier obligatorische Freiheitsstrafe androht und mithin nach StPO. § 459 Abs. 1 ein Strafbescheid ausgeschlossen ist. Desgleichen wäre einer Nebenklage preußischer Verwaltungsbehörden bei Einkommensteuerhinterziehung nachzugeben, wiewohl das preußische Gesetz vom 26. Juli 1897 über das Verwaltungsstrafverfahren die Zuwiderhandlungen gegen die Vorschriften über die Erhebung **direkter** Abgaben durch die §§ 1, 2 aus seinem Gebiete ausschließt.

D. Die Neben-Anklage des Bußberechtigten.

Das materielle Strafrecht des Reiches hatte schon vor 1879 einigen Kategorien von Verletzten Bußansprüche zugewiesen. Die Durchsetzung dieser der Disposition des geschädigten Privaten

---

[97]) Kanalgesetz vom 20. Juni 1899, §§ 10. 12, Abs. 2. 13. Es ist dies der einzige Fall, in dem eine Reichsbehörde (Vorsteher des Kanalamts) einen Strafbescheid erläßt.

unterliegenden Ansprüche war dem Landesrecht überlassen. Erst als man an den Erlaß einer Reichsstrafprozeßordnung ging, nahm man Gelegenheit, das neugeschaffene Institut der Nebenklage auch dem Zweck der Durchsetzung solcher Ansprüche nutzbar zu machen. Folglich müßte es sich logischer Weise überhaupt um diesen Zweck handeln, wenn der Bußberechtigte die Nebenklage erheben will. Wenn dagegen der Zweck ganz zurücktritt, wenn er gar nicht erreicht werden soll, so bedarf es auch des Mittels nicht. Der Bußberechtigte bedarf der Handhabe der Nebenklage, wenn er seinen Bußanspruch durchsetzen will; andernfalls bedarf er ihrer nicht.

Aus dem Inhalt der beiden Absätze des § 443 StPO. ergiebt sich indessen unter dem Einflusse des oben S. 68—69 dargelegten Redaktionsversehens bedauerlicher Weise ein anderes Resultat. Theorie und Praxis sind sich demzufolge darin einig, daß der Ausschluß auch demjenigen zu gestatten ist, der keine Buße haben will, obwohl er sie fordern könnte. Somit gewinnen wir eine vierte Gruppe von Neben-Anklägern. Voraussetzung für den Anschluß ist zwar nicht das wirkliche Verlangen einer Buße, wohl aber das Vorhandensein einer Bußberechtigung. Diese Berechtigung muß entstanden sein und darf nicht wieder — sei es aus materiellrechtlichen oder aus formellen Gründen — erloschen sein.

1. Die einzelnen Fälle der Buße sollen hier nicht aufgezählt werden. Wir werden die Quellenstellen weiter unten zu erörtern haben, und uns aus ihnen über das Wesen der Buße klar werden müssen. Eine dieser später zu besprechenden, speziell von „Buße" redenden Satzungen muß durch die strafbare Handlung verletzt sein; sonst ist kein Raum für einen Neben-Ankläger. Es genügt also nicht, daß ein völlig wesensgleicher Entschädigungsanspruch aus einem Delikt entspringt: das materielle Strafrecht muß ihn noch auf den Namen „Buße" taufen.

2. Die Bußberechtigung geht unter, wie jeder andere Entschädigungsanspruch, durch Erfüllung, außergerichtlichen Verzicht, Verzichtsurteil und andere Tilgungsgründe von Forderungsrechten. Allerdings wird die Tilgungsthatsache sehr häufig bestritten sein. Aber dann entscheiden hier, wie sonst bei der Prüfung des Anschlußrechts, die Behauptungen des zur Nebenklage Bereiten.

Nur wenn aus seinen eigenen Ausführungen sich ergiebt, daß sein entstanden gewesener Bußanspruch bereits wieder erloschen ist, wird man ihm den Anschluß zu versagen haben.

3. Die Bußberechtigung wird nicht nur durch ihre Natur als Anrecht auf Entschädigung charakterisiert, sondern es wohnt ihr, wie unten näher zu zeigen sein wird, noch ein zweites kennzeichnendes Moment inne. Dieses ist formaler Art und besteht in der Durchsetzbarkeit dieses Anspruchs im Strafprozeß. Sobald durch die Regeln des Strafprozesses diese Durchsetzbarkeit zum Verschwinden gebracht wird, hört die Bußberechtigung auf, da es ihr nunmehr an jenem konstituierenden formellen Merkmal fehlt. Das Anrecht auf Entschädigung in materiellrechtlichem Sinne bleibt davon unangetastet; es steht aber jetzt nur noch der Weg des Zivilprozesses offen. Nun enthält StPO. § 444 zwei Sätze formaler Art über den Untergang der Bußberechtigung. Wer überhaupt Buße haben will, muß sie verlangen, so lange der Prozeß in erster Instanz schwebt (Abs. 1). Und: wer sein Bußeverlangen zurücknimmt, trifft damit eine unabänderliche Entscheidung (Abs. 2).

Daraus folgt, daß der Bußberechtigte sich nicht mehr anschließen darf, wenn ein Urteil in erster Instanz ergangen ist, das nur noch mit Berufung oder Revision angreifbar ist. Insbesondere ist ihm nicht gestattet, sich in Verbindung mit der Einlegung eines Rechtsmittels anzuschließen. Denn die Bußberechtigung ist untergegangen, und damit ist dem Nebenklagerecht das Fundament entzogen[98]).

Die Untergangsgründe der Bußberechtigung lassen die bereits erworbene Stellung des Neben-Anklägers unberührt. Ist die Gerichtsentscheidung, die den Anschluß bestätigt, unanfechtbar geworden, so wirken spätere Ereignisse nicht rückwirkend auf die geschaffene prozessuale Lage ein. Daher darf der bereits in erster

---

[98]) Ebenso Oppenheim, S. 29f., der der entgegengesetzten Ansicht, wie sie das RGer. Entsch. Bd. 5, S. 335 und überhaupt die herrschende Meinung verficht, gut entgegengetreten ist. — Oppenheim führt folgerichtig noch den Fall an, daß ein Bußberechtigter erst die Neben-Anklage, dann die Bußeklage erhebt, und sodann erst die Bußeklage, dann die Neben-Anklage zurücknimmt. Die sonstige Regel, daß der Widerruf der Neben-Anklage widerruflich ist, gilt hier nicht; denn inzwischen ist die Bußberechtigung untergegangen.

Instanz beigetretene Neben-Ankläger, auch wenn er keinen Bußantrag gestellt hat, doch gegen das Urteil Rechtsmittel einlegen.

§ 12. Die prozessuale Stellung des Neben-Anklägers: Grundlagen.

Wenn im folgenden die prozessuale Stellung des Nebenklägers im einzelnen betrachtet werden soll, so wird das zunächst ohne jede Berücksichtigung der Bußeklage geschehen. Daß diese von prinzipiell anderer Natur ist, hat schon oben sich gezeigt; wie weit diese Verschiedenheit im Prozeß hervortritt, soll später Gegenstand besonderer Untersuchung sein. Die folgende Skizzierung trifft zunächst also den Neben-Ankläger. Einen leitenden Gesichtspunkt bietet dabei StPO. § 437 Abs. 1:

„Der Nebenkläger hat nach erfolgtem Anschlusse die Rechte des Privatklägers."

Diese Bestimmung ist als ein Ausspruch des Gesetzgebers darüber aufzufassen, daß zwischen dem Neben-Ankläger und dem Privatkläger Rechtsähnlichkeit besteht. Dadurch gewinnen die Rechtssätze über den Privatkläger ein größeres Geltungsgebiet, als sie nach Wortlaut und gedanklichem Inhalt zunächst haben. Wir haben also die Kategorie der Analogie in Anwendung zu bringen. Dabei ist uns die vorgängig notwendige Feststellung, daß der geregelte Fall der Privat- und der ungeregelte Fall der Nebenklage einander ähnlich sind, durch das Gesetz abgenommen oder wenigstens erleichtert.

Der Neben-Ankläger ist dem zufolge nach Analogie[99]) des Privatklägers zu betrachten — natürlich nur, soweit nicht entweder das Gesetz positive Ausnahmen macht, oder die logische Konsequenz solche gebietet. In letzterer Beziehung wird namentlich in Betracht kommen, daß es zwar in beiden Verfahrenstypen sich um einen staatlichen Strafanspruch handelt, daß aber der Privatkläger der einzige Parteivertreter auf der klägerischen Seite ist, während der Neben-Ankläger stets nur als sekundärer Parteivertreter in Betracht kommt. Der erstere ist deshalb unentbehrlich, ohne ihn hat die Klage keinen Halt, und die ganze Maschinerie

---

[99]) Dies wird von Bennecke S. 663 und v. Kries S. 214 als unzweckmäßig bezeichnet; wieweit mit Recht, ergibt der Text.

des Verfahrens stockt. Für den Neben-Ankläger gilt das dagegen nicht: der Prozeß kann seiner ruhig entraten und geht seinen Gang fort, mag er nun eingreifen oder nicht.

Steht dies zu Ungunsten des Neben-Anklägers zu verzeichnen, so muß andererseits zu seinen Gunsten festgehalten werden, was aus den vorigen Paragraphen über die Anschlußberechtigung hervorging: das Gebiet der Neben-Anklage ist ein bedeutend weiteres. Einmal kann ein Neben-Ankläger vor jeder Art von Gerichten auftauchen, während der Privatkläger auf Schöffengericht, Berufungsstrafkammer und Revisionssenat beim Oberlandesgericht beschränkt ist[100]). Und außerdem sind eine ganze Reihe von Prozeßstadien denkbar, die bei der Privatklage gänzlich ausgeschlossen sind, bei denen aber dem Neben-Ankläger der Anschluß verstattet ist und somit auch die gleichen Befugnisse zustehen müssen, wie in den anderen Fällen.

In den hervorgehobenen Beziehungen, deren zweite unten noch näher erörtert werden soll, kann die Analogie des Privatklägers nicht durchgreifen. Denn es handelt sich hier nicht mehr um die Übertragung der Normen für einen geregelten Fall auf einen ungeregelten: sondern der Fall der Privatklage ist — als thatsächlich unmöglich — selber ungeregelt. Es hilft nichts, da zu sagen: „Wir müssen so verfahren, wie wir verfahren würden, wenn die Privatklage in diesen Fällen möglich wäre, und wir müssen den Neben-Ankläger so stellen, wie der Privatkläger stehen würde, wenn er in dieser prozessualen Lage denkbar wäre.“ Denn das ist eine Verschiebung des entscheidenden Punktes. Es erhebt sich doch sofort die Frage: Wie würde denn in diesen Fällen der Privatkläger stehen? — und da diese Fälle selbst ungeregelt sind, so können wir sie auch wiederum nur nach Analogie geregelter entscheiden.

Auch diese Analogie giebt uns das Gesetz an die Hand. Die §§ 424 Absatz 1 (in Verbindung mit § 417 Absatz 2) und 425 Absatz 1 enthalten einen Anspruch des Gesetzes dahin, daß

[100]) Dazu kann das Reichsgericht kommen wegen StPO. § 466 und GVG. § 136 Abs. 2. Ob die Verwaltungsbehörde — deren öffentliche Klage ganz unpassend als Privatklage behandelt wird — selbst den Antrag auf Entscheidung des Reichsgerichts stellen kann, mag dahingestellt bleiben; die Staatsanwaltschaft darf ja nach StPO. § 465 eingreifen.

die Stellung des Privatklägers Rechtsähnlichkeit mit der der Staatsanwaltschaft habe.

Auch ohne diesen Umweg, der kraft doppelter Analogie uns zu dem gewünschten Zielpunkt führt, können wir zu dem gleichen Satz gelangen, wenn wir festhalten, was wir bisher von der Stellung des Neben-Anklägers wissen: daß er sekundärer Parteivertreter ist. Er ist also Parteivertreter und zwar auf klägerischer Seite, — mithin nach den für den gewöhnlichen Vertreter dieser Art festgestellten Regeln zu behandeln. Die Normen, welche den Staatsanwalt gerade als Parteivertreter auf klägerischer Seite und lediglich als solchen betreffen, sind daher kraft Analogie auf den Neben-Ankläger anzuwenden.

Ausnahmen können natürlich erstens vom Gesetz positiv festgesetzt sein oder können zweitens aus der Erwägung der Verschiedenheit der Stellung des Neben-Anklägers von der des Staatsanwaltes sich ergeben. Diese Unterschiede sind zwiefach, einmal: der Neben-Ankläger ist lediglich sekundärer Parteivertreter, von ihm geht die Initiative nicht aus, er muß eventuell zurücktreten mit seinen Ansichten, er kann auch ohne Nachteil für den Lauf des Verfahrens, d. h. ohne daß ein Stillstand des Prozesses die Folge ist, wiederum ganz verschwinden. Und sodann: der Neben-Ankläger ist nur gelegentlich, in diesem einzelnen Falle ein Vertreter eines staatlichen Strafanspruches; der Staatsanwalt ist es von Berufswegen, er ist ein vom Gesetz als unentbehrlich angesehenes Glied in dem Behördenorganismus, der zur Durchsetzung der allgemeinen Zwecke des Rechts geschaffen ist. Oder kürzer ausgedrückt: der Neben-Ankläger ist Privatmann, der Staatsanwalt Beamter. Inwieweit das zu ganz beträchtlichen Abweichungen führt, wird unten näher gezeigt werden. Zugleich aber ist dieser Gesichtspunkt die Aufklärung dafür [101]), warum das Gesetz zur Fixierung der Stellung des Neben-Anklägers in erster Linie auf den Privatkläger und nicht auf den Staatsanwalt verweist: der Privatkläger ist wie der Neben-Ankläger Privatmann und teilt sonach einen Zug mehr mit dem Bilde des Neben-Anklägers, als der Staatsanwalt. Die Stellung eines primären Vertreters der Strafklage haben wiederum Privatkläger

---

[101]) Vgl. v. Kries, S. 214. Bennecke, S. 663.

und Staatsanwalt gemeinsam, und haben beide voraus vor dem Neben-Ankläger, der somit unselbständiger ist, als beide.

Es wird zunächst unsere Aufgabe sein, die Analogie mit dem Privatkläger näher zu entwickeln. Zu diesem Zweck ist es am bequemsten, die Sätze, welche die Prozeßordnung über den Privatkläger enthält, nach der Legalordnung zusammenzustellen. Damit darf wohl die folgende Aufzählung als gerechtfertigt gelten.

Sätze über die Stellung des Privatklägers.

1. Er kann im Beistand eines Rechtsanwaltes erscheinen (StPO. § 418, Satz 1).

2. Er kann sich durch einen schriftlich bevollmächtigten Rechtsanwalt vertreten lassen (StPO. § 418, Satz 1); verpflichtet dazu ist er nicht.

3. Zustellungen können statt an ihn persönlich an den schriftlich bevollmächtigten Rechtsanwalt ergehen (StPO. § 418, Satz 2). Sie haben auch in diesem Falle sowohl für, als gegen den Privatkläger volle rechtliche Wirkung.

4. Er ist gegenüber der Staatskasse — zwar nicht, wie StPO. § 419 Abs. 1 besagt, als Ausländer sicherheitspflichtig, wohl aber — in allen Fällen auch als Inländer, vorschußpflichtig (GKG. § 83 — Gebührenvorschuß; § 84 Abs. 2 — Auslagenvorschuß).

5. Der ausländische Privatkläger hat dem Beschuldigten wegen der Kosten Sicherheit zu leisten, und zwar in Bargeld oder Wertpapieren (StPO. § 419, Abs. 1 und 2, ZPO. § 110). Für die Höhe der Kaution und die Leistungsfrist gelten die zivilprozessualen Bestimmungen (StPO. § 419, Abs. 3, Teil 1 und 2).

6. Im gleichen Zusammenhang findet sich die Vorschrift, daß die zivilprozessualen Bestimmungen über das Armenrecht auch für den Privatkläger gelten (StPO. § 419, Abs. 3, Teil 3). Der Zusammenhang möchte zunächst dazu verleiten, dies nur auf den kautionspflichtigen Privatkläger zu beziehen[103]); doch ist

[103]) So (gegen die gemeine Meinung in Theorie und Praxis, vgl. RG. Entsch. Bd. 25, 360.) v. Schwarze, Erörterungen praktisch wichtiger Materien aus dem deutschen Strafprozeßrecht. Leipzig 1881. Erster Band, erstes Heft. S. 49, Anm. Eine Widerlegung v. Schwarzes aus den Gesetzesmaterialien, wie sie Löwe, Komment. S. 419 Note 3 versucht, kann

eine erweiternde Interpretation aus inneren Gründen geboten, da das Bedürfnis nach Gewährung des Armenrechts schon deswegen bei jedem andern Privatkläger gleichfalls vorliegen kann, weil jeder Privatkläger ohne Unterschied von der unter Nr. 4 erwähnten Vorschußpflicht betroffen wird, welche ihrerseits in der Entwicklung des Gesetzes doch nur an die Stelle einer ursprünglich auf den Ausländer beschränkten Kautionspflicht getreten ist. Auch würde andernfalls der arme Ausländer vor dem armen Inländer merkwürdiger Weise bevorzugt sein — ein Resultat, das unsrer sonstigen Prozeßgesetzgebung fremd und der Tendenz der hier in Rede stehenden Stelle direkt zuwider ist.

7. Bei Beleidigungsklagen muß der Privatkläger zugleich eine Bescheinigung über erfolglos versuchte Sühne einreichen (StPO. § 420, Abs. 1, Satz 2).

8. Die Klagerhebung kann nach Wahl des Privatklägers zu Protokoll oder durch Einreichung einer — bestimmten Maßerfordernissen entsprechenden — Anklageschrift erfolgen (StPO. § 421).

9. StPO. § 424 Abs. 1: „Das weitere Verfahren richtet sich nach den Bestimmungen, welche für das Verfahren auf erhobene öffentliche Klage gegeben sind."

10. StPO. § 424, Abs. 2: „Vor dem Schwurgerichte kann eine Privatklagesache nicht gleichzeitig mit einer auf öffentliche Klage anhängig gemachten Sache verhandelt werden." Hieraus folgt umgekehrt, daß eine Privatklagesache allein oder in Verbindung mit einer anderen Privatklagesache auch vor dem Schwurgericht reichsrechtlich möglich ist — nämlich bei dem jetzigen[103]) Stande der Gesetzgebung bei Beleidigung durch die Presse, soweit die Landesgesetzgebung von dem Vorbehalt des § 6 EG. z. GVG. Gebrauch gemacht hat.

11. Im weiteren Verfahren ist der Privatkläger analog der Staatsanwaltschaft *zuzuziehen* (StPO. § 425, Abs. 1, Satz 1, Teil 1).

---

nicht glücken, da die Protokolle S. 661, 665 zu dieser Frage Nichts, und Mot. S. 225, Prot. S. 1050 nichts Entscheidendes enthalten. Es ist nicht erkennbar, was die „Absicht des Gesetzes" war.

[103]) Etwas weitere Bedeutung hatte die gleiche Vorschrift noch im Entw. III § 344, da dort die subsidiäre Privatklage bei allen Antragsdelikten vorgeschlagen war. Es konnte daher der erste Fall des § 236 StGB. für eine Privatklage vor dem Schwurgericht in Frage kommen.

12. Er ist analog der Staatsanwaltschaft zu hören (StPO. § 425, Abs. 1, Satz 1, Teil 2).

13. Entscheidungen müssen ihm ebenso, d. h. in gleichem Umfang[104]), wie der Staatsanwaltschaft bekannt gemacht werden. (StPO. § 425, Abs. 1, Satz 2.)

14. Richterliche Ladungen gehen nicht durch die Staatsanwaltschaft (StPO. § 425, Abs. 2, vgl. § 36, Abs. 2).

15. Der Privatkläger hat Anspruch auf Einhaltung einer Ladefrist von einer Woche (§ 425, Abs. 3), bei deren Berechnung nach dem Wortlaut weder der Zustellungstag, noch der Hauptverhandlungstag mitzuzählen sind. Im Übrigen muß bei der Handhabung dieser Bestimmung von jeder Analogie mit dem Beschuldigten abgesehen werden. Der Vertreter des Staates, der ein staatliches Strafrecht geltend macht, ist nicht dem Angeklagten gleichzustellen. Höchstens könnte dies der Grundsatz der Waffengleichheit (vgl. Nr. 16) verlangen[105]), der indessen bei der Ladefrist nicht ins Gewicht fällt. Der Abs. 3 ist in der dritten Lesung durch ein nicht begründetes „redaktionelles" Amendement v. Schwarze und Genossen eingeführt worden[106]). Der Sinn kann, da der bereits seit Einreichung der Anklageschrift zum Prozeß fertige Privatkläger zu seiner Information und Vorbereitung keine Zeit mehr nötig hat, nur darin liegen, daß der Privatkläger nicht gleich dem staatsanwaltlichen Beamten jeden Augenblick, auch bei kürzester Vorbereitungszeit, auf dem Posten sein und Dienst thun müsse. Diese Erwägung trifft aber offenbar auf eine zweite Hauptverhandlung in derselben Sache genau ebenso zu. Es muß daher — ganz unabhängig von den Auslegungen, welche § 216, Abs. 1 StPO. gefunden hat — behauptet werden, daß die recht lang bemessene Ladefrist des § 425 Abs. 3 auch bei erneuerter Hauptverhandlung zu wahren ist[107]). Auch werden die für den Angeklagten gegebenen Bestimmungen des § 216, Abs. 2 und etwa § 227 Abs. 3 keineswegs „entsprechend" auf den Privatkläger

---

[104]) Nicht in der gleichen Form, vgl. StPO. § 41.

[105]) Vgl. Entsch. Bd. 11, S. 138, wo aus diesem Grundsatz heraus ein Privileg der Staatsanwaltschaft, beliebig oft das Wort zu ergreifen, abgelehnt wird.

[106]) Hahn, Materialien, S. 2098. 2099.

[107]) Dagegen RGer., R. Bd. 9, S. 177.

anzuwenden sein[108]). Vielmehr versteht es sich bei der strikten Fassung des § 425 Abs. 3 einerseits, bei der im übrigen jedoch grundsätzlich dispositiven Natur der Formen und Mittel des Prozesses[109]) andrerseits, von selbst, daß der Privatkläger Vertagung der Verhandlung verlangen kann, falls die Frist nicht eingehalten ist; daß er andrerseits aber auch auf dieses Recht verzichten kann und stillschweigend darauf verzichtet, wenn er sich auf die Verhandlung einläßt. Da nun ohne die Anwesenheit des Privatklägers überhaupt nicht zur sachlichen Verhandlung geschritten werden kann, so wird zu fordern sein, daß der Privatkläger seinen etwaigen Vertagungsantrag sogleich nach dem Aufrufe der Sache vorbringe, widrigenfalls ihm die Annahme stillschweigenden Verzichtes entgegenzuhalten ist. Er darf also nicht bis zur Verlesung des Eröffnungsbeschlusses damit warten. Der Angeklagte darf so lange warten: § 216, Abs. 2. Aber für den Privatkläger könnte das gleiche nur kraft Analogie gelten, und einer solchen steht eben durchschlagend die Erwägung entgegen, daß die Stellung des Beschuldigten und die des Privatklägers keine Rechtsähnlichkeit mit einander hat[110]). Diese Erwägung kann dadurch, daß in beiden Fällen — in dem des § 425 ganz unangemessen — die Frist gleich lang ist, nicht über den Haufen geworfen werden.

16. Der Privatkläger hat ein eingeschränktes Recht der Akteneinsicht: er kann es nämlich nur durch seinen Anwalt ausüben (StPO § 425, Abs. 4). Es besteht keinerlei Ausnahme von diesem Recht; es gilt von der Einreichung der Anklageschrift bis zur Beendigung des Verfahrens.

17. Der Privatkläger hat keinen unbedingt maßgebenden Einfluß auf die vom Gericht ausgehenden Ladungen von Zeugen und Sachverständigen (StPO. § 426, Abs. 1).

18. Dagegen hat er das Recht der unmittelbaren Ladung durch einen Gerichtsvollzieher (StPO. § 426, Abs. 2, 38). Der geladene Zeuge oder Sachverständige braucht indessen nur zu er-

---

[108]) Von der ersteren Bestimmung wird dies gleichwohl allgemein behauptet, zuerst wohl bei v. Schwarze, Erörterungen, Heft 1, S. 58.

[109]) Vgl. dazu Entsch. d. RGer., Bd. 2, S. 161 (betr. die Beweisführung).

[110]) Als natürlich die, daß beide als streitende Teile vor einem unparteiischen Dritten sich in einem Prozeßrechtsverhältnis gegenüber stehen. Aber Sätze in favorem defensionis sind auf den Angreifer nicht übertragbar.

scheinen, wenn den Bedingungen des § 219 Abs. 2 (bares Angebot der Gebühren oder Nachweis der Hinterlegung beim Gerichtsschreiber) genügt ist. Das ist keine Analogie zwischen Privatkläger und Angeschuldigtem — solche wäre durchaus unbegründet; vielmehr ist § 219, Abs. 2, obwohl er sich nach dem Zusammenhang nur auf unmittelbare Ladungen zur Hauptverhandlung durch den Angeklagten bezieht, eine Vorschrift von wesentlich größerer Tragweite. Er betrifft alle unmittelbaren Ladungen durch Privatpersonen. Ein unbedingter Erscheinenszwang — das ist wohl der Grundgedanke — kann, da er doch einen Eingriff in die bürgerliche Freiheit darstellt, nur von amtlicher Seite ausgeübt werden; er gilt also nur für die Ladungen, die vom Gericht oder von der Staatsanwaltschaft ausgehen. Die letztere ist also nur deshalb dem § 219, Abs. 2 nicht unterworfen, weil sie kraft Amtsgewalt thätig wird. Der Absatz steht somit an unrichtiger Stelle, er würde sich besser dem § 38 StPO. als Absatz 2 anschließen. Eben weil § 219 Abs. 2 einen ganz allgemeinen Satz enthält, wie auch sein Wortlaut andeutet, so gilt er auch für die vom Angeschuldigten laut StPO. § 193 bewirkten Ladungen, wie die gesamten Kommentatoren und Schriftsteller annehmen [111]). Und ebenso gilt er für den Privatkläger.

19. Der Privatkläger kann darein willigen, daß sein Anwalt sich einen Referendar nach Maßgabe des § 139 substituiere, ohne daß das Gericht ein Veto dagegen hat (StPO. § 427 Abs. 2.)

20. Er ist verpflichtet, auf Anordnung des Gerichts persönlich zu erscheinen (§ 427, Abs. 3). Die Gefahr eines körperlichen Zwanges läuft er allerdings nicht, wohl aber die des Prozeßverlustes (§ 431, Abs. 2).

21. Er muß es sich gefallen lassen, daß der Beklagte nach näherer Bestimmung des § 428 Widerklage erhebt und er selbst

---

[111]) § 193 gilt (nebenbei bemerkt) zufolge des Grundsatzes der Waffengleichheit auch für die Staatsanwaltschaft und kraft Rechtsähnlichkeit sodann weiter für den Privatkläger und endlich für den Neben-Ankläger. — Löwe, § 193, Note 8. Stenglein, Komm., 3. Aufl., Note 7 u. S. 345 Anm. Dagegen Bennecke, S. 477, Anm. 21. Der Privatkläger kann in die Situation des § 193 nur in dem überaus seltenen Fall geraten, daß die Privatklage mit einer Strafkammersache verbunden wird und in der letzteren eine Voruntersuchung stattfindet.

insoweit gleichzeitig in die entgegengesetzte Rolle des Angeklagten gedrängt wird.

22. Er kann wie der Staatsanwalt „Rechtsmittel" im technischen Sinn, also Berufung, Revision und Beschwerde einlegen. (§ 430, Abs. 1, Satz 1; die Revision jedoch nur in einer durch Anwaltszwang erschwerten Form: Abs. 2.) Dabei ist aber zu bedenken, daß die Bestimmung des § 338 Abs. 2, wonach die Staatsanwaltschaft auch zu Gunsten des Beschuldigten Rechtsmittel ergreifen kann, etwas durchaus Singuläres und Merkwürdiges ist, das eigentlich der Struktur des Anklageprozesses zuwider läuft und seine Erklärung nur in der behördlichen, amtlichen Stellung der Staatsanwaltschaft finden kann. Gerade dies ist aber der Punkt, wo die Rechtsähnlichkeit zwischen Staatsanwalt und Privatkläger aufhört, und daher ist jener Satz als ohnehin strikt zu interpretierende Ausnahmevorschrift auf den Privatkläger nicht zu erstrecken[112]).

23. Der Privatkläger hat das Recht, Wiederaufnahme des Verfahrens zu Ungunsten des Verurteilten zu beantragen (StPO. § 430, Abs. 1, Satz 2; jedoch nur nach Abs. 2 unter Anwaltszwang).

24. Ein vom Privatkläger ergriffenes Rechtsmittel wirkt auch von selbst zu Gunsten des Angeklagten (§ 430, Abs. 1, Satz 3). Man darf daraus nicht schließen: wenn das schon unbeabsichtigter Weise erzielt werden kann, so darf es erst recht mit dieser Tendenz geschehen (s. Nr. 22). Denn jener Satz des § 343 ist nur ein Ausfluß des Prinzips der materiellen Wahrheit: das Gericht ist an die Anträge der Parteien nicht gebunden[113]).

25. Die Privatklage kann in erster und in zweiter Instanz jederzeit zurückgenommen werden (§ 431, Abs. 1).

26. Der Privatkläger ist zum Erscheinen und zum Einhalten gerichtlich gesetzter Fristen prozessual verpflichtet. Versäumung

---

[112]) Dagegen RGer. Bd. 22, S. 400. Aber aus der S. 402, 403 rekapitulierten Vorgeschichte der Bestimmung folgt m. E. das Gegenteil ebenso, wie aus den beiden folgenden Sätzen des § 430 Abs. 1, welche andernfalls überflüssig wären.

[113]) Das Verbot der reformatio in pejus bildet eine keineswegs erfreuliche Ausnahme aus unbegründeten Humanitätsrücksichten. Die tägliche praktische Erfahrung weist darauf hin, daß dieses Verbot nur ein Mittelchen für geriebene Leute ist, um die Strafvollstreckung zu verschleppen.

gilt als Klagezurücknahme und hat die Verwerfung der klägerischen Berufung zur Folge; nur ein Wiedereinsetzungsanspruch ist ihm eingeräumt (§ 431, Abs. 2—4).

27. Durch die Zurücknahme geht das Privatklagerecht — nicht jedoch das staatliche Klagerecht — definitiv verloren (§ 432).

28. „Der Tod des Privatklägers hat die Einstellung des Verfahrens zur Folge" (§ 433, Abs. 1).

29. Unter Umständen ist eine Fortsetzung der Privatklage durch Eltern, Kinder oder Ehegatten des Verstorbenen möglich (§ 433, Abs. 2).

30. Für die Erklärung der Fortsetzung ist eine Ausschlußfrist von 2 Monaten bestimmt (§ 433, Abs. 3).

31. Der Privatkläger hat das Recht, Richter, Schöffen, Gerichtsschreiber, Sachverständige und Dolmetscher wegen gesetzlicher Ausschließungsgründe oder wegen Befangenheit abzulehnen (StPO. §§ 24, Abs. 3, 31, 74 Abs. 2, GVG. § 193).

32. Der Privatkläger hat das Recht, ein sog. objektives Verfahren anzuregen und durchzuführen (§ 477, Abs. 1). Natürlich kann er seine Anträge ebenfalls während der ersten beiden Instanzen zurückziehen und riskiert ebenfalls bei Versäumungen Prozeßverlust. Gegen Urteile in dem von ihm angeregten Verfahren hat er selbstverständlich das Rechtsmittelrecht (§ 479).

33. Der Privatkläger hat einen Anspruch gegen den Verurteilten auf Ersatz seiner notwendigen Auslagen (§ 503, Abs. 1).

34. Der Privatkläger ist, sofern er nicht Verurteilung erzielt, in weitem Umfang kostenpflichtig (§ 503, Abs. 2 ff.).

Bei der Prüfung, ob die vorstehenden Sätze auch auf den Neben-Ankläger anwendbar sind, ist die durch § 437 Abs. 1

„Der Nebenkläger hat nach erfolgtem Anschlusse die Rechte des Privatklägers."

gegebene Richtschnur genau einzuhalten. Danach ist dreierlei zu bemerken:

Erstens, die Analogie gilt nur nach erfolgtem Anschlusse, also nicht vor dem Anschluß und nicht für den Anschluß selbst.

Zweitens, sie gilt nur für die Rechte des Privatklägers; mithin greift sie dort nicht ein, wo es sich um die Pflichten[114])

---

[114]) Mit Recht sagt daher Stenglein, GS. Bd. 35, S. 300, der Nebenkläger sei in der beneidenswerten Lage, nur Rechte zu haben.

des Privatklägers, und wo es sich um Rechte oder Pflichten anderer Personen als des Privatklägers handelt.

Drittens, überall sind die in den §§ 435—442 StPO. enthaltenen gegenteiligen Bestimmungen oder wenigstens Ausnahmen zu berücksichtigen.

Hiernach ist die Herübernahme einer Reihe von Sätzen über die Privatklage auf die Neben-Anklage abzulehnen — und zwar aus dem **ersten** der angeführten Gründe der Satz 7, denn dieser bezieht sich auf die Voraussetzungen des Erwerbs der prozessualen Stellung, nicht auf die bereits errungene Stellung. Der **zweite** Grund läßt die direkt erzwingbaren Pflichten des Privatklägers — Satz 4, 5, 34[115]) — ebenso für den Neben-Ankläger entfallen, wie die indirekt erzwingbaren („prozessualen") Verpflichtungen — Satz 20, 26[116]). Ferner hängt hiermit zusammen, daß die Sätze über den Verlust des Privatklagerechts und die Beendigung der Privatklage hier keine analoge Anwendung finden — Satz 26, 27, 28; folglich auch nicht die über einen eingeschränkten Verlust — Satz 29, 30. Daher ist auch StPO. § 442 nicht über seinen Wortlaut auszudehnen: der Paragraph knüpft an den Widerruf und den Tod nur die Beendigung der Nebenklage, nicht den Verlust des Nebenklagerechts[117]). Endlich gehört hierher, daß Normen, welche nicht

---

[115]) Es bedurfte daher einerseits des § 436 Abs. 3 StPO. nicht, wohl aber andererseits der besonderen Statuierung der Vorschußpflicht durch GKG. §§ 83. 84 Abs. 2. Sie trifft den Nebenkläger aber niemals in erster Instanz. Ebensowenig trifft den Nebenkläger **als solchen** eine Kostenpflicht in erster Instanz (s. StPO. §§ 501. 504). In der Rechtsmittelinstanz trifft ihn für die von ihm eingelegten Rechtsmittel sowohl Vorschuß- wie Kostenpflicht, cf. StPO. § 505 S. 1. GKG. § 74.

[116]) Was den Punkt angeht, ob das Gericht das persönliche Erscheinen des Nebenklägers **anordnen** kann, so besteht darüber eine aus **Löwe** zu § 437 Note 1a (gegen Ende) zu ersehende Kontroverse, die den Typus einer „Doktorfrage" darstellt. Denn beide Parteien in der Streitfrage sind sich darin einig, daß das persönliche Erscheinen nicht erzwungen werden kann. Eine befehlende Anordnung des Gerichts wäre daher nicht nur überflüssig, sondern würde sogar das Gericht in eine schiefe Stellung bringen. Es ist nur möglich, daß das Gericht seinen **Wünschen** in dieser Beziehung Ausdruck giebt — ebensogut wie es die Bitte aussprechen kann, ein Verteidiger möchte nicht länger als eine gewisse Zeit reden.

[117]) Vgl. über diesen Punkt besonders **Oppenheim**, S. 22ff. einerseits, S. 46ff. andrerseits.

sowohl die Stellung des Privatklägers betreffen, als die Thätigkeit des Gerichts regeln, auf die Neben-Anklage nicht zu übertragen sind — Satz 10, 14, 17, 21. Was den genannten Satz 10 anlangt, so geht die Möglichkeit einer Verbindung der Nebenklage mit einer Schwurgerichtssache aus StPO. § 437 Abs. 2 ausdrücklich hervor.

Auf den dritten der oben genannten Gründe hat man hinzuweisen gegenüber Satz 8, 25 und auch 28. Nach StPO. § 436 Abs. 1 ist Schriftlichkeit ausdrücklich für die Erhebung der Neben-Anklage vorgeschrieben; Erklärung zu Protokoll genügt nicht (vgl. schon oben S. 93). StPO. § 442 gestattet einen unbeschränkten Widerruf, also auch in der Revisionsinstanz. Endlich kann die Wirkung des Todes des Neben-Anklägers nicht Einstellung des Verfahrens sein, da dasselbe ja nicht lediglich durch seine Person gehalten wird, sondern auf dem Grunde einer öffentlichen Klage beruht.

Weit größer ist die Zahl und vor allem die Bedeutung derjenigen Sätze, die vermöge Analogie auch für den Neben-Ankläger gelten. Vor allem sind dies Satz 1, 2, 9, 11, 12, 19, 32, 33. Ferner gehören hierher — unter Entscheidung der einschlägigen Kontroversen im oben erörterten Sinn — Satz 6 (Armenrecht), Satz 15 (1 Woche Ladefrist) und Satz 18 (unmittelbare Ladungen). Soweit gewisse Rechte dem Privatkläger nur unter Beschränkungen eingeräumt sind, hat sie der Neben-Ankläger ebenfalls nur in dem begrenzten Umfang: Satz 16, 22, 23 (Akteneinsicht, Revision, Wiederaufnahme nur durch einen Anwalt). Speziellen Modifikationen unterliegenden die folgenden grundsätzlich auch hier geltenden Normen.

Satz 3: bei unvertretenem Ausbleiben ist die Urteilszustellung an den Anwalt statt an den Neben-Ankläger selbst ohne Wirkung (§ 440).

Satz 13: er gilt erst vom Moment des Anschlusses an für die Zukunft und hat keinerlei Rückwirkung (§ 439 Abs. 1).

Satz 22: die Unabhängigkeit von der Staatsanwaltschaft, mit der der Neben-Ankläger sein Rechtsmittelrecht handhaben kann, erfährt eine Abänderung für Entscheidungen, die vor dem Anschluß erlassen sind, und bei denen die Rechtsmittelfrist bereits für die Staatsanwaltschaft zu laufen begonnen hat (§§ 441 Abs. 1, 439 Abs. 2 StPO.).

Satz 31: das Ablehnungsrecht hat der Nebenkläger nicht gegenüber Geschworenen (§ 437 Abs. 2).

Endlich sei noch hervorgehoben, daß aus allgemeinen Gründen auch die Sätze 22, 23, 24 insoweit den Nebenkläger berühren, als er nur zu Ungunsten des Angeklagten Rechtsmittel und Wiederaufnahme betreiben darf, jedoch mit den Rechtsmitteln wider seinen Willen ein dem Angeklagten günstigeres Ergebnis herbeiführen kann. Nach den früheren Erörterungen unterliegt dies keinem weiteren Zweifel.

Bei diesem vorgenommenen Überblick tritt mit besonderer Schärfe als durchgreifendster und wichtigster Grundzug die Anlehnung an das in der Stellung der Staatsanwaltschaft gegebene Vorbild heraus. Das Verfahren ist, als Hauptgrundsatz, dasselbe wie bei isoliert erhobener öffentlicher Klage; der Neben-Ankläger ist wie die Staatsanwaltschaft zuzuziehen, zu hören, von Entscheidungen in Kenntnis zu setzen. Er kann wie jene Zeugen und Sachverständige laden, er hat wie jene die Rechtsmittel zu seiner Disposition. Er kann wie jene Richter und Sachverständige ablehnen. Er kann wie der Staat seine baren Auslagen von dem Verurteilten ersetzt verlangen.

Alle Abweichungen lassen sich auf zwei schon hervorgehobene Gesichtspunkte zurückführen: I. Der Neben-Ankläger ist Privatmann, er hat nicht (oder höchstens zufällig) die nötige juristische Vorbildung; er kann daher auch weder das dem berufsmäßigen Vertreter des Staates geschenkte Vertrauen genießen, noch hat er die Pflichten dieses Beamten. II. Der Neben-Ankläger ist nur sekundärer Parteivertreter; sein Wegfall stört den Fortgang des Prozesses nicht.

Unter den ersten Gesichtspunkt ist es zu bringen, wenn dem Neben-Ankläger ein rechtskundiger Berater nicht nur gestattet, sondern sogar angeraten oder anbefohlen, wenn er dann wenigstens günstiger behandelt wird. Ferner, dem Beamten stellt der Staat seine Kasse für die nötigen Auslagen zur Verfügung; der Privatmann muß in die eigene Tasche greifen, und herrscht dort Ebbe, so kann er vielleicht sein Recht nicht durchsetzen: darum gelten die Vorschriften über die Bewilligung des Armenrechts auch für den Neben-Ankläger. Aus der gleichen Rücksicht wird ihm eine längere

Ladungsfrist bewilligt, wie schon oben (S. 132, Satz 15) genugsam erörtert wurde.

Mit der sekundären Stellung des Neben-Anklägers hängt es dagegen zusammen, wenn die Zurücknahme der Neben-Anklage anders normiert ist, als die der Privatklage: daß einem Privatmann, dem Privatkläger, die Verfügung über einen staatlichen Strafanspruch anvertraut wird, läßt sich von dem Moment an nicht mehr rechtfertigen, wo in thatsächlicher Beziehung eine weitere Aufklärung abgeschnitten ist, und demnach nicht mehr mit einem seinem Beweise nach noch unsicheren, einer Widerlegung durch Thatsachen noch fähigen Strafanspruch operiert wird. Sobald daher die Instanzen der Thatsachenprüfung erschöpft sind, ist die Privatklage unzurücknehmbar (§ 430 Abs. 1). Anders bei der Nebenklage; denn hier ist ja noch der erste und wichtigste Vertreter des staatlichen Anspruchs außerdem in der Person des Staatsanwaltes vorhanden, hier ist die Disposition über den Strafanspruch keinem Privatmann in die Hände gegeben. Ebenso hängt hiermit zusammen, daß der Tod des Nebenklägers zwar die Nebenklage zu Ende bringt, aber das Verfahren geht ungestört weiter, während der Tod des Privatklägers als des ersten und unersetzlichen Vertreters des Strafanspruchs den weiteren Prozeß unmöglich macht, so daß Einstellung der Verfolgungshandlungen geboten ist (§ 442 : § 433 Abs. 1).

§ 13. Die prozessuale Stellung des Neben-Anklägers: Einzelheiten.

Unter den aufgestellten Sätzen haben eine besonders weite und näherer Erläuterung bedürftige Fassung die, daß der Neben-Ankläger wie die Staatsanwaltschaft zuzuziehen, zu hören und von Entscheidungen in Kenntnis zu setzen ist. Auch bedarf sein Rechtsmittelrecht eingehenderer Betrachtung.

I. Die Zuziehung des Neben-Anklägers umfaßt die Gestattung der Anwesenheit bei Prozeßhandlungen und zwar einer Anwesenheit in gleichem Umfang, wie sie der Staatsanwaltschaft zusteht, und ferner die Ladung zu den gleichen Verhandlungen, zu denen die Staatsanwaltschaft geladen wird. Demnach hat der Neben-Ankläger zunächst das Recht, in der Hauptverhandlung zu erscheinen. Von einem Recht der ununterbrochenen Gegenwart (vgl. § 225) wird man indessen nur mit Vorsicht sprechen dürfen: denn eine Pflicht des Neben-Anklägers, zu erscheinen, existiert ja nicht. Verläßt der Neben-Ankläger den Sitzungssaal oder kehrt er bei angeordneter Unterbrechung nicht rechtzeitig zurück, so wird er nichts dagegen einwenden dürfen, wenn trotzdem in der Hauptverhandlung fortgefahren oder dieselbe wieder aufgenommen wird. Sein Nicht-zur-Stelle-sein kann ebensowohl als Ausdruck seines Willens, nicht zu erscheinen, aufgefaßt werden, wie als Säumigkeit. Selbst wenn er vorher erklärt haben sollte, er werde erscheinen (oder nach der Unterbrechung wieder erscheinen), so bindet ihn das nicht; er hat das Recht, trotzdem wegzubleiben. Die Analogie der Staatsanwaltschaft paßt hier nicht, weil der Staatsanwalt, ohne den allerdings nicht fortgefahren werden darf, eine Pflichtwidrigkeit begeht, wenn er ausbleibt oder nicht rechtzeitig kommt; er ist deswegen disziplinarisch verantwortlich. Zudem ist der Staatsanwalt auswechselbar (StPO. § 226), der Neben-Ankläger nicht.

Wie bei der Hauptverhandlung, darf der Neben-Ankläger auch bei der antizipierten Hauptverhandlung anwesend sein (StPO. § 232 Abs. 2 — kommissarische Vernehmung des Angeklagten; § 223 — desgl. von Zeugen und Sachverständigen; § 224 — desgl. Augenscheinseinnahme). Bezüglich der Vorlegung des Protokolls, von der in § 223 Abs. 1 Satz 2 die Rede ist, ändert sich selbstverständlich an der Regel des § 425 Abs. 4 nichts: die Vorlegung geschieht nur gegenüber dem Rechtsanwalt des Neben-Anklägers, nicht gegenüber diesem selbst. Als antizipierte Hauptverhandlung stellen sich auch einige Beweisaufnahme-Akte der Voruntersuchung dar: Augenscheinseinnahme (§ 191 Abs. 1), Vernehmung voraussichtlich später verhinderter Zeugen und Sachverständigen (§ 191 Abs. 2). Auch hier ist dem Neben-Ankläger genau so wie der Staatsanwaltschaft die Anwesenheit zu gestatten.

Endlich gehört hierher, daß er in den gleichen Fällen wie die Staatsanwaltschaft zu laden ist, also vor allem zur Hauptverhandlung — wobei dann die Besonderheit des § 425, Abs. 3. gilt — und daß auch an ihn Notifikation von den eben erwähnten Beweiserhebungsterminen zu geben ist (StPO. §§ 232, Abs. 3, 223, Abs. 1, Satz 1, 191, Abs. 3).

II. Der Neben-Ankläger ist zu hören. Darin liegt, daß er in denselben Fällen wie die Staatsanwaltschaft gefragt werden muß, ehe das Gericht spricht; und daß er in denselben Fällen wie jene nicht gehindert werden darf, wenn er spricht oder fragt, vor allem, wenn er Anträge stellt. In erster Linie steht hier die Vorschrift, daß ihm von Amtswegen und ohne daß er vorgängig darum einkommt, nach dem Schluß der Beweisaufnahme zu seinen Ausführungen — insbesondere beim Schwurgericht zur Schuldfrage und nach dem verurteilenden Wahrspruch zur Straffrage — das Wort zu erteilen ist[118]). Auch das Recht der Erwiderung (§ 257, Abs. 2) steht ihm zu. Als Beschwerdeführer hat er in höherer Instanz das erste Wort. Ferner dürfte darin, daß der Neben-Ankläger ebenso wie der Staatsanwalt gehört werden muß, auch liegen, daß dafür gesorgt werden muß, daß er ebenso wie jener den Prozeßbeteiligten verständlich werde. Seine Anträge aus den Schlußvorträgen sind daher dem des Deutschen nicht kundigen Angeklagten durch Dolmetscher, dem tauben Angeklagten in erster Linie durch schriftliche Verständigung, in zweiter durch Dolmetscher bekannt zu geben (StPO. § 258, Abs. 1 und 2[119]). Wenn ein Antrag auf Wiederaufnahme des Verfahrens an sich für zulässig befunden wird, so ist der — von früher her vorhandene oder inzwischen neu beigetretene — Neben-Ankläger ebenso wie die Staatsanwaltschaft nach Schluß der vorbereitenden Beweisaufnahme unter Fristsetzung zur „ferneren Erklärung" aufzufordern (StPO. § 409, Abs. 4). Daß er bei der Entscheidung über eine Beschwerde in geeigneten Fällen ebenso wie die Staatsanwaltschaft gehört werden kann (§ 351, Abs. 1), ist zwar unbedenklich; ein Recht hat er auf diese überhaupt nur fakultative Anhörung indessen nicht. Weitere Fälle sind, daß er vor der Entlassung von Zeugen und Sachverständigen ebenfalls zu befragen ist (§ 247), und daß er bei einer von der Verwaltungsbehörde erhobenen Anklage gleichfalls zur Mitwirkung befugt ist (§ 465, Abs. 1).

Daß der Neben-Ankläger nicht gehindert werden darf, wenn er etwas wissen will, ist bei Ausübung des sog. Fragerechts von vornehmlicher Bedeutung. Er kann somit an Zeugen und Sach-

---

[118]) Vgl. §§ 257. 367. 391. 299. 314 Abs. 2 StPO. RG. Entsch. Bd. 16, S. 253.

[119]) Entsprechendes gilt auf Grund GVG. §§ 187. 188, wenn der Neben-Ankläger nicht Deutsch kann oder taub ist. Dem ersteren muß stets der mündliche Vortrag (unter Beiziehung eines Dolmetschers) gestattet werden; dem Tauben braucht er nicht gestattet zu werden; arg. GVG. § 189.

verständige (§ 239, Abs. 2) Fragen stellen; dagegen natürlich nicht an den Angeklagten. Denn diesen zu befragen, ist ein durchaus unveräußerliches Recht des Vorsitzenden (§ 237, Abs. 1). Die Stellung der Staatsanwaltschaft kommt dem Neben-Ankläger auch beim sogenannten Kreuzverhör (§ 238) zu. Hat er selbst den Zeugen oder Sachverständigen benannt, so hat er in erster, hat die Staatsanwaltschaft ihn benannt, so hat er in zweiter Reihe das Recht der Vernehmung [120]).

Wie bemerkt, liegt endlich in dem „Hören", daß der Neben-Ankläger auch alle diejenigen Anträge stellen kann, welche von seiten des Staatsanwaltes als Parteivertreters in dieser konkreten Sache zulässig sind (nicht aber diejenigen, bei welchen die Staatsanwaltschaft als Repräsentantin der öffentlichen Strafgewalt auftritt — worüber unten näheres). Demnach kann er beantragen: Verbindung von Strafsachen bei sachlichem oder bei örtlichem Zusammenhange (StPO. §§ 4. 13, Abs. 2, Satz 2), desgl. Trennung von Sachen, Ablehnung von Gerichtspersonen, Ausschluß der Öffentlichkeit der Verhandlung (GVG. § 175, Abs. 1)[121]. Er kann nach Erhebung der öffentlichen Klage Antrag auf Erlaß eines Haftbefehls stellen; ferner auf Überweisung der Voruntersuchung an einen Amtsrichter (StPO. § 183)[122]), auf Ergänzung der Vor-

---

[120]) Ebenso Oppenheim S. 59. Dagegen ohne Begründung Stenglein, GS. Bd. 35, S. 303.

[121]) Gehört werden muß er über diesen Punkt in jedem Fall. Das folgt aus dem Begriffe der Verhandlung. GVG. § 175 vgl. GA. Bd. 43, S. 242.

[122]) Dagegen dürfte für einen Antrag des Neben-Anklägers auf Eröffnung einer Voruntersuchung, analog § 176 Abs. 2 Ziff. 1, kein Raum sein. Denn entweder erhebt die Staatsanwaltschaft die öffentliche Klage eben durch einen solchen Antrag, und dann hat ein derartiger Antrag des nunmehr erst zulaßbaren Neben-Anklägers keine besondere prozessuale Bedeutung; oder die Staatsanwaltschaft hat die öffentliche Klage durch Antrag auf Eröffnung des Hauptverfahrens erhoben, und dann giebt es ein Recht zu derartigem Antrag nach der StPO. nicht einmal für die Staatsanwaltschaft, und folglich auch nicht für den Neben-Ankläger. Vielmehr kann das Gericht nur entweder von Amtswegen (§ 200) oder auf den durch besondere Vorschriften umgrenzten Antrag des Angeschuldigten (§§ 199. 176 Abs. 2 Ziff. 2), dessen Recht bestimmt nicht analog auf den Neben-Anklager zu übertragen ist, zur Eröffnung der Voruntersuchung kommen. Nur dies ist selbstverständlich möglich, daß der Neben-Ankläger noch in dem Zwischenverfahren die Meinung ver-

untersuchung (§ 195), auf Eröffnung des Hauptverfahrens nach Beendigung der Voruntersuchung trotz gegenteiliger Ansicht der Staatsanwaltschaft (§ 196)[123]), insbesondere auch auf Eröffnung vor einem Gericht höherer oder niederer Ordnung, als die Staatsanwaltschaft beantragt (vgl. § 209, Abs. 2). Er kann Aussetzung der Hauptverhandlung beantragen, im allgemeinen (§ 227, Abs. 1) oder insbesondere zum Zweck der Erkundigung über einen zu spät namhaft gemachten Zeugen oder Sachverständigen (§ 245, Abs. 2 und 3)[124]), und wegen Veränderung des rechtlichen Gesichtspunktes „zur genügenden Vorbereitung der Anklage" (§ 264, Abs. 4). Er kann Anträge stellen wegen der auf die Sachleitung bezüglichen Anordnungen des Vorsitzenden (§ 237, Abs. 2), wegen Erhebung von Beweisen (§ 243, Abs. 2), auf Protokollierung der Verlesung einer früheren Vernehmung und des Grundes der Verlesung (§ 254), auf Gewährung der gesetzlichen Entschädigung aus der Staatskasse an eine unmittelbar geladene Person (§ 219, Abs. 3)[125]). Im Schwurgericht kann der Neben-Ankläger beantragen: Mitteilung der Fragen (§ 290, Abs. 2), Unterbrechung der Hauptverhandlung zur Prüfung der Fragen (§ 290, Abs. 3), Abänderung und Ergänzung der Fragestellung (§ 291, Abs. 1), Stellung der Nebenfrage nach dem Vorhandensein mildernder Umstände (§ 297, Abs. 1). In der Berufungsinstanz ist die Zu-

---

tritt, es liege ein Schwurgerichtsdelikt vor, und Verweisung vor das Schwurgericht beantragt, und daß dann das Gericht, diese Meinung als beachtlich erkennend, nach § 176 Abs. 1 zur Voruntersuchung gelangt.

[123]) Doch ist er nicht verpflichtet, eine Anklageschrift nach § 198 anzufertigen. Dies wird vielmehr, falls das Gericht dem Neben-Ankläger beipflichtet, Sache der Staatsanwaltschaft nach § 206 StPO. sein.

[124]) Das gleiche Recht hat auch der Angeklagte bei den vom Neben-Ankläger benannten Zeugen. Es wird daher auch § 221 Abs. 2 StPO. mit der hier der Staatsanwaltschaft auferlegten Verpflichtung auf den Neben-Ankläger Anwendung zu finden haben. Das Wort „Verpflichtung" ist dabei jedoch nur in dem Sinne zu verstehen, daß hierdurch eine Bedingung bezeichnet wird, deren Erfüllung dazu angethan ist, das Recht des Angeklagten eine Vertagung durchzusetzen, zu eliminieren. In diesem Sinne hat also hier auch einmal der Neben-Ankläger eine „Verpflichtung". Für die Staatsanwaltschaft hat das Wort eine weiter gehende Bedeutung: Nichtberücksichtigung ist Pflichtverletzung in disziplinarrechtlichem Sinne.

[125]) Eines ausdrücklichen Antrages bedarf es. Dieser kann aber auch von der Staatsanwaltschaft gestellt werden. Löwe § 219, Note 16.

stimmung des Neben-Anklägers zur Verlesung der Zeugenaussagen erster Instanz erforderlich (§ 366). Der Zustimmung des Neben-Anklägers bedarf es ferner in den Fällen der §§ 244, Abs. 1, Satz 2 (Absehen von einzelnen Beweiserhebungen)[126]), 286 (Absehen von Neubildung der Geschwornenbank), 345 (Zurücknahme der Berufung oder Revision durch den Angeklagten oder die Personen des § 340), 394, Abs. 1 Schluß (Aussprechen der gesetzlichen Minimalstrafe durch das Revisionsgericht)[127]). Ganz generell gilt endlich § 33 StPO. auch für den Neben-Ankläger; bei Entscheidung außerhalb der Hauptverhandlung (z. B. über Beschlagnahmen, Durchsuchungen rc.) ist er also zu einer Erklärung aufzufordern.

III. **Die Bekanntmachung der Entscheidungen.** Hierunter fallen in erster Linie Urteile, dann Beweisbeschlüsse, insbesondere auch Verfügungen auf Ladung von Personen, die der Angeklagte vor der Hauptverhandlung benennt (StPO. § 218 Abs. 2), Haftbefehle, Vorführungsbefehle, Beschlüsse wegen Entbindung des Angeklagten von der Verpflichtung des Erscheinens. Für das Verfahren, das durch Anklage von seiten einer Verwaltungsbehörde eingeleitet wird, wiederholt § 465, Abs. 3 diese Regel nochmals, soweit sie die mitwirkende Staatsanwaltschaft betrifft. Damit gilt sie auch in diesem Verfahren für den etwa auftretenden Neben-Ankläger.

IV. **Das Rechtsmittelrecht** des Neben-Anklägers ist ebenfalls in Anlehnung an das der Staatsanwaltschaft zu entwickeln. Er hat also genau in denselben Fällen die Befugnis, einfache oder sofortige Beschwerde, Berufung oder Revision[128]) zu ergreifen

[126]) Oppenheim, S. 60.

[127]) Die Bestimmungen des § 265 StPO. betreffen einen neuen Prozeß, der in einem summarischen Schnellverfahren eigner Art erledigt wird. Zur Einleitung dieses eigenartigen Prozesses bedarf es selbstverständlich nicht der Zustimmung des Neben-Anklägers in dem ursprünglichen Prozeß. Vgl. Oppenheim, S. 61. Aber wohl kann sich auch dem summarischen Verfahren ein Neben-Ankläger anschließen, oben S. 83.

[128]) Vgl. §§ 346, Abs. 1. 347. 352, Abs. 1. — 355. — 374 nebst den Formvorschriften in §§ 381. 384. 385. Hier gilt eine Besonderheit für die Verwaltungsbehörde: sie hat einen Monat, nicht nur eine Woche Zeit; § 469, Abs. 2. Außerdem beginnen alle Rechtsmittelfristen bei der Verwaltungsbehörde erst von der Zustellung der Entscheidung ab: § 469, Abs. 1. Bei sonstigen Neben-Anklägern ist zu unterscheiden, ob sie in der

oder Anträge auf Wiederaufnahme des Verfahrens zu stellen, — immer aber nur zu **dem** Zweck, dessen Anerkennung ihm das Leben gegeben hat, nämlich um seinem Satisfaktionstrieb durch Durchsetzung des von ihm behaupteten und vertretenen staatlichen Strafanspruchs zu genügen. Es fehlt ihm also an Rechtsmitteln **erstens**, sofern diese auf Verneinung oder Verringerung des Strafanspruchs hinauslaufen; **zweitens**, sofern es sich um einen andern Strafanspruch handelt als den, wegen dessen ein Anschluß erfolgt ist[129]); und **drittens**, sofern sie auch nicht einmal mittelbar den Strafanspruch, sondern **lediglich** andere Punkte betreffen: insbesondere wird ihm ein nur auf die Kostenfrage beschränktes Rechtsmittel zu verweigern sein[130]). Aus dem ersten Gesichtspunkt müssen ihm die Rechtsmittel zu Gunsten des Angeklagten versagt bleiben, wie schon oben hervorgehoben[131]). Wohl aber wirken die Rechtsmittel so, daß das Gericht im Sinne des § 153, Abs. 2 StPO. wieder freigestellt ist, also auch ein milderes Urteil fällen kann (vgl. § 343).

Bei allen Rechtsmitteln ist wegen des § 441, Abs. 1 ein

Hauptverhandlung vertreten waren oder nicht. Endlich greift die früher erörterte besondere Formvorschrift bei der Revision ein, daß ein Anwalt den Schriftsatz unterzeichnet haben muß.

[129]) Anderer Meinung, wie es scheint, Oppenheim, S. 66. Bedenklich RG. Entsch. Bd. 9, S. 124, besonders S. 127; indessen ist hier der zu Grunde liegende Thatbestand zu undeutlich angegeben.

[130]) Die Frage ist nur bei Stenglein, GS. Bd. 35, S. 305 berührt und entgegengesetzt entschieden. Das Zitat Entsch. Bd. 6, S. 237 paßt nicht dazu: es bezieht sich auf die Kostenanfechtung durch den Angeklagten. Die notwendigen Auslagen des Neben-Anklägers trägt der Verurteilte auch ohne besonderen Ausspruch (oben S. 136 u. 138, Satz 33). Eine Streitigkeit über die Höhe des Erstattungsanspruches bezw. über das, was „notwendig" war, gehört in das Beschwerdeverfahren über den Kostenfestsetzungsbeschluß. Diese Beschwerde hat natürlich auch der Neben-Ankläger als „Betroffener" (§ 346, Abs. 2). Eines Rechtsmittels gegen das Urteil dagegen bedarf er in der Kostenfrage gar nicht.

[131]) S. oben S. 135 u. 139. Stand der Kontroverse bei Löwe, § 441, N. 4, § 430, N. 2, § 338, N. 10. Der richtigen Meinung, die insbesondere durch v. Kries, S. 214, Oppenheim, S. 66, 67, Bennecke, S. 665 vertreten ist, hat sich nunmehr auch Binding, Grundriß des Strafprozeßrechts, 4. Aufl., Leipzig 1900, S. 236 angeschlossen. Birkmeyer, S. 334, K. 18, S. 324, K 13 giebt keine Antwort.

Doppeltes möglich. Entweder schließt sich der Neben-Ankläger dem Rechtsmittel der Staatsanwaltschaft unselbständig und abhängig an, wobei auch noch der Unterschied, ob er bereits in der früheren Instanz thätig war oder jetzt erst neu beitritt, zu machen ist. Oder er benutzt die Rechtsmittel selbständig und unabhängig: alsdann ist weiter ein verschiedenes Verhalten der Staatsanwaltschaft möglich, indem diese gar keine Rechtsmittel einlegt, oder denselben Punkt der Vorentscheidung angreift, wie der Neben-Ankläger, oder einen anderen Punkt, insbesondere etwa in genau entgegengesetzter Tendenz, zu Gunsten des Angeklagten, thätig wird. Bei keiner dieser Gestaltungen darf aus den Augen gelassen werden, daß beide trotz aller Divergenzen doch Vertreter des gleichen staatlichen Strafanspruches sind, deshalb weder prozessual noch materiellrechtlich verschiedene Parteien darstellen.

Praktisch kommt das Gesagte zur Geltung vor allem für die Zurücknahme der Rechtsmittel. Das abhängige Rechtsmittel kann der Neben-Ankläger durch seine Erklärungen nicht aufhalten; er kann nur seinen Anschluß zurückziehen. Hier ist die Staatsanwaltschaft Herrin des Verfahrens. Anders bei dem selbständigen Rechtsmittel, dessen Zurücknahme nur dem Neben-Ankläger zusteht, diesem aber auch nicht verwehrt werden darf. Als „Gegner“, dessen Zustimmung nach Beginn der Hauptverhandlung nach § 345 StPO. erforderlich ist, kommt bloß der Angeklagte und die Personen des § 340 in Betracht, nie der Staatsanwalt. Ebensowenig ist natürlich umgekehrt der Neben-Ankläger jemals „Gegner“ des Staatsanwalts im Sinne dieses § 345.

Die formellen Vorschriften über die Einlegung des Rechtsmittels müssen von demjenigen beobachtet werden, der es mit Selbständigkeit ergreift, der Herr des Rechtszuges ist und darüber disponieren kann. Man könnte etwa annehmen, daß der Staatsanwalt, auch wenn er selbst wegen Fristablaufs die Revision nicht mehr ergreifen kann, doch die vom Neben-Ankläger eingelegte Revision innerhalb der für diesen laufenden Woche rechtfertigen dürfte, — oder daß umgekehrt der Neben-Ankläger durch rechtzeitige Revisionsanträge das Rechtsmittel der Staatsanwaltschaft retten dürfte. Einer derartigen Auffassung wird nicht beizupflichten sein.

Die Selbständigkeit des Rechtsmittelrechts darf nicht in so weitem Sinne verstanden werden, als sollte dadurch der ganze Charakter des Strafverfahrens verändert werden, indem etwa der Neben-Ankläger zum Träger des Prozesses wird und den Staatsanwalt verdrängt. Nach wie vor liegt vielmehr eine öffentliche Klage vor. Nach wie vor ist der Staatsanwalt der unentbehrliche Vertreter der klagenden Seite, ohne dessen Anwesenheit in die Verhandlung nicht eingetreten werden darf, ohne dessen Verzicht nicht eine Beweisaufnahme unterbleiben darf usw. In welchem Sinne die Staatsanwaltschaft bei einem selbständigen Rechtsmittel des Neben-Anklägers thätig wird, ist Sache ihrer pflichtmäßigen Erwägung, aber überhaupt thätig werden muß sie, sie darf nicht einfach wegbleiben und stillschweigend aus dem Verfahren ausscheiden. Das wäre eine Verleugnung des Aufbaues unseres Strafprozesses. Nur durch eine ausdrückliche Disposition des Neben-Anklägers über sein Rechtsmittel, d. h. also durch eine Erledigung des Prozesses, wird ihr der Weg zur Thätigkeit verlegt. In allen übrigen Fällen hat sie einzugreifen, mag der Neben-Ankläger sich aktiv oder passiv verhalten. Ob er plädiert, ob er schweigt, ob er ausbleibt, ob er stirbt, immer muß sie auf dem Platze sein und den staatlichen Anspruch verfechten. Dazu ist sie nicht nur in erster Linie berufen, sondern, wie wir in § 15 sehen werden, hat auch in vielen Beziehungen allein die Möglichkeit, weil dem Neben-Ankläger lange nicht alle Rechte der Staatsanwaltschaft zustehen. Diesen Grundsatz, daß der Betrieb der Sache der Staatsanwaltschaft obliegt, spricht StPO. § 441 Abs. 2 nur für einen Spezialfall aus. Sein Wortlaut ist zu eng und und deshalb „irreführend“ [132]). Fassen wir den Grundgedanken im eben dargelegten Sinne, so ergiebt sich daraus insbesondere, daß StPO. § 431 Abs. 3 hier keine Anwendung zu finden hat. Hat demnach nur der Neben-Ankläger das Rechtsmittel ergriffen und erscheint er nicht in der Berufungsverhandlung, so ist seine Berufung nicht zu verwerfen, sondern es ist, unter Mitwirkung des Staatsanwalts, sachlich darauf einzugehen [133]).

---

[132]) v. Kries, S. 737; besonders wegen des Ausdrucks „wiederum“.

[133]) Die Dissentienten bewegen sich zumeist in dem von v. Kries, S. 214, gerügten Widerspruch, daß sie zwar die Mitwirkung der Staatsanwaltschaft für unentbehrlich halten, aber gerade in diesem Punkte ihr Vorhandensein und ihre Pflicht zur Thätigkeit einfach ignorieren. Löwe, § 441, Note 3 und 5b.

Es versteht sich von selbst, daß die Schranken des staatsanwaltschaftlichen Rechtsmittelrechts für den Neben-Ankläger ebenfalls gelten; insbesondere ist er also durch StPO. §§ 378. 379 in der Revision eingeengt, wie auch das Reichsgericht (Bd. 28, S. 220) entschieden hat.

Sehen wir uns noch einen Augenblick das Beschwerderecht des Neben-Anklägers näher an, so finden wir, daß es zweifacher Art ist. Einmal kann er ein „Betroffener" im Sinne des § 346 StPO. sein, und sodann, abgesehen hiervon, kommt er in Analogie der Staatsanwaltschaft in Betracht. In der zweiten Alternative kann es sich wiederum um Durchkämpfung der eignen Ansicht oder der ursprünglich nur von der Staatsanwaltschaft geltend gemachten handeln.

Beispielsweise kann er selbst durch eine Verfügung, die ihm eine Editionspflicht (StPO. § 95) auferlegt, beschwert sein und sich auf ein angebliches Weigerungsrecht (ebenda, Abs. 2) beziehen, oder er kann im Interesse des Prozesses dem Weigerungsrecht anderer Personen zum Ausdruck verhelfen. Er kann selbst gegen ein ihm auferlegtes Schweigegebot im Sinne des § 175 Abs. 2 GVG. für seine Person remonstrieren, oder gleich dem Staatsanwalt diesen Beschluß überhaupt in seiner ganzen Existenz und Wirkung bekämpfen. Er kann sich beschweren, wenn sein Ablehnungsgesuch in Betreff eines nicht-erkennenden Richters, eines

---

vgl. auch § 440 Note 1. Isenbart und Samter, S. 387 Anm. 12, Abs. 2. Gerade die fundamentale Verschiedenheit in der Stellung der Staatsanwaltschaft stellt die Neben-Anklage in scharfen Gegensatz zur Privatklage und verwehrt die analoge Anwendung des § 431, Abs. 3. Stenglein (Komm. § 441, Note 3)' widerspricht sich insofern, als er andrerseits am bestimmtesten betont (s. ob. S. 136 Anm. 114), daß der Nebenkläger nur Rechte, keine Pflichten habe. Oppenheim, S. 13 und 67, folgert gerade daraus, daß der Nebenkläger die Rechte des Privatklägers und nur dessen Rechte hat, daß er auch alle Formen einhalten müsse (?), welche dem Privatkläger bei Einlegung von Rechtsmitteln vorgeschrieben sind. Selbst die Richtigkeit dieses Schlusses zugegeben, so folgt daraus noch nicht die von Oppenheim daran angeknüpfte analoge Anwendung des § 431 Abs. 3, da diese Stelle nicht von den Formen der Rechtsmitteleinlegung handelt. — Gewiß ist v. Kries S. 214 zugegeben, daß „diese seltsame Sachlage" vom Gesetz ausdrücklich hätte bestimmt werden müssen. Aber ich glaube nicht, daß mit der Hebung dieser einen Interpretationsschwierigkeit viel geholfen wäre. Die Existenz dieser Kontroverse ist doch nur ein Sympton der Mißlichkeiten, zu denen die unbedachte Aufnahme dieses neu erfundenen unglückseligen Instituts geführt hat.

Gerichtsschreibers oder eines Sachverständigen für unbegründet erklärt ist; — er kann sich aber ebenso beschweren, wenn ein staatsanwaltliches Ablehnungsgesuch zurückgewiesen ist (§ 28, Abs. 1 StPO.).

Außer den genannten Fällen seien noch einige Beispiele für das Beschwerderecht des Neben-Anklägers zusammengestellt. Er kann die Verwerfung eines eigenen oder staatsanwaltlichen Wiedereinsetzungsgesuchs[134]) anfechten (§ 46 Abs. 3); er kann gegen die Unterbringung eines Angeschuldigten in eine Irrenanstalt remonstrieren (§ 81 Abs. 3); er kann die Ablehnung oder Aufhebung eines Haftbefehls angreifen, auch durch weitere Beschwerde (§ 352 Abs. 1); er kann gegen die Ablehnung des staatsanwaltlichen Antrags auf Voruntersuchung (§ 181), gegen den Nicht-Eröffnungs-Beschluß und den die That zu gering qualifizierenden Eröffnungsbeschluß (§ 209), sowie gegen den gleichstehenden Unzuständigkeitsbeschluß (§ 270) opponieren; er kann gegen die Verwerfung seines oder des staatsanwaltlichen Rechtsmittels in der aus §§ 360 Abs. 2, 363 Abs. 2, 386 Abs. 2 ersichtlichen Weise vorgehen[135]); er kann sich endlich gegen die Entscheidungen aus Anlaß eines Wiederaufnahmeantrages wenden (§ 412).

§ 14. Der Neben-Ankläger als Zeuge.

Bekanntlich hat unser Reichsrecht nichts dawider, daß der Verletzte im Strafprozeß als Zeuge eidlich vernommen wird. Außerordentlich häufig ist er, wenn nicht der einzige, so der wichtigste Belastungszeuge. Die praktischen Bedürfnisse der Rechtspflege fordern es gebieterisch, daß seine Aussagen als Beweismittel verwendet werden. Daran ändert sich nichts, wenn er zu-

[134]) nicht dagegen eines des Angeklagten. Solche sofortige Beschwerde steht aber der Staatsanwaltschaft zu, obwohl sie nicht zu Gunsten des Angeklagten die Wiedereinsetzung selbst begehren kann, da diese kein „Rechtsmittel" ist, und es an einer dem § 405 entsprechenden Vorschrift fehlt.

[135]) Der Antrag auf Entscheidung des judex ad quem in den Fällen der §§ 360 Abs. 2 und 386 Abs. 2 wird — wenn man nicht unerträgliche Komplikationen, z. B. daß hier der Staatsanwalt dem zu Unrecht behandelten Angeklagten nicht helfen dürfte, in Kauf nehmen will — als einfache Beschwerde aufzufassen sein, die jedoch folgende Eigentümlichkeiten besitzt: 1. sie ist an die Frist von einer Woche gebunden; 2. der Amtsrichter darf seinen Beschluß nicht zurücknehmen; 3. es ist weitere Beschwerde zulässig.

gleich Neben-Ankläger ist. Ob und wie aber beide Rollen vereinbar sind, ist eine äußerst umstrittene[136]) Frage, deren praktische Tragweite um so größer ist, als sie fast ausnahmslos stets auftaucht, wenn in einem Strafprozeß ein Neben-Ankläger auftritt. Das Reichsgericht hat die Frage bejaht[137]), aber zugleich den Neben-Ankläger zu einem merkwürdig privilegierten Zeugen gestempelt[138]).

Gegen die Zeugenschaft des Neben-Anklägers sind hauptsächlich zwei Argumente verwendet worden: 1. er erhielte damit eine doppelte Gegnerschaft gegen den Angeklagten — und 2. die Stellung als Zeuge kollidiere mit seinem Recht auf ununterbrochene Anwesenheit in der Hauptverhandlung.

Der erstere Gegengrund, mag er die Verschlechterung der Lage des Angeklagten, mag er die Unvereinbarkeit der Stellungen als Parteivertreter und zugleich als Beweismittel urgieren wollen, dürfte nicht allzu schwer wiegen. Denn der Nachteil für den Angeklagten ist doch nicht größer, als wenn irgend ein neuer Belastungszeuge hinzukommt, sondern eher kleiner: im Zweifel wird ja einem solchen Zeugen, der sein Interesse am Ausgang der Sache deutlich kundgegeben hat, vom Gericht weniger Glauben beigemessen werden. Und daß ein Parteivertreter oder eine Partei nicht zugleich Beweismittel sein könne, ist einfach unrichtig; denn beim Grundsatz freier Beweiswürdigung ist alles Beweismittel, was auf die richterliche Überzeugung bildend einwirken kann und darf. Das können und sollen aber auch z. B. die Angaben des Angeklagten und des Privatklägers. Beide können zwar nicht Zeugen im technischen Sinne sein, sind aber Auskunftspersonen. Mißlich ist diese Doppeltheit freilich stets, weil die Scheidung der Bekundungen oder Aussagen von den Parteibehauptungen oft sehr schwierig ist. Vollends unerträglich würde das beim Neben-Ankläger werden, der seine Aussagen, aber auch

---

136) Literatur bei Löwe § 437 Note 1b. Die Unvereinbarkeit behaupten außerdem Dochow, v. Holtzend. Handb. II 371. Strafproz., 3. Aufl., S. 98. Geyer, S. 869; v. Weinrich, Haftpflicht, S. 137 f.; die Vereinbarkeit Glaser Bd. II, S. 218, Hellweg, Strafproz., 4. Aufl., S. 128, und die Dissertation von Österrieth, Der Nebenkläger als Zeuge. Göttingen 1897.

137) Entsch., Bd. 2, S. 384 (Verein. Str.-Senate).

138) Jur. Woch.-Schr., Bd. 20, S. 55. Entsch., Bd. 25, S. 177 und S. 186.

nur diese, zu beschwören hätte. War das Beeidete nicht Aussage, sondern Parteibehauptung, so könnte nie ein Meineid vorliegen. Aber die Unvereinbarkeit beider Rollen folgt auch hieraus noch nicht.

Weit wichtiger ist der zweite Gegengrund. Als Bestimmungen, die zu Kollisionen führen können, werden vielfach die §§ 58 Abs. 1, 242 Abs. 4, 192 (bezw. 191 Abs. 4), 246 Abs. 1 Satz 1, StPO. angeführt. Die letzten beiden Stellen passen indeß überhaupt nicht hierher: in ihnen ist nicht von Entfernung eines Zeugen, sondern von Entfernung des Angeschuldigten aus der Sitzung die Rede. Diese Regelung darf nicht auf den Neben-Ankläger angewendet werden, da dieser zum Angeschuldigten nicht in einem Verhältnis der Rechtsähnlichkeit, sondern vielmehr der Rechtsgegensätzlichkeit steht[139]). Dagegen leuchtet der Widerstreit bei den §§ 58, 242 Abs. 4 ein. Das Recht des Neben-Anklägers, ununterbrochen in der Hauptverhandlung anwesend zu sein, und die Pflicht des Zeugen, sich dann und so vernehmen zu lassen, wann und wie das Gesetz und der Richter im Interesse der Erforschung materieller Wahrheit am zweckmäßigsten erachten, stehen in unlöslicher Kollision mit einander. Eines von beiden muß weichen. Nun geht es aber nicht an, einfach zu sagen, wie das Reichsgericht es thut[140]), dieser Zeuge sei anders zu behandeln als sonstige Zeugen, er dürfe unter keinen Umständen aus der Sitzung entfernt werden. Denn damit wird jenes angebliche Recht des Neben-Anklägers auf

[139]) Mit Recht hat das Reichsgericht Bd 25, S. 177 die Anwendung der §§ 192, 246 auf den Nebenkläger abgelehnt. Der Standpunkt von Löwe § 437 Note 1b. Note 2 ist logisch nicht zu halten. Das Recht auf Anwesenheit in der Hauptverhandlung und das Recht auf Anwesenheit bei Beweisaufnahmen außer der Hauptverhandlung stehen sich an Verletzbarkeit oder Unverletzbarkeit offenbar gleich. Folglich hätte Löwe dieselben Schlüsse, die er aus dem ersten Recht in Note 1b gezogen hat, auch aus dem zweiten in Note 2 ziehen müssen. An letzterer Stelle erklärt er jedoch §§ 191 Abs. 4, 192 (folglich auch implicite den von ihm nicht erwähnten § 246) für anwendbar. Die Begründung dieser Anwendbarkeit durch folgende Sätze: „Hinsichtlich der Befugnis zur Anwesenheit bei Untersuchungshandlungen (§§ 191, 192) wird der Nebenkläger dem Angeschuldigten gleichzustellen sein; die Gleichstellung mit der Staatsanwaltschaft erscheint deshalb nicht thunlich, weil sie die Anwendbarkeit des § 192 und des § 191 Abs. 4 auf den Nebenkläger ausschließen würde" erscheint zudem als klassisches Beispiel eines circulus vitiosus.

[140]) Jur. Woch.-Schr. Bd. 20, S. 55.

ununterbrochene Anwesenheit doch viel zu haarscharf genommen; es wird für wichtiger erklärt, als das Prinzip der materiellen Wahrheit. Dieser letztere Grundsatz und die zu seiner Durchführung in die Hand des Richters gelegten Machtmittel stehen aber sicher in viel engerer Beziehung zu dem eigentlichen Zweck jedes Strafverfahrens, als jene kleinen und verzichtbaren Rechte einer parteiischen Person, die meistens wegen ihrer voreingenommenen Gesinnung ein Feind objektiver ruhiger Erwägung und ein Hindernis für die Wahrheitserforschung sein wird. Kann doch unter Umständen alles daran liegen, daß die Zeugenaussage in einer bestimmten Reihenfolge und ohne Vorkenntnis der Angaben des Angeklagten und anderer Zeugen gemacht wird! Andernfalls ist die Bekundung vielleicht wertlos. Wollte man hier dem Neben-Ankläger die Macht einräumen, den ganzen Aufbau der Beweisaufnahme nach seiner Willkür zu verschieben, so würde man ihm Befugnisse zugestehen, die weitergehend erscheinen müssen, als das Recht der Zeugnisweigerung [141]). Man kann es angesichts der Rechtsprechung des Reichsgerichts einem parteiischen Belastungszeugen nicht verargen, wenn er nach einem Titel sucht, auf den hin er als Nebenkläger passieren kann, damit er die Aussage des Angeklagten und der anderen Zeugen anzuhören und seine Bekundungen danach einzurichten und zu färben in der Lage ist. Die Praxis lehrt, daß diese Möglichkeit, eventuell Parteibehauptungen unter dem Eide vorzutragen, gern ergriffen wird [142]). Man darf aber den Strafprozeß, in dem man selbst dem berufenen Ankläger von der Klagerhebung an einen maßgebenden Einfluß versagt hat (StPO. §§ 153, 154), nicht zum Spielball in den Händen einer egoistischen Privatperson werden lassen. Die Auffassung des Reichsgerichts geht von einer unrichtigen Bewertung der mehreren in Betracht kommenden Interessen aus und kann als eine Lösung des Konflikts nicht gelten.

---

[141]) Mit Recht sagt Glaser, Handbuch, Bd. II, S. 218, Anm. 15: „Den Nebenkläger nicht als Zeugen behandeln, heißt, es dem Beschädigten in vielen Fällen möglich machen, der Justiz sein ihr meist nicht entbehrliches Zeugnis nach Belieben zu verweigern."

[142]) Sollte ausnahmsweise einmal ein Nebenkläger das Zeugnis verweigern, so wäre es interessant, die Meinung des RGer. darüber zu erfahren, ob man den widerspenstigen Herrn Nebenkläger nach § 69 Abs. 2 zur Zwangshaft abführen dürfte. Sein sakrosanktes Recht auf ununterbrochene Anwesenheit würde ja auch hierdurch verkürzt.

Man könnte den Ausweg dahin suchen, daß man sagte, der Neben-Ankläger darf niemals Zeuge sein und daß man sich hierbei an das Vorbild des Privatklägers anlehnte. Indessen abgesehen davon, daß die soeben erhobenen Bedenken sich hier gleichfalls geltend machen, wird hier gerade ein Punkt getroffen, wo die Rechtsähnlichkeit zwischen Privatkläger und Neben-Ankläger, versagt, und wo sich die Analogie zwischen Staatsanwalt und Neben-Ankläger stärker erweist. Der Privatkläger kann aus dem Grunde nicht in die Zeugenrolle gebracht werden, weil er seine klägerische Rolle nicht aufgeben kann, ohne daß der ganze Prozeß sein Ende findet. Er ist für den Fortgang des Verfahrens unentbehrlich — und das ist der Neben-Ankläger nicht. Wir kommen daher bei ihm zu anderem Resultat, als beim Privatkläger. Vergleichen wir hingegen den Staatsanwalt und den Neben-Ankläger so finden wir, daß der Staatsanwalt ebenfalls als Zeuge vernommen werden kann: er ist zwar (wie der Privatkläger) für das Verfahren unentbehrlich: § 225 — und das ist der Neben-Ankläger nicht; aber er ist zugleich auswechselbar: § 226 — und das ist wiederum der Neben-Ankläger nicht. Die Gleichheit liegt also darin, daß bei beiden die individuelle Beteiligung nicht Voraussetzung für den Fortgang des Prozesses ist. Wenn der konkrete Staatsanwalt als Zeuge in Betracht kommt, so tritt er in diese Rolle, und ein Amtsgenosse setzt die Anklagethätigkeit fort. Und wenn der Neben-Ankläger als Zeuge vernommen werden muß, so geht es eben auch ohne ihn als Vertreter der klägerischen Seite. Für beide ist somit das Ergebnis das gleiche, und diese Übereinstimmung ist nach der Richtung streng festzuhalten, daß nur eine der beiden Rollen in demselben Augenblick eingenommen werden kann.

Man könnte nunmehr ganz radikal vorgehen und die Lösung der Kollision versuchen, indem man sagt: wer als Zeuge aufzutreten hat, hört mit diesem Momente auf, Neben-Ankläger zu sein. Erst wenn seine Vernehmung durch Entlassung oder Schluß der Hauptverhandlung beendet oder wenn der Beschluß verkündet ist, daß er unvernommen bleibt, würde dem Neuanschlusse nichts entgegenstehen. Jedoch erhebt sich gegen diese Gestaltung ein unwiderleglicher Einwand. Das Gericht darf seinen Zulassungsbeschluß nicht zurücknehmen. Durch die Zulassung hat der Neben-Ankläger feste prozessuale Rechte erlangt, die nach § 442 nur durch seinen Widerruf oder Tod enden. Das Gericht darf ihn aus seiner erworbenen Stellung nicht wieder herausdrängen.

Es scheint mir, daß sich auf dem Grunde dieser Voraussetzungen die Lösung der Frage leicht und ungezwungen ergiebt. Die Rechte des Neben-Anklägers und die Pflichten des Zeugen sind unvereinbar. Jene müssen weichen; denn das staatliche Interesse an Erfüllung der Zeugenpflichten ist ungleich wichtiger. Gehen dem Neben-Ankläger somit seine Befugnisse verloren, so wird ihm indessen nicht seine ganze Stellung entzogen. Er für seine Person kann diese Befugnisse nur nicht ausüben, weil er ganz und gar sich in die Zeugenrolle zu fügen hat. Dieses Ergebnis läßt sich auch dahin ausdrücken: die Rechte des Neben-Anklägers werden in seiner Person suspendiert, sobald und solange er Zeuge ist. Nach der Entlassung des Zeugen leben die Rechte des Neben-Anklägers wieder auf, während sie inzwischen ruhten. Diese Suspension gilt aber nur für den Neben-Ankläger selbst. Hat er einen Anwalt, so übt dieser an seiner Statt ohne Schranken die Befugnisse aus; er bleibt ununterbrochen anwesend, auch während der Vernehmung des Angeklagten und der sonstigen Zeugen, er kann diese letzteren und auch den Neben-Ankläger selbst befragen, kann Anträge stellen, mit Parteibehauptungen sich hören lassen usw. Die Rollen des Neben-Anklägers und des Zeugen stören hier einander nicht; denn sie sind auf zwei Träger verteilt[143]).

§ 15. Unähnlichkeiten zwischen Staatsanwalt und Neben-Ankläger.

Mehrfach schon sind in der bisherigen Erörterung die Grenzen der Rechtsähnlichkeit zwischen der Stellung des Neben-Anklägers

---

[143]) Hiernach würde z. B. das RGer.-Urteil Bd. 25, S. 186, so zu beurteilen sein. Es kommt darauf an, ob der Revident in der ersten Instanz einen Anwalt hatte. Wenn nein, so ist die zweifellose Gesetzesverletzung, daß über den Zulassungsantrag nicht sofort beschlossen wurde, für das Urteil nicht kausal gewesen. Wenn ja, so läßt sich mit dem R.Ger. „nicht bestreiten, daß die Vernehmung des Angeklagten möglicherweise ein anderes Ergebnis gehabt hätte, wenn der Beschwerdeführer (d. h. sein Anwalt) derselben hätte beiwohnen und die Stellung von Fragen an den Angeklagten beantragen können, als sie ohne seine Anwesenheit hatte. Das Ergebnis der Vernehmung des Angeklagten ist aber von Einfluß auf das Urteil."

und der des Staatsanwalts angedeutet worden. Der Neben-Ankläger ist Privatmann und nimmt als solcher, ohne jede amtliche Stellung, lediglich zu dem Zwecke an dem Verfahren teil, um einen, von ihm als positiv bestehend behaupteten, staatlichen Strafanspruch durchzusetzen. Er ist insofern Vertreter des Staates, aber ein lediglich geduldeter; er ist kein Organ der Rechtspflege, kein berufener Hüter von Recht und Gerechtigkeit.

Der Staatsanwalt nimmt eine doppelte Stellung ein, Parteistellung und Amtsstellung. Was mit jener zusammenhängt, ist auch auf den Neben-Ankläger zu übertragen; denn er repräsentiert ebenfalls eine Partei. Alle Befugnisse dagegen, die der zweiten Quelle entspringen, sind dem Neben-Ankläger verschlossen; denn er hat kein Amt. Es wird freilich nicht immer leicht auseinander zu halten sein, inwieweit der Staatsanwalt als Prozeßbeteiligter und inwieweit er als Träger eines Amtes thätig wird. Es wird infolgedessen manchem Zweifel unterliegen, ob eine Vorschrift per analogiam auf den Neben-Ankläger auszudehnen sei oder nicht. Zwei Beispiele für die Behandlung der sich ergebenden Schwierigkeiten mögen angeführt werden. In beiden ist übrigens die der Analogie günstige Entscheidung schon oben (§ 13, S. 145) vorweggenommen worden.

Das eine Beispiel bietet StPO. § 286. Als richtig erscheint: Wenn eine Geschworenenbank für eine folgende Verhandlung verbleiben soll, so muß sich gleich dem Staatsanwalt auch der für die folgende Verhandlung zugelassene Neben-Ankläger damit einverstanden erklären. Versagt er seine Zustimmung, so ist Neubildung der Geschworenenbank erforderlich. Das Kriterium dafür, daß es sich hier um ein Parteirecht handelt, bildet der Umstand, daß das gleiche Vetorecht auch dem Gegner, dem Angeklagten der folgenden Verhandlung, zusteht. So kann es für die Beurteilung dieser Frage nach der Zulässigkeit der Analogie indirekt von Bedeutung werden, was der Angeklagte für Rechte hat. Niemals aber darf direkt ein für ihn gegebener Satz auf den Neben-Ankläger angewendet werden. Paßt eine Vorschrift für beide Streitteile, so ist der Grund eben der, daß die Vorschrift Parteirechte betrifft.

Einen weiteren bedenklichen Fall bietet § 394 Abs. 1. — Darf das Revisionsgericht, wenn das vorige Urteil nur wegen falscher Anwendung des Gesetzes auf die dem Urteile zu Grund liegenden

Feststellungen aufgehoben wird und weitere thatsächliche Erörterungen nicht nötig sind, auf die gesetzlich niedrigste Strafe erkennen, wenn zwar der Staatsanwalt, nicht aber der Neben-Ankläger zustimmt? Man könnte zur Bejahung geneigt sein, weil das Verhalten des Angeklagten hier offenbar ebenfalls gleichgiltig ist. Indessen, es handelt sich um eine Möglichkeit zu Gunsten des Angeklagten, von der schwerlich anzunehmen ist, daß er sich ihr widersetzen werde. Und ferner, die Wirksamkeit des Neben-Anklägers ist keineswegs darauf beschränkt, für die Feststellung der Existenz eines bestimmt gearteten Strafanspruchs einzutreten; er darf auch auf die Festsetzung des Inhalts dieses Strafanspruchs im Prozeß ebenso einzuwirken suchen, wie der Staatsanwalt. Er plädiert nicht bloß zur Schuld-, sondern auch zur Straffrage; er darf Rechtsmittel lediglich wegen des Strafmaßes einlegen, um eine höhere Strafe zu erzielen usw. Zu dieser Gruppe von Befugnissen gehört auch die fragliche im § 394. Man wird also die obige Frage verneinen müssen. Einen Unterschied, ob der Neben-Ankläger schon in der Vorinstanz thätig war oder nicht, ob er das Rechtsmittel — selbständig oder abhängig — eingelegt hat oder nicht, wird man nicht zu machen haben.

Mit der Amtsstellung der Staatsanwaltschaft hängen die Normen zusammen, die sich etwa um die folgenden Punkte gruppieren lassen, ohne daß auf eine scharfe Sonderung der einzelnen Gruppen und auf vollzählige Aufzählung Gewicht gelegt wird:

1. Die Normen, die sich mit Einzelheiten der Beamtenstellung, insbesondere mit ihrer Erlangung, beschäftigen, wie der Titel 10 des GVG.

2. Normen, die durch Rücksicht auf die Autorität der Staatsanwaltschaft als Behörde gerechtfertigt sind. Der vom Staatsanwalt in Anspruch genommene Gerichtsschreiber hat den Auftrag weiter zu geben (GVG. § 162). Der von ihm geladene Zeuge darf sich darauf verlassen, entschädigt zu werden (StPO. § 70). Die Behörden und Beamten des Polizei- und Sicherheitsdienstes müssen ihm willfahren (GVG. § 153, StPO. § 159, Satz 2).

3. Normen, die auf dem Vertrauen beruhen, das den staatlichen Beamten geschuldet wird. Gewisse Maßregeln, die in die verfassungsmäßig garantierten Rechte der Freiheit und des Eigentums tief einschneiden und die der Staat nur unter besonderen Kautelen delegiert, darf auch der Staatsanwalt vornehmen, teils

selbständig und koordiniert neben dem Richter (StPO. §§ 98, 100, 105, 127 Abs. 2, 131 Abs. 2), teils in eigenartiger Kooperation mit diesem (StPO. §§ 124 Abs. 2, 126 Abs. 1, 131 Abs. 1).

4. Normen, die die äußere Regelung des behördlichen Geschäftsganges betreffen, etwa die Besorgung von Zustellungen und Ladungen (StPO. §§ 36 Abs. 1, 213) oder die Aktenübersendung und -vermittelung (StPO. §§ 195 Abs. 1, 207, 361, 362, 454 Abs. 2, 460).

5. Insbesondere alle Normen, die zur Erleichterung gemeinsamer Aufgaben die beiden Behörden, Gericht und Staatsanwaltschaft, in näheren Verkehr bringen (einfache Zustellung nach StPO. § 41; gewisse Mitteilungen, wie § 108 a. E., § 110 Abs. 4). Typisch hierfür ist die Vereinbarung zwischen sämtlichen beteiligten Staatsanwaltschaften und Gerichten zur zweckmäßigsten Behandlung zusammenhängender Strafsachen nach StPO. § 13, Abs. 2, Satz 1[144]).

6. Normen über Gegenstände, die auf den ständigen Gang der Geschäfte zugeschnitten und von der konkreten einzelnen Strafsache unabhängig sind; namentlich über die Schöffen- und Geschworeneninstitution (Bildung und Änderung der Listen, GVG. §§ 52 Abs. 3, 53 Abs. 2, 91; Bestrafung Säumiger, GVG. §§ 56, 96).

7. Die Normen, welche die Thätigkeit der Staatsanwaltschaft vor Erhebung der öffentlichen Klage, also zu einer dem Neben-Ankläger unbedingt verschlossenen Zeit, regeln (StPO. §§ 156ff., 125 Abs. 1, 126 Abs. 1 und 2).

8. Desgleichen die Normen, die erst nach Beendigung des Prozesses sich geltend machen, insbesondere über Strafvollstreckung (GVG. § 164, StPO. §§ 483 ff.).

9. Die Normen, die der Staatsanwaltschaft Recht und Pflicht zu Verfolgungshandlungen einräumen, zunächst in Angelegenheiten, die außerhalb des eigentlichen konkreten Prozesses liegen und nur bei Gelegenheit desselben nebenbei zur Sprache kommen. So namentlich, wenn Durchsuchung, Durchsicht, Voruntersuchung oder Hauptverhandlung auf die Spuren anderer Strafthaten leiten (StPO. §§ 108 a. E., 110, Abs. 4, 189 Abs. 2, 265). Nicht nur eigentliche Strafsachen gehören hierher, sondern

[144]) Anders steht es mit § 13 Abs. 2, Satz 2, s. oben S. 143.

z. B. auch die disziplinarischen Maßregeln gegen Schöffen, Geschworene und Vertrauensmänner (GVG. §§ 56, 96), die Kostenfrage (StPO. § 501 Abs. 2), die Entscheidung über den Verfall einer Sicherheit (StPO. § 122 Abs. 2).

10. Die Normen, welche die einschlägige Verfolgungsthätigkeit, das Einschreiten wegen der in dem betreffenden Verfahren ausdrücklich zur Rede stehenden Strafthat betreffen, gehören nur zum Teil hierher. Einige von ihnen, wie die selbständige Verwendung der Zwangsmittel zur Beweissicherung, insbesondere die Anhaltung der Person des Beschuldigten durch Festnahme, Verhaftung und Steckbrief, sind oben unter anderem Gesichtspunkt (Nr. 3) bereits erwähnt. Der Hauptpunkt aber ist, daß die Staatsanwaltschaft, und nur sie, berufen ist, die Initiative zu geben; daß sie hierzu auch die Pflicht hat; womit endlich ihre Unentbehrlichkeit zusammenhängt. Der Neben-Ankläger kann zur Ausgestaltung des Verfahrens, zur Vertiefung seiner Aufgabe sehr viel beitragen; aber die Anregung zum Verfahren überhaupt kann er nicht geben. Für ihn gilt der Hauptgrundsatz des § 152 StPO., das Legalitätsprinzip, nicht. Er kann keinen der Wege, welche jener maßgebenden Initiative zur Auswahl offen stehen, selbständig einschlagen: weder Voruntersuchung erzwingen (StPO. § 176 Ziff. 1); noch Anklage erheben, der das Gericht in einer der Formen der §§ 196, 201 ff. Antwort stehen muß; noch Strafbefehl beantragen (§ 447); noch Eröffnung des objektiven Verfahrens durchsetzen (§ 477). Ebensowenig kann er natürlich nach Einstellung des Verfahrens mittels neuer Initiative es wieder in Gang bringen, wie es die Staatsanwaltschaft im Falle des § 208 Abs. 2 befristet, in dem des § 210 fristlos vermag. Besonders charakteristisch für das der Staatsanwalt reservierte Gebiet ist § 206, der ihr die Pflicht auferlegt, eventuell nachträglich eine dem Gerichtsbeschluß entsprechende Anklageschrift anzufertigen. Die Unentbehrlichkeit ihrer Initiative tritt hier mit schärfster Deutlichkeit hervor und hat zu einer im Grunde doch doktrinären Folgerung geführt. Die Analogie auf den Neben-Ankläger ist natürlich ausgeschlossen, ebenso wie die Übertragung anderer die Unentbehrlichkeit der Staatsanwaltschaft illustrierender Vorschriften (StPO. §§ 225. 377 Ziff. 5).

11. Die Normen, durch welche ganz ausnahmsweise über sonst unverrückbare Grundlagen der Gerichtsorganisation und des

Verfahrens[145]) eine Disposition eingeräumt wird: so über die sachliche Zuständigkeit (GVG. § 75 Abs. 1. a. E.), noch weiter gehend über die funktionelle Zuständigkeit (StPO. § 211 Abs. 2, GVG. § 136 Abs. 2), endlich sogar, unter Durchbrechung des Legalitäts- und des Immutabilitätsprinzips, über den Gegenstand des Strafprozesses selbst (StPO. § 451 Abs. 1).

12. Endlich diejenigen Normen, die — ganz absehend von der Parteistellung der Staatsanwaltschaft und sogar im Widerspruch mit dieser — auf eine ihr obliegende Pflicht unparteiischer Wahrung der Gerechtigkeit, die demnach eben nur aus der Amtsstellung entfließen kann, hindeuten. Hierher gehört vor allem ihr schon öfters berührtes Rechtsmittelrecht zu Gunsten des Beschuldigten und was damit zusammenhängt (StPO. §§ 338 Abs. 2. 344 Abs. 1, Satz 2. 372. 398 Abs. 2. 399, cf. 405. 413 Abs. 2). Ferner die Mitwirkung zu möglichst rascher Freisprechung im Wiederaufnahme-Verfahren (StPO. § 411 Abs. 2). Auch der Fall des § 136 Abs. 2 GVG. läßt sich wegen des Grundgedankens einer Wahrung einheitlicher Rechtsprechung durch eine Zentralisierung hierher stellen. —

Damit dürften die wesentlichsten Beziehungen erschöpft sein, in denen sich die Grenzen der Rechtsähnlichkeit zwischen der Staatsanwaltschaft und dem Neben-Ankläger verfolgen lassen.

§ 16. Das Wesen der Neben-Anklage.

Ehe wir zu der zweiten Art der Nebenklage, zur Bußeklage, weiter schreiten, halten wir einen Augenblick inne, um uns die Anschauung noch einmal zu vergegenwärtigen, die wir aus den bisherigen Erörterungen über das Wesen der ersten Art, der Neben-Anklage, gewonnen haben. Es handelt sich nur um eine Zusammenfassung der erlangten Resultate, nicht um eine Beweisführung. Die Argumente für die hier vertretene Meinung sind in den voraufgegangenen Abschnitten (§§ 12—15) gegeben.

Wir können sagen: das Resultat des Neben-Anklägers besteht in einer Summe prozessualer Befugnisse[146]), als deren

[145]) Vgl. auch StPO. § 411, Abs. 2 (Disposition über die Existenz der an sich unentbehrlichen Hauptverhandlung).

[146]) Es sind lediglich prozessuale, nicht aber materiell-rechtliche Befugnisse. Über eine gewisse Hinneigung zu anderer Auffassung oben S. 89.

Grundgedanke erscheint, daß es die gleichartigen Befugnisse sind, wie sie der Staatsanwaltschaft zustehen. Jedoch unterliegt der Grundgedanke einer dreifachen Beschränkung:

I. Es wird vorausgesetzt, daß die Staatsanwaltschaft bereits den entscheidenden Anstoß gegeben hat. Zur Initiative ist der Neben-Ankläger nicht berufen. Er ruft nicht erst durch seinen Anschluß das Gericht als den Unparteiischen an: das Gericht ist mit der Sache bereits befaßt und hat kraft Amtes zu prüfen und zu entscheiden. Der Neben-Ankläger stellt sich daher wohl mit seinem Beitritt neben den wahren und einzigen Ankläger, den Staatsanwalt, aber er erhebt keine Anklage (oder Klage), da deren wichtigstes begriffliches Moment hier fehlt[147]). Es würde in Widerspruch hiermit treten, wollte man die Zulassung der Neben-Anklage abhängig machen von einer Beweisaufnahme über die den Anschluß begründenden Punkte oder auch nur von einer Glaubhaftmachung derselben[148]). Denn damit würde man den Anschluß als Klage behandeln, obwohl doch durch ihn kein neuer Verdacht zum Ausdruck gebracht wird[149]). Auch geriete man außerdem in ein Dilemma gegenüber § 438 Abs. 1. Diese Stelle schneidet die Möglichkeit zeitraubender Ermittelungen insofern ab, als sie mit dem Recht des Anschlußbereiten auf sofortige Entscheidung[150]) in Verbindung zu bringen ist.

---

[147]) Oben § 8 A I, S. 81 f. § 9 I, S. 92. Besonders energisch wird der Mangel der Initiative betont von Stenglein, Gerichtssaal, Bd. 35, S. 271; Bd. 36, S. 169. Kommentar, Vorbemerkungen vor § 435. Desgleichen müssen zustimmen diejenigen, die mit dem Begriff der „strafprozessualen Nebenintervention" operieren, wie Bennecke S. 657, v. Kries S. 211, und teilweise Glaser II, S. 20/21.

[148]) So jedoch Isenbart und Samter, gegen die oben S. 98, Anm. 55 Stellung genommen ist, und ferner v. Kries S. 215, der dieser Behauptung keinerlei Begründung hinzufügt und sich mit ihr in einen Gegensatz zu seiner sonstigen Auffassung stellt.

[149]) So wörtlich RGer., Entsch. Bd. 8, S. 84 a. E. Dort weist das Reichsgericht eine andere Konsequenz aus der Auffassung der Neben-Anklage als Klage zurück. Es erklärt, daß der Zulassungsbeschluß des Gerichts einen wesentlich anderen Charakter habe als ein Eröffnungsbeschluß. Infolgedessen werde ein bei jenem Zulassungsbeschlusse mitwirkender Richter niemals im Sinne des § 23 Abs. 3 StPO. zum judex inhabilis für die Hauptverhandlung.

[150]) § 436 Abs. 2 StPO. RGer., Entsch. Bd. 25, S. 186. Oben S. 96, Anm. 51.

So geht denn vom Neben-Ankläger niemals der Anstoß zu neuem Vorgehen aus, und seine Einflußnahme reduziert sich auf die Möglichkeit, die Aufmerksamkeit des Gerichts innerhalb der Schranken des § 153 StPO.[151]) auf Gesichtspunkte zu lenken, die auch sonstwie (z. B. durch Hinweise unbeteiligter, mit Prozeßrechten nicht ausgestatteter Personen) dem Gericht hätten in die Augen fallen können und dann ebenfalls von Amtswegen, aus dem eigenen Recht und der eigenen Pflicht des Gerichtes, berücksichtigt werden müßten.

II. Alle aus der Amtsstellung der Staatsanwaltschaft entspringenden Befugnisse bleiben ausgeschlossen. Hierüber ausführlich oben § 15.

III. Es ist ihm nicht erlaubt, auf irgend welchen andern Gegenstand, der in dem Strafprozeß zur Erörterung und Entscheidung gelangt, hinüberzugreifen. Seine Thätigkeit bleibt streng beschränkt auf diejenige behauptete Qualität des staatlichen Strafanspruches, der er den Anschluß verdankt. Feststellung der Existenz eines so gearteten Strafanspruches und Erfüllung dieses Anspruches mit dem gemäßen Inhalt durch Festsetzung einer angemessen hohen Strafe — das sind die Ziele, für die der Neben-Ankläger kämpfen darf. Er ist dagegen ausgeschlossen, soweit es sich nicht um das Aussprechen einer Strafe handelt, sondern um die Verhängung einer polizeilichen Maßregel oder um zivilistische Folgen (wie Haftung Dritter für eine Geldstrafe). Ferner hat er, wie oben schon berührt, zum Kostenpunkt nichts zu sagen und dessetwegen keine Rechtsmittel. Ein anderer gleichzeitig verhandelter Strafanspruch geht ihn nichts an. Aber auch derselbe Strafanspruch ist ihm fremd, sofern eine andere Qualifikation in Rede steht, die mit dem Anschlußrecht nichts zu thun hat und dieses ganz unberührt läßt. Dagegen darf der Neben-Ankläger für die von ihm behauptete Qualifikation unter allen Umständen eintreten; denn ihre Vertretung ist ja der Zweck, der ihm das Leben gegeben und alle seine Befugnisse geschaffen hat. Dies kann in Fällen folgender Art zu dem Ergebnis führen, als stünde dem Neben-Ankläger ein, allerdings stark eingeschränktes, Rechtsmittelrecht zu Gunsten des Angeklagten zu. Die Anklage lautet auf Raub; der Neben-Ankläger behauptet, es sei auf Erlangung einer

---

151) Oben S. 82, Anm. 10.

Sache nicht abgesehen gewesen, somit liege einfache Körperverletzung und ein Fall des Anschlußrechtes vor[152]). Es erfolgt Verurteilung wegen Raubes. Hat hier der Neben-Ankläger ein Rechtsmittel? Ja; denn er setzt nur die Anerkennung der von ihm behaupteten Beschaffenheit des Falles durch. Er darf hier auch für die im Resultat mildere Beurteilung des Falles, niemals aber für Freisprechung eintreten.

In dem Gebrauche, den der Neben-Ankläger von seinen eben umgrenzten prozessualen Rechten machen will, ist er durchaus unabhängig von der Staatsanwaltschaft, wie sich das nach den verschiedensten Richtungen uns schon sattsam gezeigt hat. Nur die von jener gegebene Initiative bindet wie das Gericht, so auch ihn; und nicht immer ist er Herr des Rechtsmittels (vgl. S. 147). Nicht so unabhängig sind die Staatsanwaltschaft und das Gericht, da der Neben-Ankläger in jedem Augenblick ausscheidbar und entbehrlich (S. 139, 140) ist. Die erstere muß den Prozeß weiter betreiben, den der Neben-Ankläger in der höheren Instanz liegen läßt[153]). Das Gericht darf den § 431 auf ihn nicht anwenden; es muß z. B. über sein Rechtsmittel verhandeln, auch wenn er nicht erscheint, und somit werden — nur dieser Ausweg bleibt — die Anträge des ausgebliebenen Neben-Anklägers aus den Akten zu konstatieren sein[154]).

Die prozessualen Rechte des Neben-Anklägers sind unvereinbar mit anderen Rollen im Strafprozeß, bei denen die Pflichtenseite stark ins Gewicht fällt. Wie die Kollision mit der Stellung eines Zeugen oder Sachverständigen[155]) zu lösen sei, wollte § 14 zeigen. Unmöglich ist aber die Beseitigung der Kollision, wenn es sich darum handelt, ob ein Angeklagter zugleich gegenüber einem Mitangeklagten Neben-Ankläger sein kann[156]). Die Suspendierung der

---

152) Vgl. oben S. 107 Anm. 67, S. 110.

153) StPO. § 441, Abs. 2, der aber extensiv zu interpretieren ist, worüber näheres oben S 148, Anm. 132. Vgl. v. Kries, S. 737.

154) Oben S. 135, 137 zu Satz 26. Arg. StPO. §§ 440, 442. RGer., Entsch., Bd. 7 S. 376. Bd. 9, S. 224/225, unter 2 und 3.

155) Auch als Sachverständiger ist der Neben-Ankläger denkbar. Er ist zwar stets suspekt nach StPO. §§ 74, 24, Abs. 1. 22 Ziff. 1, aber nicht kraft Gesetzes ausgeschlossen.

156) Leider hat das RGer., Entsch. Bd. 22, S. 421 dies für zulässig erachtet. Die Gründe pochen darauf, daß in einzelnen Fällen, je nach den

Nebenklägerrechte kann hier nicht helfen, da der Angeklagte keine bloß episodische Rolle im Strafprozeß spielt, wie der Zeuge. Auch besteht zwischen dem Vertreter des klagenden Staates und dem Angeklagten eine fundamentale Rechtsgegensätzlichkeit, deren Mangel uns eben die Rollen des Neben-Anklägers und des Zeugen vereinbar erscheinen ließ.

Andrerseits wird zu bedenken sein, daß man dem mitangeklagten Verletzten die Wahrnehmung seiner aus § 435 StPO. sich ergebenden Rechte nicht wird verkümmern dürfen. So kann als Lösung nur die Trennung der verbundenen Strafsachen in Betracht kommen.

§ 17. Der Bußanspruch in materiellrechtlichem Sinne.

Die zweite Gestaltung der Nebenklage ist bereits insoweit erörtert, als es sich um die allgemeinen Bedingungen für den Anschluß handelt (§§ 8—10). Es sind außerdem noch besondere Voraussetzungen nötig, die der konkrete Straffall bieten muß (vgl. oben § 11, Eingang). Das auf diesen Fall anwendbare Strafgesetz muß dem Verletzten gewisse Ansprüche gegen den Schuldigen zuweisen, die als „Buße" oder „Geldbuße" bezeichnet werden. Welches sind nun die im Reichsrecht vorkommenden Bußberechtigungen? Und welches ist die Wesenheit dieser Bußberechtigungen oder Bußansprüche?

A. Die Fälle der Buße:

Sie lassen sich in vier Gruppen bringen.

I. Verleumdung und üble Nachrede. StGB. § 188 läßt für diese Fälle eine „Buße" bis zu 6000 M. zu. Es werden hierbei folgende Merkmale aufgezählt:

a) Voraussetzung ist, daß die Beleidigung nachteilige Folgen für die Vermögensverhältnisse, den Erwerb oder das Fortkommen des Beleidigten mit sich bringt.

Umständen, beide Rollen namentlich bei der Bußeklage, praktisch ganz wohl vereinbar seien. Das ist zuzugeben; daß es nicht immer zutrifft, sagt das RGer. selbst. Aber ein allgemein durchgreifender wissenschaftlicher Grund ist damit nicht vorgebracht. — Den richtigen Weg deutet das RGer. (S. 421 unten) selbst an.

b) Auf die Buße wird neben der Strafe erkannt.

c) Die Buße wird nur auf Verlangen des Verletzten zugesprochen.

d) Die Buße ist an den Verletzten (Beleidigten) zu erlegen.

e) Die erkannte Buße schließt die Geltendmachung eines weiteren Entschädigungsanspruches aus.

Die Bußberechtigung entsteht, wie aus Wortlaut und Stellung folgt, nicht in den Fällen der §§ 185. 189. Wohl aber ist sie anzunehmen, wenn §§ 186. 187 mit irgend einem andern Strafgesetz (z. B. § 95 oder § 164 StGB. oder § 153 Gew.O.) in Idealkonkurrenz tritt [157]). Die Gesetzeskonkurrenz ist, soweit nicht einfache Privilegierungen oder Qualifizierungen in Betracht kommen, auch hier anders zu behandeln (S. 109, 110); denn diese Konkurrenz hängt nicht von der konkreten Gestaltung des Einzelfalles ab, wie die Idealkonkurrenz, sondern sie ist gleichmäßig und mit begrifflicher Notwendigkeit in jedem Falle gegeben. Für die Beleidigung bieten sich freilich, soweit ich sehe, keine Beispiele in der Gesetzgebung; wohl aber für die Körperverletzung. Das Strafgesetz betrachtet hier das neue Delikt, z. B. die Notzucht, nur unter eigenartigem Gesichtswinkel, als delictum sui generis. Es verzichtet auf jede Bezugnahme auf die Körperverletzung und auf jede an diese erinnernde Benennung. Der Gesetzgeber schließt sozusagen mit Bewußtsein jede Behandlung des zusammengesetzten Sonderdeliktes nach den Regeln über die Körperverletzung aus. Diese Betrachtung gilt theoretisch ganz allgemein, auch für die Beleidigung. — Bußpflichtiger Beleidiger ist übrigens selbstverständlich auch der Mitthäter, Anstifter und Gehilfe [158]).

II. Körperverletzung. StGB. § 231 schließt sich ziemlich, aber nicht ganz genau an StGB. § 188, auch in der Höhe der Buße. Von den aufgezählten Merkmalen fehlt a; dagegen stimmen b bis e vollständig überein; es tritt weiter hinzu:

f) Mehrere zu einer Buße verurteilte Personen haften als Gesamtschuldner.

---

[157]) Vgl. oben S. 107 ff., S. 111 Anm. 74. Die genauere Begründung erfolgt unter B.

[158]) Andrer Meinung ist Binding, Grundriß des Strafr., § 98 V, S. 200. Angesichts der §§ 830—840 BGB. dürfte der Zweifel schwinden. Vgl. auch RGer.-Entsch. Bd. 7, S. 12.

Die Fälle der Körperverletzung ergeben sich zunächst aus dem XVII. Abschnitt des StGB. §§ 223 Abs. 1 und 2. 223a. 224. 225. 230 Abs. 1 und 2; wozu aus dem XXVIII. Abschnitt § 340 in seinen beiden Absätzen[159]) tritt. Es scheiden aus § 226 und § 227[160]) — soweit der Tod eines Menschen verursacht ist — weil hier (nach dem Tode des Verletzten) den Merkmalen c und d nicht mehr genügt werden kann; § 229 — weil hier an sich nur versuchte Körperverletzung vorliegt. Schließt sich im Falle des § 229 der Eintritt einer wirklichen Verletzung an, ist also ein Schaden entstanden, so ist auch der Bußanspruch vorhanden: es konkurriert dann eben § 229 mit § 223 ideell. Die Entscheidung solcher Fälle von Idealkonkurrenz ist den früheren Ausführungen entsprechend, sie unterliegt auch keinerlei Zweifeln. Durch ein Mißverständnis ist hier eine Kontroverse[161]) entstanden. Der gemeinen Meinung wird darin beizupflichten sein, daß da, wo die Körperverletzung „in einem andern Delikt aufgeht" (so Olshausen; Beispiele §§ 205, 249, 251 verbo „gemartert", 255), die Buße nicht zulässig ist; denn dies ist der typische Fall der Gesetzeskonkurrenz unter Bildung eines Sonderdelikts (oben unter I). In allen anderen Fällen (z. B. § 315 Abs. 2, Fall I; § 321 Abs. 2, Fall I;

---

[159]) § 340 stellt einfach eine qualifizierte Körperverletzung vor und ist auch als solche ausdrücklich bezeichnet. Er steht nur bestimmter Zusammenhänge wegen an anderm Ort. Daß dies nicht entscheidend sein kann, ist so einleuchtend, daß die Kontroverse über die Anwendbarkeit der Buße in diesem Fall Erstaunen wecken muß. Vgl. Olshausen, Komm. § 340 Note 7a. Sogar das RGer. hat zuerst geschwankt und hält erst seit Entsch. Bd. 12, S. 223 an der richtigen Ansicht fest. — § 207 ist überhaupt kein besonderer „Fall" der Körperverletzung.

[160]) Über § 227 besteht Streit. Nehmen wir folgende Sachlage: In einem Raufhandel, an dem X und Y beteiligt sind, findet A seinen Tod, B wird von X, C von Y verwundet. Wegen des A haben weder X noch Y Buße zu zahlen. Wegen des B hat sicher X, wegen des C sicher Y Buße zu zahlen; denn es liegt in diesen Beziehungen Idealkonkurrenz zwischen §§ 227, 223 (223a) vor. Ist aber wegen des B auch Y, wegen des C auch X pflichtig? Das dürfte zu verneinen sein, wie auch die Haftbarkeit nach neuem Zivilrecht zu verneinen ist. Läßt es sich aber nicht ermitteln, ob X oder Y oder ein anderer Beteiligter den B bezw. den C verwundet hat, so haften zivilrechtlich alle: BGB. § 830, Abs. 1, Satz 2. Diese singuläre Regelung wird aber auf § 227 StGB. nicht zu übertragen sein.

[161]) Einerseits Olshausen § 231 Note 5, und die gemeine Meinung; andrerseits z. B. v. Liszt, 9. Aufl., S. 331 Anm. 3.

§ 327 Abs. 2; § 239 Abs. 2, Fall II) steht § 223 oder § 230 möglicherweise mit den angezogenen Bestimmungen in Idealkonkurrenz, und dann ist § 73 anzuwenden und Buße zu gewähren. Notwendig ist das indessen nicht, denn die „Körperverletzung" oder „schwere Körperverletzung" in jenen Stellen ist eine objektive Bedingung höherer Strafbarkeit, die von Vorsatz oder Fahrlässigkeit nicht mit umfaßt zu werden braucht. Bezieht sich die Schuld in concreto nicht mit auf den schweren Erfolg, so liegt auch jene Konkurrenz nicht vor; es fehlt an den Verbrechenselementen der vorsätzlichen oder fahrlässigen Körperverletzung, und eine Buße kann nicht verlangt werden. Somit hat auch v. Liszt recht, wenn er sagt:

> „In allen Fällen, in welchen eine vorsätzlich oder fahrlässig herbeigeführte Körperverletzung im Sinne des § 223 [bezw. 230] vorliegt, mag sie auch nach einem anderen Abschnitte des StGB. strafbar sein, kann auf die Buße erkannt werden."

Aber — wie wohl nunmehr ersichtlich —, das ist kein Gegensatz zu Olshausen. Denn die Behauptung v. Liszts bezieht sich auf die Fälle der Idealkonkurrenz, die von Olshausen auf die Fälle der Gesetzeskonkurrenz[162]).

III. Delikte gegen das geistige Eigentum. Die einschlägigen Gesetze

betr. das Urheberrecht

an Schriftwerken, vom 11. Juni 1870, §§ 18 Abs. 4 u. 5, 43, 45, 54;

---

[162]) Richtig insbesondere Frank, Komm., Note IV vor 223. Etwas anders Binding, Grundr. II § 118, III, da er stets in derartigen Fällen Vorsatz oder Fahrlässigkeit in Bezug auf den Erfolg der Körperverletzung verlangt. Dann liegt eben durchweg qualifizierte Körperverletzung vor; folglich ist Buße immer zu gewähren. — Olshausen a. O. rangiert die Fälle z. T. nicht ganz richtig ein. § 118 enthält ebenfalls eine rein objektive Bedingung schwerer Strafbarkeit, kann folglich mit §§ 223, 230 ideell konkurrieren. In § 251 ist zu scheiden. „Marterung" ist stets vorsätzliche Körperverletzung. Raub mit Marterung eines Menschen ist also Sonderdelikt gegenüber § 223, Buße ist ausgeschlossen. Raub, bei dem durch die gegen einen Menschen verübte Gewalt eine schwere Körperverletzung desselben verursacht wird, ist ein durch eine objektive Bedingung qualifizierter Raub. Es ist also Idealkonkurrenz mit § 224 möglich, folglich auch Buße.

an Werken der bildenden Künste vom 9. Januar 1876, § 16;
an Photographien vom 10. Januar 1876, § 9;
an Mustern und Modellen vom 11. Januar 1876, § 14;
betr. das Patentrecht, vom 7. April 1891, § 37;
betr. die Gebrauchsmuster, vom 1. Juni 1891, § 11;
betr. die Warenbezeichnungen, vom 12. Mai 1894, § 18

unterscheiden sich zwar in dem Höchstmaß der von ihnen verordneten Buße (die ersten 4 Gesetze 6000 M., die 3 letzten 10000 M.), lauten aber im übrigen unter Hervorhebung der oben unterschiedenen Merkmale völlig gleich dahin:

a) Statt jeder aus diesem Gesetz entspringenden Entschädigung
b) kann auf Verlangen des Beschädigten
c) neben der Strafe
d) auf eine an ihn zu erlegende Buße[163]) von .... erkannt werden.
e) Für diese Buße haften die zu derselben Verurteilten als Gesamtschuldner.
f) Eine erkannte Buße schließt die Geltendmachung eines weiteren Entschädigungsanspruches aus.

Um zunächst den rein zivilistischen Anspruch auf Entschädigung, für den der Bußanspruch eintritt, zu illustrieren, haben wir aus den einzelnen Gesetzen noch folgende Bestimmungen heranzuziehen:

1. Das Gesetz über Urheberrechte an Schriftwerken normiert die Entschädigungspflicht in folgender Weise.

> (§ 18, Abs. 1.) Wer vorsätzlich oder aus Fahrlässigkeit einen Nachdruck in der Absicht, ihn innerhalb oder außerhalb des Reiches zu verbreiten, veranstaltet, ist den Urheber oder dessen Rechtsnachfolger zu entschädigen verpflichtet ....
>
> (§ 19.) Darüber, ob ein Schaden entstanden ist, und wie hoch sich derselbe beläuft ..... entscheidet das Gericht unter Würdigung aller Umstände nach freier Überzeugung.
>
> (§ 20, Abs. 1.) Wer vorsätzlich oder aus Fahrlässigkeit einen andern zur Veranstaltung eines Nachdrucks ver-

---

[163]) Das Gesetz über das Urheberrecht an Schriftwerken verwendet statt dessen den Ausdruck „Geldbuße". Die übrigen Urhebergesetze verweisen lediglich auf jenes erste.

anlaßt, ... ist den Urheber oder dessen Rechtsnachfolger zu entschädigen verpflichtet, und zwar selbst dann, wenn der Veranstalter des Nachdrucks nach § 18 nicht .... ersatzverbindlich sein sollte.

(§ 20, Abs. 3.) .... die Ersatzverbindlichkeit der übrigen Teilnehmer am Nachdruck richtet sich nach den allgemeinen gesetzlichen Vorschriften.

(§ 25, Abs. 1.) Wer vorsätzlich Exemplare eines Werkes, welche den Vorschriften des gegenwärtigen Gesetzes zuwider angefertigt worden sind, innerhalb oder außerhalb des Reiches gewerbemäßig feilhält, verkauft oder in sonstiger Weise verbreitet, ist nach Maßgabe des von ihm verursachten Schadens den Urheber oder dessen Rechtsnachfolger zu entschädigen verpflichtet ....

(§ 25, Abs. 3.) Der Entschädigungspflicht .... wegen Verbreitung unterliegen auch der Veranstalter und Veranlasser des Nachdrucks, wenn sie nicht schon als solche entschädigungspflichtig .... sind.

(§ 30.) Sind technische Fragen, von welchen .... der Betrag des Schadens .... abhängt, zweifelhaft oder streitig, so ist der Richter befugt, das Gutachten Sachverständiger einzuholen.

(§ 31, Abs. 1.) In allen Staaten des Reiches sollen aus Gelehrten, Schriftstellern, Buchhändlern, und anderen geeigneten Personen Sachverständigen-Vereine gebildet werden, welche auf Erfordern des Richters Gutachten über die an sie gerichteten Fragen abzugeben verpflichtet sind.

(§ 33, Abs. 1.) .... die Klage auf Entschädigung wegen Nachdrucks, einschließlich der Klage wegen Bereicherung (§ 18), verjähren in 3 Jahren.

(§ 34, Abs. 1.) .... die Klage auf Entschädigung wegen dieser Verbreitung (§ 25) verjähren ebenfalls in 3 Jahren.

(§ 38, Abs. 1.) Die allgemeinen gesetzlichen Vorschriften bestimmen, durch welche Handlungen die Verjährung unterbrochen wird.

(§ 38, Abs. 2.) Die Einleitung des Strafverfahrens

unterbricht die Verjährung der Entschädigungsklage nicht . . . . . .

(§ 54, Abs. 1.) Wer vorsätzlich oder aus Fahrlässigkeit ein dramatisches, musikalisches oder dramatisch-musikalisches Werk vollständig oder mit unwesentlichen Änderungen unbefugter Weise öffentlich aufführt, ist den Urheber oder dessen Rechtsnachfolger zu entschädigen verpflichtet . . . . .

(§ 55, Abs. 1.) Die Entschädigung, welche dem Berechtigten im Falle des § 54 zu gewähren ist, besteht in dem ganzen Betrage der Einnahme von jeder Aufführung ohne Abzug der auf dieselben verwendeten Kosten.

Die neuere Reichsgesetzgebung hat in materieller und formeller Richtung mehrfach auf die mitgeteilten Sätze eingewirkt. Nach der materiellen Richtung ist zu sagen: Jeder Teilnehmer im weitesten strafrechtlichen Sinne haftet auf Entschädigung und kann demnach auch im Wege der Bußeklage belangt werden, sofern nur „die allgemeinen gesetzlichen Vorschriften" (§ 20, Abs. 3 cit.) ihn verbindlich machen. Hier greifen nunmehr §§ 830—832, 839—841 BGB. ein. Die Verjährungsdauer befindet sich grundsätzlich in Übereinstimmung mit BGB. § 852, die Unterbrechung der Verjährung richtet sich gemäß § 38 Abs. 1 cit. nach BGB. § 208 ff., wobei jedoch § 38 Abs. 2 cit. unberührt bleibt. Worin der Schadensersatz zu bestehen habe, sagt das Nachdrucksgesetz nur in § 55, im übrigen werden jetzt §§ 249—252, 253, 276 ff., 284 ff. BGB. zu beachten sein. Alle diese Sätze wirken notwendig auch auf Zulässigkeit, Umfang und Inhalt der Bußeklage ein; denn die Buße steht an Stelle der Entschädigung. Wo diese nicht zu erlangen ist, wird auch jene versagt; und wo diese beschränkt und modifiziert wird, teilt jene in parallelem Lauf das gleiche Schicksal. Nach der formellen Richtung ist die außergewöhnlich freie Stellung des Richters bei der Bildung seiner Überzeugung und der Heranziehung von Hilfsmitteln zu dieser Bildung zu betonen. Aber die Vorschriften in §§ 19, 30 cit. haben die Natur von Sondervorschriften verloren und sind verschlungen von der allgemeinen Norm für Schädensprozesse überhaupt in § 287 ZPO.:

Ist unter den Parteien streitig, ob ein Schaden entstanden sei, und wie hoch sich der Schaden oder ein zu ersetzendes Interesse belaufe, so entscheidet hierüber das

Gericht unter Würdigung aller Umstände nach freier Überzeugung. Ob und inwieweit eine beantragte Beweisaufnahme oder von Amtswegen die Begutachtung durch Sachverständige anzuordnen sei, bleibt dem Ermessen des Gerichts überlassen. . . . . .

Von den Bestimmungen des Nachdrucksgesetzes bleibt hiernach nur das Institut der Sachverständigen-Vereine (§ 31 cit.) als ein eigenartiger Behelf für den nach Anhalt suchenden Richter.

2. Das Bemerkte gilt auch für den Bereich der Gesetze vom 9., 10 und 11. Januar 1876, da die mitgeteilten Vorschriften des Gesetzes über Schriftwerke auch Anwendung finden „auf die Nachbildung von Werken der bildenden Künste", „auf das ausschließliche Nachbildungs- und Vervielfältigungsrecht des Verfertigers photographischer Werke" und „auf das Urheberrecht an Mustern und Modellen" (§ 16, § 9 und § 14 der genannten Gesetze). Nur über die Zusammensetzung der Sachverständigen-Vereine sind besondere Regeln aufgestellt (§ 16 Abs. 2, § 10 und § 14 Abs. 2 der genannten Gesetze).

3. Aus dem Patentgesetze laufen konform folgende Vorschriften:

> (§ 35, Abs. 1.) Wer wissentlich oder aus grober Fahrlässigkeit den Bestimmungen der §§ 4 und 5 zuwider eine Erfindung in Benutzung nimmt, ist dem Verletzten zur Entschädigung verpflichtet.
>
> (§ 39.) Die Klagen wegen Verletzung des Patentrechts verjähren rücksichtlich jeder einzelnen dieselbe begründenden Handlung in drei Jahren.

Des Teilnehmers ist weder strafrechtlich noch zivilistisch gedacht. Für ihn gelten ohne weiteres die „allgemeinen gesetzlichen Vorschriften", d. h. aus StGB. die §§ 47—49, aus dem BGB. die §§ 830 ff. Desgleichen sind aus dem Zivilrecht die ergänzenden Vorschriften über Art des Schadensersatzes, Unterbrechung der Verjährung u. s. w. heranzuholen. Die freie Stellung des Richters gegenüber der Schadensfrage bedurfte angesichts der ZPO. keiner speziellen Normierung. Die Sachverständigen-Vereine sind nicht aufgenommen. Statt ihrer ist das Patentamt zu fungieren verpflichtet (§§ 73, 18), jedoch nur aushilfsweise, nämlich „sofern in dem gerichtlichen Verfahren von einander abweichende Gutachten mehrerer Sachverständiger vorliegen".

4. Das Gebrauchsmustergesetz lautet in § 9:

Wer wissentlich oder aus grober Fahrlässigkeit den Bestimmungen der §§ 4 und 5 zuwider ein Gebrauchsmuster in Benutzung nimmt, ist dem Verletzten zur Entschädigung verpflichtet.

Die Klagen wegen Verletzung des Schutzrechtes verjähren rücksichtlich jeder einzelnen dieselbe begründenden Handlung in drei Jahren.

Das Vorbild des Patentgesetzes ist deutlich. Die vorher gemachten Bemerkungen gelten auch hier. Das Patentamt wird aber der Richter nicht anrufen können, da es zwar im Gebrauchsmustergesetz als bestehende Einrichtung vorausgesetzt wird und ihm auch Verrichtungen zugewiesen werden, da jedoch nach § 18 Pat. Ges. nur eine Verpflichtung für dasselbe existiert, „über Fragen, welche Patente betreffen, Gutachten abzugeben".

5. Ganz ähnlich ist endlich das Warenzeichengesetz, das wiederum das Patentamt zu Obergutachten verpflichtet. Hierher gehören:

(§ 11.) Das Patentamt ist verpflichtet, auf Ersuchen der Gerichte über Fragen, welche eingetragene Warenzeichen betreffen, Gutachten abzugeben, sofern in dem gerichtlichen Verfahren von einander abweichende Gutachten mehrerer Sachverständiger vorliegen.

(§ 14 Abs. 1.) Wer wissentlich oder aus grober Fahrlässigkeit Waren oder deren Verpackung oder Umhüllung .... mit dem Namen oder der Firma eines Anderen oder mit einem nach Maßgabe dieses Gesetzes geschützten Warenzeichen widerrechtlich versieht, oder dergleichen widerrechtlich gekennzeichnete Waren in Verkehr bringt oder feilhält, ist dem Verletzten zur Entschädigung verpflichtet.

(§ 15.) Wer zum Zwecke der Täuschung in Handel und Verkehr Waren oder .... mit einer Ausstattung, welche innerhalb beteiligter Verkehrskreise als Kennzeichen gleichartiger Waren eines Andern gilt, ohne dessen Genehmigung versieht, oder wer zu dem gleichen Zwecke derartig gekennzeichnete Waren in Verkehr bringt, oder feilhält, ist dem Verletzten zur Entschädigung verpflichtet. ....

Über die Verjährung enthält das Warenzeichengesetz keine Bestimmung; es kommen demnach die Vorschriften des bürgerlichen Rechts, insbesondere also auch die Fristabstufungen des § 852 BGB. zur Anwendung.

IV. Unlauterer Wettbewerb. Das Gesetz v. 27. Mai 1896 hält im § 14 ebenfalls an einem Höchstbetrag der Buße von 10000 M. fest und formuliert die Merkmale b bis f im Einklang mit den unter III (S. 168) aufgeführten Bestimmungen. Des Merkmals a dagegen — daß die Buße an Stelle der Entschädigung stehe — geschieht hier (vgl. auch oben II) keine Erwähnung. Doch stellt das Gesetz vier Schadensersatzansprüche zu Gunsten beeinträchtigter Gewerbetreibender, nicht dagegen zu Gunsten der in § 1 Abs. 1 a. E. genannten Verbände zur Förderung gewerblicher Interessen, auf: wegen lügnerischer unlauterer Reklame (§ 1 Abs. 2), wegen Geschäfts- oder Kreditgefährdung (§ 6), wegen Namensmißbrauches (§ 8), wegen Verrates von Geschäftsgeheimnissen (§ 9). Daneben kennt das Gesetz zivilrechtliche Ansprüche auf gewisse Unterlassungen. Die Voraussetzungen für die beiden Arten zivilistischer Ansprüche sind weder unter einander, noch mit den Vorbedingungen für die staatlichen Strafansprüche in genauer Übereinstimmung. Sie sind zudem in gleicher Weise wie die unter III. erörterten Rechtsverhältnisse der Ergänzung durch das BGB. bedürftig. Die Verjährung ist in § 11 huj. leg. abweichend dahin geordnet:

> Die .... Ansprüche .... verjähren in 6 Monaten von dem Zeitpunkte an, in welchem der Anspruchsberechtigte von der Handlung und von der Person des Verpflichteten Kenntnis erlangt; ohne Rücksicht auf diese Kenntnis in 3 Jahren von der Begehung der Handlung an.
>
> Für die Ansprüche auf Schadensersatz beginnt der Lauf der Verjährung nicht vor dem Zeitpunkt, in welchem ein Schaden entstanden ist.

Von den im Wettbewerbgesetz geschaffenen Strafthaten scheidet eine aus unserer Betrachtung aus, die Übertretung des § 5: Zuwiderhandlung gegen Bundesratsbeschlüsse über den Einzelverkehr mit gewissen Waren. Hier wird reines polizeiliches Unrecht geahndet, Verletzung oder Gefährdung von Rechtsgütern steht nicht im Spiel. Es giebt daher hier keinen Verletzten, der Schadensersatz oder Buße verlangen könnte. Dementsprechend ist die Strafthat auch Offizialdelikt und nicht nur auf Antrag verfolgbar (§ 12).

— Es bleiben folgende Straffälle, die auch zu Erkennung von Buße führen können: 1. unlautere Reklame (§ 4)[164]), und zwar lügnerische und in Täuschungsabsicht vorgenommene; 2. verleumderische Geschäfts[165])-Gefährdung (§ 7); 3. Verrat von Geschäftsgeheimnissen und Verwertung der durch fremden Verrat erlangten (§§ 9, 10).

V. Die Landesgesetzgebung darf auf dem ihrer materiell-strafrechtlichen Legislation unterliegendem Gebiete neue Fälle der Buße schaffen. Das wäre allerdings verboten, falls die Buße, wenn auch nur teilweise, als Strafe aufzufassen wäre. Denn alsdann stellte sie eine eigene und in § 5 Einf.-Ges. z. StPO. nicht aufgezählte Strafart[166]) dar. Die Buße ist aber, worauf sogleich einzugehen sein wird, ein „rein zivilistisches Institut" [167]). Es ist nicht außerdem zu verlangen, daß die Fälle auch dem landesrechtlichen Gebiete strafprozessualer Legislation unterfallen; denn StPO. §§ 443 ff. bieten ein allgemeines Schema für alle Fälle der Buße, gleichviel welchen Ursprungs.

B. Das Wesen der Buße.

Ob die Buße ein pönales Moment an sich habe, ist eine Zeitlang kontrovers gewesen. Die Streitfrage darf heute im negierenden Sinne als abgeschlossen gelten. Die Buße ist Entschädigung und nur Entschädigung, in erster Linie für materiellen, in zweiter auch für immateriellen Schaden. An dieser in der

[164]) Ein entsetzlich kompliziertes Delikt. Es erfordert 7 Thatbestandsmomente, von denen das eine wieder in 11 facher Alternative erscheinen kann.

[165]) nicht aber Kredit-Gefährdung. Diese Abweichung von der Parallele zu § 6 huj. leg. wird durch § 187 StGB. erklärlich.

[166]) Die Buße würde nicht unter die „Geldstrafe" einbezogen werden können, wie Olshausen Note 7 ad h. l. meint. Denn, abgesehen von den Gründen, die uns hindern, sie unter die Strafen einzureihen, spricht gegen die Auffassung als Geldstrafe, daß die Buße weder in ihrem Mindestbetrag sich nach § 27 StGB. richtet, noch eine Umwandlung in Freiheitsstrafe nach §§ 28, 29 StGB. gestattet. Unanwendbar erscheinen außerdem u. a. § 7, § 44, Abs. 1, § 60, § 233 („der Art nach mildere Strafe") StGB.

[167]) So Binding, Handb. I, S. 325. Die Frage des Textes wird ebenso entschieden von v. Liszt, Lehrb., 10 Aufl., S. 252/253. Bennecke, Lehrb. des Str.Proz., S. 146, Anm. 3. Vgl. dazu Reinhardt, Geldstrafe und Buße, Diss., Halle, 1890, § 16, der auch auf die französische Fassung des hier betroffenen § 5 els.-lothr. Feldpolizeiges. eingeht.

Praxis des Reichsgerichts längst konstant vertretenen, wie in der Theorie jetzt fast ausnahmslos angenommenen Meinung halte ich ebenfalls mit Entschiedenheit fest. In der Begründung sehe ich von Bezugnahmen auf die Entstehungsgeschichte der einzelnen Bestimmungen ab[168]) und lege alles Gewicht auf Wortlaut und Zusammenhang der Quellenstellen selbst.

I. Wäre die Buße ausschließlich Strafe, oder wäre sie neben der Aufgabe der Entschädigung auch nur zugleich von pönaler Tendenz getragen, so müßten ihr die begrifflichen Eigenschaften der Strafe anhaften[169]). Sie müßte also ein über den Verbrecher von den Organen der Strafrechtspflege verhängtes Übel sein, das ihn um seiner persönlichen Schuld willen treffen soll. Das stimmt nach allen Richtungen nicht.

1. Die gezahlte Buße fließt in die Tasche des Verletzten; sie ist also jedenfalls bestimmt, diesem ein Gut zuzuführen (eine Wunde zu heilen). Dies würde freilich nicht ausschließen, daß sie gleichzeitig dem Missethäter eine Einbuße an Rechtsgütern auferlegen (eine Wunde schlagen) soll[170]), und neben einer Freiheitsstrafe würde dann eine Buße mit solchem Doppelantlitz ihren wohlverständlichen Sinn haben. Aber es ist möglich, und vor allen Dingen ist sie darauf berechnet, daß sie neben der Geldstrafe eintritt. Und das ist von diesem Standpunkt unerklärlich. Wenn nur auf die Buße erkannt würde, das ginge noch. Aber daß neben ihr, die doch schon ein Strafübel enthält, stets auch noch auf wenigstens 3 Mark Geldstrafe erkannt werden muß, erscheint als unbegreiflich, überflüssig und über den Strafzweck hinausschießend.

---

168) Darüber, was aus der Entstehungsgeschichte zu folgern sei, bestehen entgegengesetzte Meinungen, vgl. Wächter, Die Buße bei Beleidigungen und Körperverletzungen, Leipzig 1874, §§ 2 und 3 — und andrerseits Reinhardt, a. O., S. 15/16, der mit Recht auf das Amendement Lasker (zu StGB. § 188) entscheidendes Gewicht legt. Zum Nachdrucksgesetz äußern sich im gleichen Sinne Dambach, v. Holtzend. Handb., B. 3, S. 1040/1041 und van Calker, Delikte gegen das Urheberrecht, S. 291.

169) Hierzu v. Liszt, Lehrb., 10. Aufl., § 58. Binding, Grundriß I, 5. Aufl., § 87. Merkel, Lehrb., § 65. Liepmann, Einleitung S. 188 ff.

170) Sie wäre eben dann eine sog. Privatstrafe. Ob solche nach Reichsrecht noch existieren, mag hier als nebensächlich dahingestellt bleiben. Vgl. Binding, Handb., Bd. I, S. 330. Gierke, Deutsches Privatrecht Bd. I, S. 337.

Daß der Verletzte nach freier Willkür, die sich in seinem Strafantrage und dessen Zurücknahme ausspricht, die strafende Thätigkeit des Staates anregen oder hemmen kann, daß also Sein oder Nichtsein der Strafe von seinem Belieben abhängt — das sind wir ja gewöhnt. Aber welchen Sinn soll es haben, daß dieser schon so maßgebende Verletzte nun außerdem durch eine zweite freie Willkür, die sich in seinem Bußverlangen und dessen Zurücknahme ausspricht, über die Anwendung der „Buße" genannten Strafe besonders befindet? Soll der Richter in der Handhabung gerade dieses Strafmittels beschränkt sein, während er die weit wichtigere Wahl zwischen den sonstigen Strafmitteln — Gefängnis, Haft, Geldstrafe — freibehält? Alles das ist nur erklärlich, wenn der Zweck, eine Wunde zu schlagen, bei der Verwendung der Buße überhaupt keine Rolle spielt.

2. Eine Strafe im Rechtssinne wird durch die Organe der Rechtspflege verhängt. Bei dem „Verhängen" ist der Ausspruch, das Urteil der minder bedeutsame Teil; auf ihn Gewicht legen, hieße, die im Zivilprozeß wegen einer unerlaubten Handlung erkannten Rechtsfolgen der Strafe bedenklich nahe bringen. Das Wesentliche ist der Vollzug der Strafe. Gerade die Strafvollstreckung soll den Verbrecher die schwere Hand der staatlichen Rechtsordnung empfinden lassen und ihn unter die Macht des Gesetzes beugen. Die Durchführung der Buße liegt aber völlig in der Hand des Verletzten (StPO. § 495), der zu energischer Betreibung nicht verpflichtet ist und mit dem Verbrecher über die „Strafe" paktieren kann. Zahlt der Verbrecher nicht und ist nichts von ihm zu erlangen, so ist vollends das Übel illusorisch. Gerade um die Natur der Strafe aufrecht zu erhalten und die staatliche Reaktion gegen das Verbrechen nicht der Lächerlichkeit verfallen zu lassen, brauchen wir für den Unvermögensfall ein Ersatzmittel der Geldstrafe. Davon ist aber wiederum bei der Buße keine Rede.

3. Die Strafe soll das persönliche Verschulden des Verbrechers treffen, sich diesem anpassen. Die Größe der Schuld, die Intensität der Pflichtwidrigkeit geben das wichtigste Prinzip für die Ausmessung ab. Dabei sind die ganze Persönlichkeit des Thäters, sein Charakter, seine Neigungen, seine Gesinnung gegen den Verletzten, sein Vorleben, frühere Strafen, seine Vermögenslage zu berücksichtigen. Nichts von alledem bei der Buße. Ledig-

lich die Größe des angerichteten Schadens, die bei der Strafzumessungsaufgabe — soweit nicht der Schaden auch nach Art und Höhe als vorausgesehen oder pflichtwidrig nicht vorausgesehen erscheint — nur eine ganz untergeordnete Rolle zu spielen hat, gibt hier Maß und Ausschlag. Daran kann vor allem bei den unter A III und IV erörterten Gesetzen, die typisch die Wendung gebrauchen „statt jeder Entschädigung" (Merkmal a), kein Zweifel sein[171]. Noch weiter wird dem Richter die freie Bewegung innerhalb des Strafrahmens abgeschnitten, da nicht das gesetzliche Höchstmaß, sondern ein vom Belieben des Verletzten diktierter Maximalbetrag nach StPO. § 445 Abs. 2 die Grenze abgiebt, bis zu der der Richter gehen darf.

Mit dem sonst obwaltenden freien Ermessen des Richters stimmt es schlecht, daß er, wie schon berührt, nicht sagen darf: an der Buße ist es Übels genug, ich verhänge sie als einzige Strafe. Dies kann zur Kürzung des Bußberechtigten führen. Hält der Richter in ernster Auffassung seiner Strafzumessungsaufgabe es für die zutreffende Ahndung, daß der Thäter eine Einbuße von 300 M. erleide, und beträgt andererseits der dem Verletzten zugefügte Schaden gerade 300 M., so dürfte der Richter, um gerecht zu sein, nur 3 M. Geldstrafe + 297 M. Buße verhängen. Der Bußberechtigte bekäme also 3 M. zu wenig, und zwar ohne Aussicht auf Reparierung, da er nun nicht mehr zivilrechtliche Ersatzansprüche erheben darf. Man könnte helfen wollen indem man sagte, die Buße sei nur ein fakultatives Strafmittel, der Richter möge also auf 300 M. Geldstrafe erkennen und im übrigen den Verletzten auf den Zivilrechtsweg verweisen. Indessen in diesem Sinne ist das „kann" der unter A aufgezählten Gesetze nicht zu verstehen. Wenn auch Näheres erst später ausgeführt werden kann, so ergiebt doch der Zusammenhang der materiellrechtlichen und prozessualen Bestimmungen über die Buße, daß der Richter dem Bußverlangen nur dann ausweichen darf, wenn er eine Verzögerung des Strafprozesses befürchtet.

Endlich ist es vom Begriff der Strafe unzertrennlich: so viel Schuldige, so viele Strafen. Mit diesem Grundsatz ist es unvereinbar, daß die Buße nie Einzelschuld jedes Beteiligten und mehrfach zu entrichten ist, sondern eine Gesamtschuld aller Be-

---

171) Vgl. Stenglein, Nebengesetze, Note 4 zu § 37 des Pat.-Ges.

teiligten darstellt und nur einmal gezahlt wird. Mit unverkennbarer Deutlichkeit springt hier in die Augen: daß der Thäter durch die Buße ein Übel erleide, ist minder wichtig, als daß sich der Verletzte durch sie nicht bereichere.

Eine Konsequenz aus der Auffassung der Buße als Strafe wäre noch die folgende. Unser Strafrecht folgt dem Satze: für eine Handlung nur eine Strafe! Selbst wenn diese Handlung die Thatbestandselemente mehrerer Verbrechen in sich schließt, stellt sie doch eine einheitliche Episode im Leben des Thäters dar und ist nur mit einer Strafe zu belegen, deren Maß überdies nicht aus einer Kombination der verschiedenen Strafrahmen gewonnen werden darf. Konkurriert nun ein bußfähiges Delikt mit einem andern ideell, und ist dieses andere das schwerere, so dürfte niemals eine Buße verhängt werden. Dieser Schluß wäre zu ziehen, wenn der Buße auch nur ein Partikelchen von Strafe anhaftete. Der Kreis der Bußefälle würde hiermit ganz erheblich eingeschränkt. Nur wenn die Buße rein und vollständig Nichtstrafe ist, kann sie stets bei Idealkonkurrenz zugebilligt werden (oben A II)[172]).

II. Wenn die Buße nicht Strafe ist, so ist sie Entschädigung[173]). Aber warum steht sie dann bei Beleidigung und Körperverletzung im Strafgesetzbuche? und warum ist sie limitiert, sei es auf 6000 M., sei es auf 10000 M.[174]).

Auf die erste Frage ist zu sagen: Wenn wir heute das StGB. und die StPO. neu zu machen hätten, so würden wir

[172]) Nur bei dieser Auffassung können ferner wegen einer Handlung mehrere Bußen verhängt werden, nämlich so viele als Verletzte da sind, Binding, Grundr. d. St. P. § 98 III 2.

[173]) Ein Drittes kommt nicht in Frage. Präventivmaßregel ist sie nicht denn sie hat ihren Rechtsgrund in der Vergangenheit, nicht in der Zukunft v. Weinrich, Die Haftpflicht wegen Körperverletzung und Tötung, 1883 S. 128—130 hat die Buße als Zwangsabfindung bezeichnet. Dem widerspricht das Merkmal c. Es stimmt nicht, wenn v. Weinrich sagt: „An die Stelle der Willenserklärung der widerstrebenden Partei tritt die Erklärung des vom Staat dazu berufenen Organs". Widerstrebt die Partei, so wird sie auch ihren Bußantrag nach § 444 Abs. 2 StPO. zurücknehmen.

[174]) Dies sind die wichtigsten Argumente der Gegner, mögen sie nun im einzelnen Anhänger der „Straftheorie" oder der „gemischten Theorie" sein Kein Gewicht kann gelegt werden auf das Negativum, daß das sonst stets erwähnte Merkmal a in dem einen Falle des § 231 StGB. fehlt (Merkel

ein besonderes Institut der Buße in ersterem nicht mehr schaffen. Aber 1870 gab es weder BGB. noch ZPO. Wenn der Gesetzgeber dem Verletzten, insbesondere im Punkt des inmateriellen Schadens, zu Hilfe kommen wollte, so mußte er wohl oder übel den eingeschlagenen Weg wählen.

Der zweite Punkt klärt sich unschwer auf, wenn wir bedenken, daß die Durchsetzung des Schadensanspruches im Strafverfahren vornehmlich ein Privileg zu Gunsten des Verletzten ist. Zwar hat auch der Angeklagte im allgemeinen die Vorteile minderer Kosten davon; dennoch ist seine Lage im Strafprozeß unstreitig eine minder angenehme als im Zivilverfahren. Auch wird der Strafrichter eher zu einer summarischen Behandlung der Schadensfrage neigen. Diesen Gefahren soll der Angeklagte nicht bei jedem Betrage ausgesetzt sein. Die Ziehung der Grenze freilich ist durchaus willkürlich. Aber daß sie gezogen wird, ist Rücksichtnahme auf die Interessen des Angeklagten.

III. Die gewonnene Auffassung der Buße bleibt indessen nicht nur auf dem bisher eingeschlagenen Wege negativer Beweisführung als letzte mögliche Alternative übrig. Sie ist auch positiv an der Hand der oben hervorgehobenen Merkmale a bis f ohne Schwierigkeit zu begründen. Dabei zeigt sich, daß neben dem wichtigsten, dem materiellen Moment — **Wesen der Buße als Schadensersatz** — noch zwei formale Momente, von denen eines bereits früher (S. 126) gestreift wurde, in Betracht zu ziehen sind: **Durchsetzbarkeit des Anspruchs im Strafprozesse** und **Höchstpersönlichkeit des Anspruchs**.

1. Am klarsten liegt die Sache für die Gesetze unter A III. Die Merkmale unter a, c, e sind nicht anders zu verstehen[175]).

Lehrbuch, S. 235). — Die sprachliche Seite der Sache möchte ich nicht besonders betonen. Davon, daß sie für die Gegner spräche, kann keine Rede sein. **Buße** und **büßen** stehen zu **baß** und **besser**. Eigentliche Bedeutung von **büßen** ist: flicken, bessern, gutmachen, heilen, befriedigen. Vgl. „Lücken der Mauern büßen" Nehemia 4,5. „Krankheiten büßen" im Volksmunde (= besprechen). „Lust büßen" Psalm 78,29. 30. Ferner **Zubuße** (Zuschuß, um einen Verlust wett zu machen), **Lückenbüßer**, **Altbüßer** (= Flickschuster), **Bußseite**, **Bußstück** (linke Seite des Hutfilzes, Flickstück bei den Hutmachern).

[175]) Unterstützend tritt b hinzu; denn was „**neben**" der Strafe steht, ist nicht selbst Strafe.

Es handelt sich um ein dem Verletzten zustehendes und seiner Disposition unterliegendes Recht. Sein Wollen oder Nichtwollen ist für die Verurteilung maßgebend. Er ist der Destinatär der gezahlten Summe. „Weitere" Entschädigungsansprüche sind alsdann ausgeschlossen. Demnach ist das bisher Geltendgemachte ebenfalls ein Entschädigungsanspruch. Nur durch die formale Seite ist er geschieden von der sonstigen „aus dem Gesetz entspringenden Entschädigung". Es wird also vorausgesetzt, daß ohnehin, auch wenn man nicht den Weg der Buße eingeschlagen hätte, der gleiche Schadensersatz zu erlangen gewesen wäre. Der Verletzte hätte ebensogut im Zivilprozeß vorgehen können. Beide Prozesse stehen ihm zur Wahl: was er aber erlangt, ist immer das Gleiche.

Die Möglichkeit, das Bußeverlangen durchzusetzen, hängt also zunächst davon ab, ob überhaupt ein Schaden entstanden ist; dann davon, ob dieser Schaden vom Angeschuldigten zu ersetzen oder nicht vielmehr vom Verletzten selbst ganz oder teilweise zu tragen ist[176]); ferner davon, ob nicht besondere Voraussetzungen[177]) für die Entstehung des Anspruchs vorliegen müssen oder besondere Gegenrechte[178]) geltend gemacht werden dürfen; endlich davon, ob nicht der Anspruch durch Befriedigung oder andere Tilgungsgründe bereits wieder aus der Welt geschafft oder durch Zeitablauf[179]) verloren gegangen ist.

---

[176]) BGB. § 254: konkurrierendes Verschulden des Beschädigten. Ob diese Bestimmung auf die Ersatzansprüche aus verletzten Urheberrechten auch anzuwenden ist, werden in erster Linie die Vertreter des Zivilrechts zu entscheiden haben.

[177]) Ein Beispiel bietet § 95 des Unfallversicherungs-Gesetzes vom 6. Juli 1884:

> Die nach Maßgabe dieses Gesetzes versicherten Personen .... können einen Anspruch auf Ersatz des in Folge eines Unfalls erlittenen Schadens nur gegen diejenigen Betriebsunternehmer, Bevollmächtigten oder Repräsentanten, Betriebs- oder Arbeiteraufseher geltend machen, gegen welche durch strafgerichtliches Urteil festgestellt worden ist, daß sie den Unfall vorsätzlich herbeigeführt haben.

Hierzu das klare und entschiedene Urteil des RGer. Bd. 24, S. 397f.

[178]) Wie die exceptio cedendarum actionum im BGB. § 255.

[179]) Über die Wirkung der Verjährung sind vielfach andere Meinungen geäußert, vgl. Stenglein (eigentlich Appelius), Nebengesetze, 2. Aufl.,

Falsch wäre es zu sagen, die Buße setze den Nachweis eines Vermögensschadens voraus. So hat man freilich vielfach früher, als die Kontroverse erst auftauchte, formuliert, und, manche Gegner der hier vertretenen Auffassung thun sich auch jetzt noch daran genug, diese Formel zu bekämpfen. Es stecken jedoch zwei Unrichtigkeiten in der Behauptung, es sei der Nachweis eines Vermögensschadens erforderlich.

Erstens ist es unrichtig, daß nur der Schaden am Vermögen abgegolten wird; vielmehr ist, soweit das Zivilrecht dies nicht ausschließt, auch die Einbuße an immateriellen Rechtsgütern zu heilen und auszugleichen, etwa die Beeinträchtigung geschäftlichen und gesellschaftlichen Ansehens, verminderte Aussichten auf ein, wenn auch nur mit Erhöhung des Ranges, nicht des Gehaltes, verbundenes Aufrücken in der amtlichen Laufbahn u. dgl. Insbesondere gehören bei der Körperverletzung die gemeinrechtlich anerkannten Schmerzensgelder, die Entschädigung für verkümmerte Heiratschancen, sowie auch die „cicatricium aut deformitatis aestimatio“[180]) hierher. Auf diesem Standpunkt steht heute die herrschende Meinung und voran mit immer wachsender Entschiedenheit das Reichsgericht[181]). Will man die zuletzt an Beispielen gezeigte Funktion der Buße mit dem Namen „Genugthuung“ oder

---

S. 108, Note 2 zu § 37 Patentges. Man darf nicht vergessen einerseits, daß die Verjährung den Anspruch selbst beseitigt (BGB. § 194); andrerseits, daß sie nicht von Amts wegen zu berücksichtigen ist (BGB. § 222).

[180]) Gaius in l. 7 D. 9,3. Der Grund der Römer für die entgegengesetzte Entscheidung: quia liberum corpus nullam recipit aestimationem schlägt nicht mehr durch.

[181]) Entsch. Bd. 1, S. 328. Bd. 6, S. 278. S. 398. Bd. 9, S. 223 (hier noch die zaghafteren Bemerkungen, daß die Buße ihre „wesentlichste Bedeutung in den privatrechtlichen Beziehungen“ habe; daß eine im Zivilrechtswege bereits erstrittene oder eine außergerichtlich geleistete Entschädigung, „wenn sie auch nicht die Zuerkennung einer Buße ausschließt“, doch bei deren Bemessung in Betracht zu ziehen sei“) Rechtspr. Bd. 9, S. 171, S. 279. Entsch. Bd. 12, S. 223. Bd. 15, S. 352. Bd. 17, S. 190. Bd. 24, S. 398. (hier scharf ausgesprochen, daß die Buße nur privatrechtliche Entschädigung ist). Bd. 31, S. 334 (sie hat „den Charakter und Inhalt eines privatrechtlichen Anspruchs, der auf eine .... Entschädigung gerichtet ist und dessen Rechtsgrund bereits mit der verübten Verletzung gegeben wird“; auch hier findet sich noch eine anfechtbare Wendung, die unten S. 197 Anm. 214 ihre Erklärung finden soll.

„Privatgenugthuung" belegen, so mag man dies thun; dem Wesen nach ist es eben auch Schadensersatz.

Zweitens ist es unrichtig, daß der Nachweis eines Schadens erfordert werde; wenigstens wenn man damit auf eine dem Beschädigten obliegende Beweislast hindeuten will[182]). Natürlich muß der Richter die Überzeugung erlangen, daß ein Schaden entstanden sei. Aber woher er diese Überzeugung schöpft, ist hier ebenso gleichgültig, wie im Zivilprozeß.

Es ist eine notwendige Konsequenz aus der Entschädigungsnatur, daß der Verletzte im Wege der Buße nie mehr erhalten darf, als den Betrag seines Schadens. Deshalb kann, wenn mehrere Bußpflichtige da sind, keine Addition der Ansprüche eintreten, sondern durch die von Einem erbrachte Zahlung werden Alle befreit. Dem entspricht das Merkmal f. Auch bei fahrlässigem Zusammenwirken, der sog. Nebenthäterschaft, tritt korreale Haftung ein[183]) — wobei die Frage eines Rückgriffs des Zahlenden gegenüber den andern Verurteilten nach einschlägigem Zivilrecht zu beurteilen und nunmehr für die Regel nach BGB. §§ 830, 840, 426 zu bejahen ist. Nur versteht es sich von selbst, daß die solidarische Verbindlichkeit nicht Platz greift, wenn die Mitangeklagten durch verschiedene selbständige Handlungen — ein jeder durch eine andere — den Verletzten geschädigt haben[184]). So viel Schädiger, so viel Ersatzansprüche. Keiner kann den andern durch eigne Schuldzahlung befreien, die Bußen summieren sich.

Das Gesagte gilt nun nicht nur für die Fälle unter A III, sondern für alle Fälle der Buße überhaupt. Das folgt unumgänglich aus dem einheitlichen Charakter dieses Institutes, der allgemein ohne Widerstreit angenommen wird, und ohne den die gleichmäßige prozessuale Regelung in den §§ 444, 445 StPO. nicht zu begreifen wäre. Auch finden sich die beiden wichtigen Merkmale c und e in sämtlichen hergehörigen Gesetzen, und sie würden allein zu der entscheidenden Schlußfolgerung ausreichen.

[182]) Vgl. RGer. Entsch. Bd. 1, S 328. Bd. 6, S. 398. Bd. 7, S. 12. Bd. 17, S. 190 und öfters.

[183]) So, wenn auch nicht mit sehr sicheren Worten, das überhaupt etwas skeptisch gehaltene Urteil, Entsch. Bd. 9, S. 223.

[184]) RGer., Entsch. Bd. 5, S. 251.

Will man mit der Auffassung der Buße als reiner Entschädigung Ernst machen, so hat man demnach in jedem Falle zu verlangen, daß ein Schade eingetreten ist. Für die Beleidigung stellt § 188 StGB. das Merkmal a selbst auf — und zwar genügt neben dem pekuniären Schaden („nachteilige Folge für die Vermögensverhältnisse") nicht jede Art immaterieller Schädigung, sondern nur zwei hervorgehobene („nachteilige Folgen für den Erwerb und das Fortkommen"), bei denen sich regelmäßig Verluste in materieller und immaterieller Beziehung mischen. Durch diese Beschränkung ist eine zivilrechtliche Bestimmung in § 188 StGB. hineingekommen und zwar eine solche, die gegenüber den zur Zeit der Erlassung des StGB. geltenden Landesrechten die Ersatzansprüche im allgemeinen ausdehnte und von Reichswegen einheitlich gestaltete. Doch waren diese vom Reichsrecht geschaffenen Ansprüche nur im Wege der Buße verfolgbar, während für ihre Geltendmachung im Zivilprozesse die einzelstaatlichen materiellrechtlichen Vorschriften — und bis 1879 auch die prozessualen, besonders über den Beweis — weiter galten.

Aber auch für die übrigbleibenden Fälle, Körperverletzung (A II) und unlauteren Wettbewerb (A IV) kann nach der obigen allgemeinen Betrachtung das Ergebnis kein anderes sein, als daß ein Entschädigungsanspruch nur durchzuführen ist, wenn man wirklich Schaden erlitten hat. Das Fehlen des Merkmals a ändert hieran nichts. Im Gegenteil: indem der Gesetzgeber es vermeidet, in § 231 StGB. auf einen traditionellen Entschädigungsbegriff hinzuweisen, vermeidet er es auch, zu etwaigen den Landesrechten geläufigen Beschränkungen dieser Ansprüche zu verleiten. Die Entschädigung reicht eben deshalb so weit, wie der Begriff „Schaden"[185]) irgend ausgedehnt werden kann — mag es sich um die Beeinträchtigung des Vermögens oder nicht zum Vermögen gehöriger Güter handeln. Aber über-

---

[185]) Die zwingende und in das Zivilrechtsgebiet übergreifende reichsrechtliche Regelung bezieht sich also auf den Umfang des Schadens, aber auch nur auf diesen. Rechtshindernde und rechtsvernichtende Thatsachen, sowie den Klagangriff abwehrende Gegenrechte konnten aus dem Landesrecht hergeholt, insbesondere also auch Verjährung nach diesem geltend gemacht werden. — Es versteht sich von selbst, daß anderweite reichsrechtliche Regelung der Schadensansprüche vorgeht, z. B. § 95 des Unfallversicherungsgesetzes vom 6. Juli 1884, oben Anm. 177.

haupt von der Existenz irgend eines Schadens zu dispensieren, wäre widersinnig und lag nicht im Plane des Gesetzgebers[186]). Hier greift die Einheitlichkeit der Buße durch. Und im Einklang damit ist in notwendiger Folgerung aus der Entschädigungsnatur (oben S. 182) das Merkmal f auch auf den Fall des § 188 StGB. zu erstrecken, bei dem es nicht ausdrücklich aufgeführt ist. Auch mehrere Teilnehmer an einer Beleidigung haften somit gemeinschuldnerisch.

Wir haben damit für sämtliche Fälle der Buße die Geltung der gleichen Merkmale a bis f bewiesen und ihr einheitliches Wesen als Anspruch auf Ersatz erlittener Schäden dargethan. Ein derartiger Anspruch erlischt durch Befriedigung und unterliegt gerichtlicher wie außergerichtlicher Disposition der Parteien. Daraus folgt, daß auch dem Bußeverlangen die Einrede der völligen oder teilweisen Zahlung, eines Vergleiches[187]) oder Verzichtes[188]), der Deckung des Schadens auf anderem Wege[189]) u. s. w. entgegengehalten werden kann. Der Strafrichter hat dann, genau so wie sonst der Zivilrichter, lediglich zu prüfen, ob die behauptete rechtsvernichtende Thatsache wirklich vorliege, ob sie in relevanter Weise in die Erscheinung getreten und nicht in ihren Rechtswirkungen durch spätere Ereignisse wieder beseitigt sei. Dagegen steht es ihm keinesfalls zu, eine Buße da zu gewähren, wo der Berechtigte über seine Ersatzansprüche bereits in andrer Weise rechtsgiltig verfügt hat. Hat der Gläubiger also bereits eine andere Leistung an Erfüllungsstatt angenommen, hat er seine Ansprüche an einen Zessionar verkauft, hat er einen Dritten an Stelle des Schädigers als Schuldner vertragsmäßig angenommen (BGB. § 414), hat er einen Erlaßvertrag abgeschlossen, so kann er nun nicht mehr im Strafprozesse mit seinem Bußverlangen auftreten. Nicht anders steht es aber, wenn er sich z. B. eine Zahlung gerade auf diese Schuld als auf die lästigere

[186]) Zu StGB. § 231 ebenso Frank Bem. I; zweideutig Olshausen Note 2. Zum Wettbew.-Ges. abweichend Birkenbihl (Schadensersatzanspruch nach Zivilrecht nicht vorausgesetzt), Stenglein (Nachweis eines Schadens zur Substanzierung nicht vorausgesetzt), Finger Note 4 S. 331 (Voraussetzung ist Vermögensschaden).

[187]) Stenglein, Nebengesetze, Note 5 zu § 37 Pat.-Ges.

[188]) RGer., Entsch. Bd. 31, S. 334.

[189]) z. B. durch Versicherung. RGer., Entsch. Bd. 9, S. 223.

anrechnen lassen muß (BGB. § 366 Abs. 2), oder wenn er wegen Annahmeverzugs sich eine Hinterlegung gefallen lassen muß und vom Schuldner auf die hinterlegte Sache verwiesen werden darf. In den Fällen der fahrlässigen Körperverletzung, des fahrlässigen Nachdrucks u. s. w. kann der Thäter auch mit einer Gegenforderung aufrechnen (BGB. § 393); da die Forderung auf Entschädigung auch hier als erloschen gilt (BGB. § 389), so kann sie auch in der Gestalt der Buße nicht wieder aufleben. Die Wirkung aller dieser Tilgungsumstände ist natürlich die gleiche, mögen sie schon vor dem Strafprozeß eingetreten sein oder erst während desselben eintreten. Soweit sie unter BGB. § 422 fallen, können sie auch für die Person eines Korrealschuldners eingetreten sein: das spätere Strafverfahren gegen einen Mitthäter oder sonstigen Teilnehmer bietet dann nicht mehr die Möglichkeit einer Buße. Es bedarf kaum der Erwähnung, daß die erörterten Tilgungsthatsachen rechtsbeständig und nicht im Wege der Anfechtung beseitigbar sein müssen[190]).

Geht man so weit, so hat man endlich als letzte Konsequenz auch die zu ziehen, daß der Bußbeklagte jede ihm nach bürgerlichem Recht zustehende Einwendung gegen das Bußverlangen geltend machen darf, insbesondere die Einrede der Verjährung und die exceptio rei judicatae. Ist die Schädenklage durch sachliche Entscheidung rechtskräftig abgewiesen worden — wenn auch nur durch Versäumnisurteil —, dann ist dieses Rechtens unter den Parteien (ZPO. § 325), daß der Kläger nichts vom Beklagten zu fordern hat. Auch nicht unter anderer Bezeichnung darf er die abgethane Frage aufrollen[191]).

---

[190]) Auf diese Möglichkeit, daß ein — an sich die Buße ausschließender — Vergleich oder Verzicht wegen Verstoßes gegen die guten Sitten unverbindlich oder wegen Irrtums, Betrugs oder ermangelnder Voraussetzung anfechtbar sein kann, weist mit besonderer Deutlichkeit das RGer., Bd. 31, S. 334, hin. Mit der Prüfung der Voraussetzungen (z. B. BGB. §§ 134 ff. 116 ff., 119. 121. 123. 124) und der Art der Geltendmachung (exceptio, replicatio), wie sie hiernach geboten sind, halten Zivilrecht und Zivilprozeß ihren vollen Einzug in diesen Annex des Strafverfahrens.

[191]) Anders in beiden Beziehungen Stenglein Note 2 zu § 37 des Pat.-Ges. Richtig für beide Punkte Seligsohn, Pat.-Ges., S. 261; Kohler, Patentr., S. 665. 667. Richtig für die Verjährung v. Liszt, 10. Aufl., S. 254, Anm. 4. Frank, Komm. z. StGB. § 70, III. Dagegen Olshausen, Komm. § 188, Note 10. § 70 Note 6., nicht aber Binding

2. Das erste der formalen Momente liegt in der Durchsetzbarkeit im Strafprozesse. Mit diesem Schlagworte fasse ich die Erscheinungen zusammen, daß keineswegs jeder Entschädigungsanspruch, der materiell dem bislang erörterten Begriffe unterfällt, ohne weiteres die Möglichkeit einer Bußeklage gewährt, sondern daß es stets einer ausdrücklichen Zulassung der Bußeklage durch das Strafgesetz bedarf, und daß ferner Weiterführung und Schicksal der Bußeklage von einem bestimmten Ausgange der Strafsache abhängen. Denn in Gemäßheit des Merkmals b darf nur „neben der Strafe" auf Buße erkannt werden. Mag der Fall auch so liegen, daß unbedenklich der Zivilrichter den Beklagten zu Schadensersatz verurteilen würde — der Strafrichter kann dies nur in Verbindung mit einem auf Strafe lautenden Urteile in der Hauptsache. Ergeht kein Urteil oder lautet es anders, nämlich auf Freisprechung oder Einstellung oder Straffreierklärung, so kann auf Buße nicht erkannt werden[192]). Damit stimmt StPO. § 444 Abs. 3. Der dort unerwähnte Fall der Straffreierklärung ist bestritten[193]). Da diese aber „keine Strafe" ist (StGB. § 233 in ausdrücklichem Gegensatze zur Strafe), so wird auf jene Auslassung kein Gewicht zu legen sein.

3. Die Höchstpersönlichkeit der Bußeforderung ist ein zweites hier zu betonendes formales Moment. Materiellrechtlich

---

(und Hälschner I, S. 704), der bei v. Liszt, Frank und Olshausen unrichtig als Gegner aufgeführt wird. Binding, (Handb. Bd. I, S. 854. Grundr. d. StrR., 5. Aufl., S. 198, § 98 II; S. 228, § 109 II) sagt nur, daß die Buße nicht der „Strafrechtsverjährung" des § 70 StGB. unterliegt (ähnlich Hälschner); dagegen schweigt er darüber, ob die Buße überhaupt einer Verjährung unterliegt. Da er die rein zivilistische Natur des Bußanspruchs scharf betont, so wird er konsequent auch die Verjährbarkeit desselben zugeben.

[192]) Daneben giebt es noch folgende Möglichkeiten: Aufhebung einer Strafverfügung durch Urteil (StPO. § 458), Zurückverweisung an die Vorinstanz und Verweisung an das zuständige Gericht (StPO. §§ 369. 394. 395). Da hier überall „in der Sache selbst" nicht entschieden wird, so kann ebensowenig, wie über den anhängigen staatlichen Strafanspruch, über den etwa geltend gemachten privaten Bußeanspruch befunden werden.

[193]) Glaser, Handbuch Bd. II. S. 14, Anm. 10 (zeigt in der Argumentation Hinneigung zur Auffassung der Buße als Strafe). Binding, Grundriß d. Str.R. § 98 III (da die Straffreierklärung „materiell, wenn auch nicht formell" Verurteilung zur Strafe sei).

begründet ist diese Eigentümlichkeit nicht; sie beruht lediglich auf einer positiven Anordnung des Gesetzgebers und hat demnach Bedeutung nur für den Fall des Auftauchens einer Bußeklage im Strafverfahren. Sie ist also nur von prozessualer und formaler Wichtigkeit. Die Höchstpersönlichkeit folgt aus dem bei allen Bußefällen sich findenden Merkmal c (die Buße ist an den Verletzten selbst zu erlegen), womit StPO. § 444 Abs. 4 (die Erben können den Bußanspruch weder erheben noch fortsetzen) parallel geht.

Als Folgerung ergiebt sich, daß die Buße erst nach Rechtskraft des Strafurteils vererblich und zessibel ist. Stirbt der Verletzte schon vor dem Prozeß, so kann auf Buße nicht erkannt werden[194]); ebensowenig, wenn er während des Prozesses stirbt. Auch wenn an Stelle des Verletzten ein gesetzlicher Vertreter als Neben-Ankläger zweiter Ordnung aufgetreten wäre, so ist es beim Tode des Verletzten selbst mit der Bußemöglichkeit jedenfalls zu Ende[195]). Statt des Verletzten darf ferner nicht etwa ein Zessionar Buße verlangen, ausgenommen natürlich den Fall, daß das verletzte Recht schon vor der es verletzenden strafbaren Handlung abgetreten war[196]).

Alles dieses ist sehr einfach, nur zwei Punkte sind hervorzuheben. (1.) Wenn ein Urteil Buße zuspricht, und ohne Anfechtungshandlung von irgend einer Seite die Rechtsmittelfrist abläuft, wenn aber während dieser Frist der Bußberechtigte stirbt, so erlangen seine Erben keine Ansprüche gegen den verurteilten Bußpflichtigen; — wobei es keinen Unterschied begründen kann, ob es „erst eines Schrittes der Erben bedurfte, um die Rechtskraft herbeizuführen[197])".

---

194) Daher nicht im Falle des StGB. § 226 und (zum Teil) § 227. RGer. Entsch. Bd. 12, S. 223.

195) RGer.-Entsch. Bd. 29, S. 140. Die Nebenklage des Vaters wegen Körperverletzung des Sohnes war unzulässig, da der Sohn inzwischen an der Verletzung gestorben war.

196) RGer.-Entsch. Bd. 3, S. 351, 354 (betrifft teilweise Rechtsnachfolge in ein Urheberrecht). — Die Bußforderung selbst ist unabtretbar: Entsch. Bd. 28, S. 301.

197) Abweichend Glaser, Handb. II, S. 219. Abgesehen davon, daß die Erben nach § 444 Abs. 4 überhaupt niemals einen Schritt thun können, um die Rechtskraft herbeizuführen, wäre das Resultat für den Bußpflichtigen ungerecht: bringt der Tod der Partei doch stets den Prozeß zum Stillstand! vgl. ZPO. § 239.

(2.) Stirbt der Verurteilte nach Rechtskraft des Bußurteils, so wirkt das Urteil auch gegen seine Rechtsnachfolger, und für die Vollstreckung gelten gemäß § 495 StPO. die Vorschriften der §§ 325. 727ff. ZPO.[198]). Gleiches gilt für alle sonstigen Fälle, in denen die Rechtsnachfolge hinter dem Verurteilten nach der Rechtskraft eintritt. (BGB. 414ff., HGB. 25. ZPO. 729). Tritt sie vorher ein, so ist die Bußemöglichkeit erloschen, weil das passive Subjekt für den Strafanspruch nun nicht mehr mit dem für den Bußanspruch identisch ist.

IV. Der Begriff der „Buße" im bisher erörterten Sinne ist durch das neue Reichszivilrecht überflüssig geworden. Denn soweit durch die Normen über die Buße eigenartige zivilrechtliche Sätze in strafrechtlichem und strafprozessualem Gewande von Reichswegen aufgestellt waren, sind diese Sätze nunmehr in rein bürgerlich-rechtlichem Gewande im BGB. aufgestellt. Da die Gesetze über das Urheberrecht (oben A III) selbst sagen, was sie unter Entschädigung verstehen und nur ergänzend in bereits (S. 170f.) angedeuteter Weise das BGB. hinzutritt; und da ferner das Gesetz über den unlauteren Wettbewerb (oben A IV) den allgemeinen Schadensbegriff voraussetzt und Spezialbestimmungen nicht trifft, da somit hier einfach BGB. § 249ff., insbesondere auch § 253 gilt — so tritt das Gesagte am klarsten bei der Beleidigung und Körperverletzung hervor. Es stimmt bei ersterer mit der bisherigen Regelung, wenn BGB. § 824 Schadensersatz einmal nur bei Behauptung oder Verbreitung unwahrer Thatsachen und sodann über die eigentliche Vermögenssphäre hinaus nur bei Nachteilen für Erwerb und Fortkommen zubilligt. Es stimmt mit der bisherigen Regelung bei der Körperverletzung, daß nicht nur Vermögensschaden, nicht nur Nachteile für Erwerb und Fortkommen (BGB. § 842), sondern schlechthin auch jeder

[198]) Löwe zu § 444 StPO., Note 8 drückt sich unrichtig aus, wenn er die Analogie des StGB. § 30 heranzieht. Zwischen Buße und Geldstrafe besteht keine Rechtsähnlichkeit. Materiell unrichtig ist es, daß die Buße nur in den Nachlaß vollstreckt werden dürfte, demnach bei dessen Unzulänglichkeit ausfiele. Dies stimmt nur für die Fälle der Nachlaßverwaltung, des Nachlaßkonkurses und der Inventarerrichtung. Im übrigen haftet der Erbe mit seinem eigenen Vermögen (BGB. 1967. 1975. 1993).

immaterielle Schaden (BGB. § 847) ersetzt wird[199]). Die eigentümlichen Haftungsausschlüsse durch berechtigtes Interesse (BGB. § 824 Abs. 2) und durch mitwirkendes Verschulden des Verletzten (BGB. § 846) sind auch in jedem Bußprozesse zu beachten. Eine Kollision ist durch BGB. § 843 geschaffen. Für gewisse Schädensarten, die sich an eine Körperverletzung anknüpfen, wird hier Ersatz durch Entrichtung einer Geldrente geboten. Der Verletzte darf, falls nicht ein „wichtiger Grund" (Abs. 3) vorliegt, nur Rente, nicht Kapital verlangen. Umgekehrt im Bußprozesse. Aus der Aufstellung eines Maximums der Buße wird mit dem Reichsgericht[200]) in der That zu folgern sein, daß der Verletzte nur Kapital, nicht Rente verlangen darf. Dadurch wird die Möglichkeit des Bußeverlangens auf die Fälle des § 843 Abs. 3 und auf die Fälle außerhalb des § 843 BGB. beschränkt. In einem Falle des § 843 Abs. 1 dagegen wäre der Bußkläger stets a limine vom Strafrichter abzuweisen.

Erscheint schon dies schwer begreiflich, so werden wir erst recht die gegenwärtige Regelung des Instituts der Buße als verfehlt betrachten müssen, wenn wir bedenken, daß Freiheitsentziehung, Sittlichkeitsdelikte und Tötung ganz ähnliche Schadensersatzansprüche (BGB. § 825. 842. 847 Abs. 1 und 2. 845. 844) erzeugen, daß aber von Buße trotz der gleichen Lagerung keine Rede ist. Dazu treten die beiden formalen Momente: die Unablöslichkeit der Buße von der Bejahung des staatlichen Strafanspruchs und die Höchstpersönlichkeit, von denen nur das erstere in gewissem Umfang gerechtfertigt sein mag, während zu dem starren Festhalten an dem zweiten und der dadurch bedingten Abweichung vom Zivilrecht kein Grund vorliegt.

Die vorhandenen Inkongruenzen drängen zu einer von zwei Entschließungen. Entweder streiche man die ganze Möglichkeit, im Strafverfahren zivilistische Entschädigungsansprüche durchzusetzen, und zwinge den Verletzten, zwei Prozesse zu betreiben. Oder, man lasse für jeden aus einem Verbrechen entspringenden Schadensersatzanspruch das Feld im Strafprozeß frei, dergestalt,

---

[199]) Und zwar ist dieser letztere Ersatzanspruch ein höchstpersönlicher, gleich jedem Bußanspruch; doch mit dem Unterschied: die zivilprozessuale Rechtshängigkeit läßt Vererblichkeit eintreten, die bußprozessuale noch nicht.

[200]) Entsch. Bd. 17, S. 178.

daß er hier in gleicher Form, Weise, Höhe und Wirkung und für die gleichen Personen wie im Zivilprozeß durchgesetzt werden könne.

§ 18. Der Bußanspruch nach seiner prozessualen Seite.

Die verschiedene Struktur der unserem Recht bekannten Prozesse (Zivil-, Straf-, Verwaltungsprozeß) hängt in den wichtigsten Punkten von der Verschiedenheit im Wesen derjenigen Ansprüche ab, zu deren Durchsetzung das Verfahren dienen soll. Eigentümliche Komplikationen muß es daher zur Folge haben, wenn ein Anspruch zur Verhandlung und Entscheidung kommt in einem Prozesse, der von Grund aus auf andersartige Ansprüche zugeschnitten ist. Soll also ein rein zivilistischer Entschädigungsanspruch unter dem Namen der Buße im Strafverfahren erörtert und erledigt werden, so tauchen eigenartige Probleme auf, um deren Lösung sich der Gesetzgeber wenigstens bemühen sollte. Die Strafprozeßordnung enthält jedoch lediglich die dürftigen Sätze der beiden §§ 444. 445 und läßt alles Weitere im Ungewissen. Die Richtschnur, nach der man bei Bekämpfung der Schwierigkeiten vorzugehen hat, wird vor allem durch die soeben gewonnene Erkenntnis der rein zivilistischen Natur der Buße abgegeben[201]). Die Verfügungsfreiheit der Parteien einerseits, die Grenzen, welche ihr das Zivilrecht zieht, andrerseits, werden nie aus den Augen zu lassen sein. Die Grenzen der Verfügungsfreiheit sind teils allgemeine — wie das Verbot unsittlicher Abmachungen, oder Formerfordernisse, wie bei Schuldversprechen und -anerkenntnis; teils gerade für Schädensansprüche, insbesondere aus unerlaubten Handlungen, aufgestellte — wie die Bestimmungen über die Art des zu ersetzenden Schadens, über die Höchstpersönlichkeit im § 847 BGB. Vielfach wird es allerdings zweifelhaft sein können, wie diese Wesenheiten des Anspruches sich im Prozeß widerspiegeln. Hier werden uns die Bestimmungen der Zivilprozeßordnung insoweit einen Anhalt bieten können, als sie es erkennen lassen, daß sie der dispositiven Natur der Ansprüche gerecht

[201]) Es muß daher Stenglein, Komm. § 443 Note 3 widersprochen werden, wenn er behauptet, für die prozessuale Behandlung sei der Charakter der Buße ohne Belang. (Ähnlich Bennecke, S. 665.)

werden wollen. Denn dann liegt in den an sich rein zivilprozessualen Vorschriften die Anwendung eines allgemeinen Prinzipes auf einen einzelnen Fall, und wir werden alsdann von dem geregelten Fall auf den ungeregelten schließen dürfen.

Nur in einem Punkte kann die Dispositionsfreiheit der Parteien nicht durchgreifen. Die Bejahung der Frage, ob der Angeklagte einer bestimmten strafrechtlich bedeutsamen Handlungsweise in strafrechtlichem Sinne schuldig sei, bildet die gemeinsame Grundlage für die öffentliche Strafklage, wie für die private Bußklage. Es ist klar, daß diese Frage in einem und demselben Prozeß nicht nach verschiedenen Grundsätzen und Gesichtspunkten, also möglicherweise auf doppelte und widersprechende Art, beantwortet werden darf. Hier muß durchgreifen, daß der Strafprozeß die Hauptsache, und die Bußklage nur ein geduldeter Annex ist. Nur die Prinzipien strafprozessualen Verhandelns und Beweisens können deshalb bei der Beantwortung dieser Frage in Aktion treten. Die Parteien der Bußklage dürfen nicht von sich aus und für sich bindend diesen Punkt durch Vereinbarung feststellen, hier endet ihre Disposition. Anders steht es aber mit den Fragen nach Existenz, Art, Umfang und Höhe eines Schadens und nach Existenz und Umfang einer zivilrechtlichen Verpflichtung zu dessen Ersatz.

1. Die Sätze über Erhebung der Bußeklage sind von dem Gedanken der Accessioretät der Bußforderung gegenüber der Strafklage, oder genauer des Bußurteils gegenüber dem Strafurteil (dem ersten formalen Moment im oben erörterten Sinne) beherrscht. Wer Buße anstrebt, muß deshalb wenigstens nominell auch Strafe anstreben. Er muß, außer Bußekläger, auch gleichzeitig Neben-Ankläger (oder Privatkläger, §§ 443 Abs. 2. 446) sein. Er muß demnach, falls die öffentliche Klage anhängig ist, eine Anschlußerklärung (§ 9 dieser Abhandlung) abgeben und ihr außerdem hinzufügen: a) die Behauptung derjenigen Thatsachen, aus denen seine Bußberechtigung hervorgeht; b) einen an das Gericht[202]) gerichteten Antrag auf Zuerkennung einer Buße (§ 444 Abs. 1); c) eine ziffermäßig bestimmte Klagbitte (§ 445 Abs. 1; vgl. ZPO. § 253 Ziffer 2). Ist der zur Bußklage Entschlossene

[202]) Natürlich nicht an die Staatsanwaltschaft, die für die Bußeklage lediglich eine fremde Behörde ist, RGer.-Entsch. Bd. 21, S. 156.

bereits Neben-Ankläger und zwar im Sinne unseres § 11 D, so brauchen nur die Erfordernisse unter b und c noch hinzuzutreten; ist er Neben-Ankläger im Sinne unseres § 11 A—C, so muß außerdem dem Erfordernis a genügt werden. Hieran zeigt sich, daß nicht, wie häufig behauptet wird (S. 80, Anm. 5), die Nebenklage und der Bußantrag zwei verschiedene scharf auseinander zu haltende Dinge sind: sondern daß nur, soweit durch eine vorhergehende Neben-Anklage bereits den Erfordernissen der Bußklageerhebung genügt ist, diese Erfordernisse keiner Wiederholung bedürfen. Während übrigens für die Anschlußerklärung Schriftlichkeit verlangt wird, ist dies für die Erfordernisse a, b und c nicht der Fall. Werden sie schriftlich erfüllt, so wird meistens sogleich vor und außerhalb der Hauptverhandlung der Zulassungsbeschluß unseres § 10 gefaßt werden. Daß dieser Zulassungsbeschluß in der Hauptverhandlung verlesen werden kann und muß, unterliegt m. E. keinem Zweifel. Anders aber steht es mit schriftlichen Anträgen des nicht erscheinenden Bußklägers. Sie zu verlesen und dann über sie zu entscheiden, widerspricht nicht nur dem Grundsatz der Mündlichkeit[203]), sondern auch dem Dispositionsprinzip: die Anträge könnten ja abgeändert oder fallen gelassen werden, und das Fernbleiben könnte einen Willensentschluß in der letzteren Richtung bedeuten. Da das Gericht nicht von Amtswegen auf Buße erkennt, so erfordern die eigenen Interessen des Bußklägers gleichfalls seine mündliche Anhörung in der Hauptverhandlung. Erscheint er nicht, so bleibt die ganze Bußefrage unberührt. Von einem Kontumazurteile ist selbstverständlich keine Rede, da, wie unten näher zu zeigen, die Nichtentscheidung des Bußpunktes kein Recht zwischen den Parteien schafft.

Die Bußeklage kann zurückgenommen werden (§ 444 Abs. 2), doch sagt das Gesetz nicht, von welcher Instanz es redet. Infolgedessen sind alle denkbaren Meinungen vertreten[204]): teils wird die Zurücknehmbarkeit nur für die erste Instanz behauptet, teils auch für die Berufungsinstanz, teils außerdem für die Revisionsinstanz. Würde die Bestimmung fehlen, so müßte man einer-

---

[203]) So mit Recht v. Kries, S. 256 gegen RGer. Bd. 7, S. 376 (wo so argumentirt wird, als wenn die entgegengesetzte Meinung zu einem Kontumazurteile gegen den ausgebliebenen Kläger führte) und Bd. 9, S. 223.

[204]) S. die Kontroverse bei Löwe, § 444, Note 4.

seits beachten, daß es sich um ein frei verfügbares Recht des Klägers handelt; andererseits, daß mit dem Eintritt in eine gerichtliche Verhandlung über dieses Recht der Beklagte ein festes Anrecht darauf erwirbt, daß ein richterlicher Ausspruch ergehe. Eine Anwendung dieses Prinzips bildet ZPO. § 271 Abs. 1. Mit der Einlassung des Beklagten beginnt somit ein Stadium, in dem einseitige Disposition über den Klaganspruch nicht mehr möglich ist. Die StPO. rückt nun die Grenze dieses Stadiums bis zur Verkündung des „Urteils" hinauf. Dieses kann daher, wie m. E. auch der Zusammenhalt mit Abs. 1 ergiebt, nur das erste Urteil sein. Das Ergebnis wäre demnach: einseitige Zurücknehmbarkeit in erster Instanz[205]), dagegen nur Zurücknehmbarkeit mit Zustimmung des Beklagten in höherer Instanz.

2. Es muß stets abgewartet werden, ob der Bußberechtigte seinen Entschädigungsanspruch geltend machen will. Unzulässig ist in dieser rein privatrechtlichen Beziehung eine behördliche Bevormundung. Weder Gericht noch Staatsanwaltschaft können ihm eine Buße aufdrängen, wenn er sie nicht haben will. Überhaupt dürfen die genannten Behörden nie aus eigener, vom Bußberechtigten nicht angeregter Willensentschließung die Buße angehende Dispositionsakte treffen, und die Staatsanwaltschaft ist auch von allen Anträgen und jeder Art der Mitwirkung in dem Teil des Prozesses, der sich lediglich um die Buße dreht, ausgeschlossen. Sie kann insbesondere das über die Buße ergehende Urteil mit keinerlei Mitteln anfechten, auch nicht zu Gunsten des Angeklagten, sofern nicht zugleich die Schuldfrage — die gemeinsame Unterlage des öffentlichen und des privaten Anspruchs — in die Erörterung hineinbezogen wird. Ebensowenig kann der Staatsanwalt die Höhe der Buße durch seine Anträge oder Ausführungen beeinflussen; ja, er ist nicht einmal zu Meinungsäußerungen hierüber berechtigt, außer sofern solche Auslassungen die Höhe des Schadens betreffen und zum Thema der Strafzumessung gehören.

Was das Verhältnis des Bußklägers zum Gericht angeht, so entsprechen dem Gesagten die beiden Sätze des § 445 StPO., denen noch beizufügen ist, daß eine Erweiterung oder Ermäßigung der geltend gemachten Forderung jederzeit (auch noch in der Be-

[205]) Der Prozeß, der sich nach Zurückverweisung wiederum in erster Instanz befindet, ist nicht anders zu behandeln. Glaser, Bd. 2, S. 17.

rufung) zu gestatten sein wird. Dies entspricht besser der materiellen Gerechtigkeit, während das starre Festhalten an dem einmal genannten Betrage allzu formal wäre. Da nun die freie Abänderung durch einseitige Erklärung sogar von der Zivil-PO. (§§ 268, 529) gebilligt wird, so kann sie in dem an einen Strafprozeß angelehnten Verfahren um so weniger Bedenken haben[206]). Die Bindung des Richters an die petita partium[207]) wird ferner dazu führen, in höherer Instanz eine den Anträgen entgegenlaufende Abänderung des angefochtenen Urteils auszuschließen. Will der Bußkläger durch die Berufung eine höhere Buße erzielen, so darf sie nicht etwa niedriger bemessen werden, als im ersten Urteil. Wehrt der Verurteilte sich gegen die Buße, so darf er nicht in der Berufung zu einer noch höheren verurteilt werden[208]).

Schwieriger sind die Fragen, wie es im Bußverfahren mit der Disposition der Parteien über den Prozeß-, insbesondere Beweisstoff, und über die Beweismittel zu halten ist. Da Art und Anwendung der Beweismittel nicht in einer logischen Abhängigkeit von der Natur des anhängigen Anspruches stehen, so wird von irgend einer entsprechenden Herübernahme zivilprozessualer Sätze hier keine Rede sein können. Sollen nicht alle Vorzüge der Verbindung eingebüßt werden, so wird der Annex sich der Hauptsache zu fügen haben. Grundsätzlich gelten also auch im Bußprozesse die §§ 243—245, 248—252, 255[209]). Dem Strafprozesse fremde Beweismittel, wie der Parteieid, scheiden aus; ebenso auch dem Strafprozeß fremde Behandlungsweisen gemeinsamer Beweismittel, wie Verzicht der Parteien auf die Beeidigung der Zeugen (ZPO. § 391 Abs. 2) oder einzelne

---

[206]) Vgl. RGer., Rechtspr., Bd. 3, S. 545.

[207]) Dem Angeklagten darf seine Disposition nicht verkümmert werden. Er muß gehört, es muß ihm vor allem der Bußantrag mitgeteilt und ihm Gelegenheit zur Antwort gegeben werden. Ein Kontumazverfahren ist ausgeschlossen, vgl. Löwe, § 444 Note 2.

[208]) Inhaltlich stimmt dazu ZPO. § 536. Löwe, § 445 Note 2b. Dagegen Stenglein, Komm., 3. Aufl., § 445 Note 9 a. E., weil die StPO. den Grundsatz der relativen Rechtskraft nur zu Gunsten des Angeklagten kenne. Indessen kann unmöglich das Schweigen der lückenhaften §§ 444, 445 über den erörterten Punkt als ein bedeutungsvolles angesehen werden. Demnach fehlt es an ausdrücklichem Ausspruch des Gesetzgebers und ist nach den früher angedeuteten allgemeinen Grundsätzen zu entscheiden.

[209]) Bennecke, Lehrb., S. 670.

Zeugnisweigerungsgründe (ZPO. §§ 383 Ziffer 5, 384 Ziffer 1 und 3). Diese Sätze beanspruchen sowohl für die (dem Straf- und Bußprozeß gemeinsame) Thatfrage, wie für die Schadensfrage Geltung. Im übrigen wird aber zwischen beiden Fragen zu scheiden sein. Die Thatfrage ist für den Strafprozeß ganz und gar nach strafprozessualen Regeln zu behandeln und zu entscheiden, und wird damit auch zugleich für den adhärierenden Bußprozeß mitentschieden. Dagegen wird in der Schadensfrage freiere Verfügung der Parteien Platz greifen. Ob die vom Bußkläger über Existenz, Art und Höhe des Schadens, ob die vom Bußbeklagten zur Stützung seiner Einwendungen aufgestellten Behauptungen überhaupt eines Beweises bedürfen[210]), hängt von der Disposition der Gegenpartei ab, die durch ein Geständnis die behaupteten Thatsachen für den Prozeß festlegen kann, so daß der Richter daran gebunden ist — natürlich, ohne daß die speziellen Regeln der §§ 288—290 ZPO. eintreten. — In gleichem Grade und Umfange werden auch Verzicht und Anerkenntnis anzuwenden sein. Es ergeht zwar kein Urteil im Sinne der §§ 306, 307 ZPO.; aber der Verzicht zwingt auch den zu Strafe verurteilenden Richter, die Bußeklage abzuweisen, und das Anerkenntnis zwingt ebenfalls den verurteilenden Richter, zu mindest die anerkannte Summe ohne weitere Prüfung zuzusprechen. Kommt es freilich zu keinem auf Strafe lautenden Urteile, so fehlt es für die Buße an dem einen formalen Moment (oben S. 186), und eine Entscheidung über die Bußeklage erfolgt überhaupt nicht (StPO. § 444 Abs. 3). Für einen künftigen Zivilprozeß behalten die genannten Dispositionsakte indessen doch die Bedeutung eines außergerichtlichen Verzichtes bezw. Anerkenntnisses. Auch ein Vergleich kann ohne Zweifel der Bußeklage ein Ende machen und dem Richter die Möglichkeit fernerer Entscheidung abschneiden. Man wird einem solchen Vergleich die Kraft eines vollstreckbaren Titels im Sinne des § 794 Nr. 1 ZPO. nicht absprechen dürfen.

3. Was das prozessuale Verhältnis zwischen Bußklage und

---

[210]) Die zivilprozessualen Grundsätze über Beweislast und Beweisfälligkeit greifen indes überhaupt nicht Platz, die Stellung des Richters ist, wie in jedem Schädensprozesse (ZPO. § 287, oben S. 170/1) eine durchaus freie. Vgl. RGer.-Entsch. Bd. 15, S. 352 u. S. 439.

Zivilklage angeht, so ist der einzige Fingerzeig, den das Gesetz uns giebt, in dem früher erörterten Merkmal e enthalten:

Eine erkannte Buße schließt die Geltendmachung eines weiteren Entschädigungsanspruches aus.

Also: die rechtskräftige Zuerkennung der Buße schafft eine exceptio rei judicatae für einen künftigen Zivilprozeß. Dieser Satz ist an sich selbstverständlich: stehen zwei Wege zur Auswahl für die Durchsetzung eines Anspruchs, so muß wohl, wenn auf dem einen Wege das Ziel erreicht ist, der andere verschlossen bleiben. Immerhin läge, weil die Buße stets auf ein bestimmtes Höchstmaß limitiert ist, eine andere Lösung nahe. Sie wird durch das Merkmal e ausgeschlossen, das demnach keineswegs überflüssig ist. Aber der Satz gilt auch umgekehrt: die Zuerkennung einer Entschädigung im Zivilprozeß hindert die Durchsetzung einer Buße, was auch gerechtfertigt ist, da die Buße nicht zu einer Bereicherung des Geschädigten führen soll. Wir haben schon oben S. 185 aus einer Betrachtung der Wirkungen der Rechtskraft den gleichen Satz und den ferneren gewonnen, daß die rechtskräftige *Abweisung* im Zivilprozeß ebenfalls der Buße entgegensteht.

Dieser letztere Satz läßt sich indessen nicht umkehren: eine Versagung der Buße schließt die Erhebung und Durchführung der Entschädigungsklage nicht aus. Dies muß aus der Fassung des Merkmals e und dem sonstigen Schweigen des Gesetzes entnommen werden. Mit der Betonung der hindernden Kraft der *erkannten* Buße soll eine solche der bloß *anhängig gemachten* und der *versagten* offenbar nicht beigelegt werden. Die Rechtshängigkeit eines Zivilprozesses auf Entschädigung hindert dem entsprechend ebensowenig die Erhebung der Bußeklage[211]). Endlich wirkt auch die Zurücknahme des Bußantrags nicht auf den Zivilanspruch ein (und vice versa).

4. Man könnte darüber Zweifel hegen, in welcher Stellung sich gegenüber einer erhobenen Bußklage der Richter befinde. Da die einschlägigen Gesetze in feststehender Diktion besagen, es „*könne*" auf die Buße erkannt werden, so wäre die Auffassung möglich, daß der Richter, wenn es ihm passe, gleichviel aus welchem Grunde, den Bußantrag einfach unberücksichtigt lassen

---

[211]) Vgl. RGer., Jur. Woch.-Schr., Bd. 24, S. 288.

dürfe. Dieser Annahme steht die gemeine Meinung, vor allem das Reichsgericht[212]), mit Recht entgegen. Nach ihr wäre das Rechtsmittelrecht des Bußeklägers unverständlich. Da er die Versagung der Buße mit Berufung oder Revision anfechten kann, so sind offenbar die Gründe der Zurückweisung der Bußeklage unter einander nicht gleichwertig und stehen nicht im schrankenlosen Belieben des Richters. Die angefochtene Entscheidung hat vielmehr die Gründe der Abweisung anzugeben, und sie unterliegen einer Nachprüfung in höherer Instanz. Wollte der Richter etwa den Bußekläger abweisen, weil er keinen Beweis angetreten oder erbracht habe, so würde er rechtsirrtümlicher Weise seine eigene Aufgabe, alle Umstände, mögen sie vorgetragen sein oder nicht, von Amtswegen zu würdigen und nötigen Falles Begutachtung durch Sachverständige anzuordnen, verkennen. Nur wenn es erst langwieriger Ermittelungen bedürfte, um die Unterlagen für die Schadensabschätzung zu beschaffen, kann mit Rücksicht auf den spruchreifen Hauptprozeß die Bußfrage unerledigt bei Seite bleiben. Andernfalls würde, da eine Vorabentscheidung über die Strafsache unzulässig ist, der Fortgang des Verfahrens aufgehalten, was StPO. § 438 Abs. 1 verhindern will.

Das Ergebnis ist m. E., daß eine Abweisung des Bußeklägers nur aus drei Gründen erfolgen kann: erstens, weil ein Bußanspruch nicht oder nicht mehr existiert; zweitens, weil überhaupt gar kein Anhalt für die Schadensabschätzung sich bietet[213]); drittens, weil der Bußprozeß das Strafverfahren aufhalten würde[214]).

5. Das Urteil auf Buße billigt nach früher Gesagtem stets eine Summe, nie eine Rente zu. Außer dem Falle der Zuerkennung bedarf es niemals einer ausdrücklichen Entscheidung über

---

[212]) RGer.-Entsch. Bd. 6, S. 398. Bd. 7, S. 12. Bd. 17, S. 190.

[213]) RGer.-Entsch. Bd. 3, S. 398.

[214]) Löwe, § 444, Note 2 Abs. 2. Dagegen Bennecke, Lehrb. S. 670 Note 28, jedoch ohne Gründe. Die Abweisung in diesem Falle bedeutet sachlich Verweisung in einen getrennten Prozeß, und hat ein Analogon in ZPO. § 145. Man darf indessen nicht sagen, daß wegen dieser Möglichkeit der Abtrennung und Verweisung in den Zivilprozeß „vor der Zuerkennung ein Anspruch auf Buße in Wahrheit noch nicht als solcher existiert", wie sich das sonst sehr beachtenswerte und zutreffende RGer.-Urteil Entsch. Bd. 31, S. 334 ausdrückt.

den Bußanspruch. Denn entweder wird keine Strafe verhängt; dann gilt der Antrag nach StPO. § 444 Abs. 3 ohne weiteres für erledigt. Oder es wird zwar Strafe verhängt, es liegt aber einer der eben (unter 4) erwähnten drei Abweisungsfälle vor; alsdann müssen die Gründe des Urteils zwar die nötige Auskunft geben, eine Aufnahme in den Urteilstenor ist aber überflüssig, weil nach dem (unter 3) Gesagten dieser Ausspruch nicht jus facit inter partes und eine künftige Anstrengung der Zivilklage nicht hindert. Hierunter sind auch die Situationen einzubeziehen, daß ein Teil des Entschädigungsanspruches zur Endentscheidung reif ist, oder daß der Anspruch zwar dem Grunde nach, aber noch nicht der Höhe nach klargestellt ist. Im Bußverfahren giebt es weder ein Teilurteil im Sinne des § 301 ZPO. (wegen des Merkmals c), noch ein Zwischenurteil nach § 304 ZPO. In beiden gedachten Situationen hat der Urteilstenor ganz über die Buße zu schweigen, und nur die Gründe haben sich darüber auszulassen.

In allen Fällen ist es möglich, das Urteil lediglich in Betreff der Buße anzufechten. Sowohl der Angeklagte (Bußbeklagte), wie der Bußkläger kann sich hierauf beschränken. Dies kann dazu führen, daß allein wegen der Buße der Prozeß noch weiter geht, noch mehrere Instanzen durchläuft und nochmals in die erste Instanz zurückkehrt. Alsdann sind die beiden verbundenen Ansprüche durch Vorabentscheidung über den einen getrennt; aber der Gang des Verfahrens in der Hauptsache wird nicht aufgehalten: das Urteil hat, soweit es auf Strafe lautet, die Rechtskraft beschritten, und es mag trotz des schwebenden Bußepunktes in die Strafvollstreckung eingetreten werden.

Die Revision wegen der Buße ist auf keine summa revisibilis beschränkt, wie im Zivilprozesse — wie ja überhaupt der Zug der Rechtsmittel eben der des Strafprozesses ist und z. B. ein landgerichtliches Berufungsurteil keineswegs eine Definitivsentenz darstellt. Selbstverständlich ist es und folgt aus dem beiden Prozessen gemeinsamen Grundbegriffe der Revision, daß eine Nachprüfung in thatsächlicher Hinsicht nicht mehr stattfindet. Man mag dies dahin ausdrücken[215]), daß die Höhe einer erkannten Buße in der Revisionsinstanz nur hinsichtlich ihrer gesetzlichen

[215]) Löwe, § 444, Note 10a. Bennecke, S. 672, Note 38.

Zulässigkeit, nicht hinsichtlich ihrer Angemessenheit Gegenstand der Prüfung sein könne. Denn in letzterem Falle ist kein Gesetz verletzt.

Die Verbindung der Straf- und der Zivilsache und die Abhängigkeit der Buße von der Existenz eines auf Strafe lautenden Urteils bringen es mit sich, daß im Gegensatz zu dem soeben Erörterten die Entscheidung niemals allein in dem die Buße betreffenden Teile in Rechtskraft erwachsen kann. Solange der Strafpunkt noch nicht endgiltig festgelegt ist, kann auch die Bußfrage immer wieder in die Debatte gezogen werden. Wird etwa ein freisprechendes Urteil vom Staatsanwalt angefochten, so kann in der Berufungs- oder (nach Zurückverweisung) in der ersten Instanz der Bußkläger von neuem auf Berücksichtigung seines Ersatzanspruches drängen. Wird ein Strafe aussprechendes Urteil vom Angeklagten — oder auch wegen zu niedriger Strafe vom Staatsanwalt — bekämpft und in der höheren Instanz aufgehoben, so kann nun wiederum — sehr gegen den Willen des mit seinem Rechtsmittel siegreichen Angeklagten — der vorher etwa abgewiesene Bußkläger auftauchen und Beachtung finden[216].

§ 19. Vergleich der Neben-Anklage und der Bußklage.

Die beiden Gestaltungen der Nebenklage haben sich uns als höchst verschiedene Formen einer Beteiligung des Verletzten am Strafverfahren gezeigt. Wir können sogar in vielen Punkten von fundamentaler Gegensätzlichkeit reden, die dadurch nicht aufgehoben wird, daß die Strafprozeßordnung für beide die gleiche Bezeichnung und Regelung gewählt hat. Fassen wir die Eindrücke der bisherigen Erörterungen in dieser Beziehung kurz zusammen, so scheint mir folgendes der Hervorhebung wert:

I. Bei der Neben-Anklage ist der Staat Partei; sein subjektives öffentliches Recht auf Bestrafung eines Verbrechers ist im Streit befangen. Bei der Bußklage ist der Bußkläger Partei; er macht einen eigenen, nur ihm zustehenden Anspruch

---

[216]) Das Verbot der reformatio in pejus gilt hier nach der richtigeren Meinung nicht. RGer. Entsch. Bd. 15, S. 439. Bennecke, S. 673. Löwe, § 445 Note 2b a. E., § 372 Note 2.

auf eine rein zivilrechtliche Entschädigung geltend. Kann man daran zweifeln, ob im Strafverfahren und folglich auch in der Neben-Anklage überhaupt Parteien vorhanden sind, so liegt in der Bußklage ein unbestreitbarer Fall eines Parteiprozesses vor.

II. Der Neben-Ankläger hat nur Prozeßbetriebsrechte; der Bußkläger hat eigene materielle Rechte, die nicht aus der StPO. folgen, sondern ihren Grund und ihre Begrenzung im bürgerlichen Rechte haben und durch die materiellen Strafgesetze vermittelt werden.

III. Der Neben-Ankläger erhebt keinen neuen Anspruch, er unterstützt nur den Staatsanwalt in der Durchsetzung des staatlichen jus puniendi; der Neben-Ankläger ist daher entbehrlich und kann in jedem Augenblicke ausscheiden: es werden trotzdem genau die gleichen Ansprüche weiter verhandelt und abgeurteilt; denn der Staatsanwalt kann auch allein seine Verfolgungsthätigkeit entfalten, und das Gericht kann auch von Amts wegen auf die vom Neben-Ankläger etwa aufgezeigten Gesichtspunkte kommen. Dagegen erhebt der Bußkläger einen völlig neuen Anspruch, der bisher nicht zur Diskussion stand, und bei dem er die Unterstützung des Staatsanwalts nicht genießt; er geht mit dem Staatsanwalt nicht Hand in Hand, sondern wandelt seine eigenen und selbständigen Wege; deshalb ist der Bußkläger unentbehrlich, ohne ihn kann der neue Anspruch nicht durchgeführt werden; denn das Gericht würde in private Dispositionsbefugnisse eingreifen, und der Staatsanwalt ist hier zu keinerlei Vertretung berufen, er kann weder allein, noch neben dem Bußkläger eine giltige Betriebshandlung vornehmen.

IV. Der Neben-Ankläger vertritt fremde Interessen, und nur als zweiter, sekundärer Vertreter; er steht, wenn auch nicht an Wichtigkeit, auf gleicher Stufe mit dem Staatsanwalt, ähnlich wie ein Nebenintervenient (cf. ZPO. § 66, da er einer Partei beitritt, wenn auch ohne rechtliches Interesse). Der Bußkläger vertritt eigene Interessen, als einziger Vertreter; er steht auf gleicher Stufe mit dem Staat, ähnlich wie ein Streitgenosse (cf. ZPO. § 59, da sie aus demselben thatsächlichen, wenn auch nicht rechtlichen, Grunde berechtigt sind).

V. Die Stellung des Neben-Anklägers ist durch das Gesetz nicht vollständig geregelt; soweit es an ausdrücklichen Vorschriften fehlt, greift die Analogie des Staatsanwaltes ein. Die

Stellung des Bußklägers ist im Gesetz ebenfalls höchst lückenhaft bestimmt; soweit es an Anhaltspunkten fehlt, greift die Analogie des Zivilklägers ein; doch darf der Betrieb der Hauptsache, des Strafverfahrens, zu dem der Bußprozeß nur einen Annex bildet, nicht darunter leiden.

VI. Der Neben-Anklage fehlt es an selbständiger Initiative; sie ist nicht bestimmt, ein besonderes gerichtliches Verfahren einzuleiten, das sonst unterblieben wäre. Die Bußklage dagegen giebt die Initiative zur Befassung mit einem andernfalls vernachlässigten Punkt; sie ist gerade bestimmt, ein eigenartiges Verfahren zu eröffnen.

VII. Der Neben-Ankläger braucht nur auf die öffentliche Klage zu verweisen und eine Anschlußbeziehung zu behaupten; ein klagbegründender Inhalt ist in seinen Ausführungen unnötig. Der Bußkläger muß eine Klagbegründung geben, er muß substanziieren, inwiefern und in welchen Beziehungen er Schaden erlitten habe, und muß einen Antrag mit Angabe einer bestimmten Summe stellen.

VIII. Der Neben-Ankläger braucht erst in der Rechtsmittelinstanz aufzutreten; die Neben-Anklage bedarf keiner ersten Instanz. Für die Bußklage ist die erste Instanz unentbehrlich; der Bußkläger muß sich daher stets in dieser melden.

IX. Der Neben-Ankläger kann schweigen und ausbleiben, selbst wenn es sich nur noch um den Austrag eines von ihm ergriffenen Rechtsmittels handelt. Sein Wegfall stört den Prozeß nicht. Der Staatsanwalt muß ohnehin auf dem Posten sein und den staatlichen Strafanspruch vertreten. Was der Neben-Ankläger Abweichendes vorbringen könnte, muß das Gericht auch von Amts wegen beachten. Soweit es nötig ist, sind die vom Neben-Ankläger gestellten Anträge aus dem Akteninhalt festzustellen.

Ganz anders steht es mit dem Bußkläger. Wenn er schweigt oder ausbleibt, so stockt der Bußprozeß. Ist die Strafsache noch anhängig, so wird lediglich diese zu Ende geführt; die Bußansprüche bleiben unerörtert und unerledigt. Ist die Strafsache bereits rechtskräftig entschieden und schwebt nur noch die Bußfrage, so ergeht freilich kein Kontumazurteil gegen den ausgebliebenen Kläger, aber das Bußverfahren wird eingestellt. (Vgl. oben S. 192.) Von Amts wegen hat das Gericht in dieser Sache nichts zu thun; es gelten für sie überhaupt nicht die die Thätigkeit der Behörden regelnden sog. „Grundprinzipien“ des Strafprozesses[217]) (wie Prinzip der Staatsanklage, Legalitätsprinzip, Immutabilitäts- oder Offizialprinzip, Prinzip der materiellen Wahrheit); und der Staatsanwalt hat seine Hand ganz davon zu lassen: weder hat er den Bußanspruch (insbesondere auch nicht seiner Höhe nach) zu vertreten, noch ihn zu bekämpfen, noch kann er in dieser Beziehung zu Gunsten des Angeklagten thätig werden. Die Bußeklage fällt also einfach unter den Tisch, wenn sich der Bußkläger nicht selbst rührt.

X. Die Frage nach der Parteifähigkeit des Neben-Anklägers ist ohne Bedeutung. Dagegen spielt die Parteifähigkeit des Bußklägers als besonderes Erfordernis eine Rolle (oben S. 92)[218]).

XI. Nach Zurücknahme der Neben-Anklage ist Neu-Anschluß gestattet, nach Zurücknahme der Bußklage nicht.

XII. Die Neben-Anklage steht — wenn man in kurzer Wendung die Situation zusammenfassen will — wohl „neben“ einer wirklichen Anklage, eben der öffentlichen des Staatsanwalts; aber sie ist keine „Klage“. Die Bußklage charakterisiert sich dagegen in jeder Richtung als „Klage“, aber sie steht nicht „neben“ einer auf das gleiche Ziel gerichteten, sondern adhäriert nur einem Verfahren mit ganz anderer Tendenz. —

Die vorgenommene Gegenüberstellung läßt wohl deutlich erkennen, wie unzweckmäßig es ist, wenn die StPO. zwei so grundverschiedene Institute mit demselben Namen belegt und scheinbar auch unter dieselben Regeln gestellt hat. Gemeinsam haben sie nur, daß es sich bei beiden um die Entfaltung einer Thätigkeit von Seiten des Verletzten innerhalb eines anhängigen Strafverfahrens handelt. Die Gegenüberstellung zeigt aber des weiteren auch deutlich, an welchen Punkten jedes Bemühen, die „Nebenklage“ des deutschen Strafprozesses einheitlich zu konstruieren, scheitern muß. Jede Auffassung als Klage, sei es als eine eigenartige[219]), sei es als eine mit der öffentlichen

---

[217]) Vgl. Birkmeyer, Strafprozeßrecht, § 15, III. S. 66ff.

[218]) Die Regeln über die Prozeßfähigkeit und die Vertretung Prozeßunfähiger sind bei beiden Instituten die gleichen, bis auf einen Punkt: die cura bonorum absentis, vgl. oben S. 91 zu Anm. 38. In diesem Falle ist nur die Neben-Anklage unseres § 11 D und zwar nur als der gesetzlich erforderte Untergrund für die gleichzeitig zu erhebende Bußklage zulässig.

[219]) Glaser, Handb. II S. 20. Zimmermann, Gerichtssaal Bd. 36,

Klage des Staatsanwalts inhaltlich identische[220]), paßt zwar auf die Bußklage, aber nicht auf die der Initiative ermangelnde Neben-Anklage[221]). Die strikte Leugnung des Klagcharakters[222]) geht andrerseits viel zu weit, wenn die Bußklage nicht ausdrücklich angenommen wird. Die Auffassung als „strafprozessuale Nebenintervention"[223]) giebt vollends nur ein Bild statt der Sache.

S. 497. Menzel, Privatklage, S. 1ff. Süß, Stellung der Parteien im modernen Strafprozeß, Wien 1898, S. 202.

220) Oppenheim, Nebenklage, S. 12ff.

221) Am besten dargethan von Stenglein, Gerichtssaal, Bd. 35, S. 271ff. Bd. 42, S. 161. Lehrbuch (1887), S. 360. Kommentar, 3. Aufl. S. 627f.

222) Eben Stenglein a. O. Seine Einwendungen, eine Klage müsse die Behauptung enthalten, es lägen rechtserzeugende Thatsachen vor; sie müsse das Verlangen aufweisen, dem durch die behaupteten Thatsachen erzeugten Recht zur Geltung zu verhelfen; sie müsse in der Entscheidung selbständige Beurteilung finden u. dgl. treffen nur die Neben-Anklage.

223) Freudenstein, System des Rechts der Ehrenkränkung, 1880. S. 193. v. Kries, Lehrbuch, S. 211. Dagegen treffend Süß, Stellung der Parteien, S. 203. Vgl. auch oben S. 79 Anm. 4.

Kriminalpolitische Schlußbemerkungen.

§ 20. Vorschläge zu künftiger Gestaltung der „Nebenklage".

Die historische Betrachtung hat uns zeigen können, daß die beiden uns interessierenden Bestrebungen des Verletzten, der Satisfaktionstrieb und der Reparationstrieb, durchaus verschiedenes Entgegenkommen bei der Gesetzgebung im Laufe der Zeiten gefunden haben.

Im römischen Recht ist der Geschädigte in allen Epochen zur Verfolgung seiner Genugthuungszwecke mit machtvollen Befugnissen ausgestattet, während die Erholung von Schaden nur im Zivilprozesse erlangt wird und im Strafverfahren keine Berücksichtigung findet. Der germanischen Anschauung gilt zunächst die ganze Strafverfolgung als private Sache des Verletzten, das Verfahren bietet uns von den früher unterschiedenen Typen (S. 5) den Typus II und ist daher auch für die gleichzeitige Durchsetzung des Reparationstriebes der geeignete und natürliche Boden. Aber im Mittelalter schwindet mehr und mehr die akkusatorische Form des Strafverfahrens, unter der die öffentlichen Interessen Not leiden, und nachdem das kanonische Recht dazu vorgeschritten ist, den Verletzten mit seinen Bestrebungen aus dem Kriminalprozeß zu eliminieren, läßt die Carolina ihm nur noch einen kümmerlichen Rest von Möglichkeit, um seinem Satisfaktionsgelüste nachzugehen. Daneben fristet sich die Berücksichtigung der Ersatzansprüche im Strafverfahren in der Praxis weiter durch, unbekümmert, ob auch die Gesetzgebungen von solchem Anschluß der Verletzten schweigen. Die Extreme der divergierenden Entwickelungen erreicht der gemeine deutsche Strafprozeß. Der dem Genugthuungstriebe allein gerecht werdende Akkusationsprozeß führt nur ein theoretisches Scheindasein, und in den Partikulargesetzgebungen wird ihm mit kräftigem Entschluß das Lebenslicht überhaupt ausgeblasen. Dagegen steht die Anerkennung der Reparationsansprüche im Flor; ein wohlgegliederter Adhäsionsprozeß bildet sich heraus, und die territorialen Ordnungen betonen es als Hauptzweck einer Kriminaluntersuchung, daß sie auch dem Beschädigten zum Ersatze verhelfe.

Das reformierte deutsche Strafverfahren führt zur Reaktion in beiden Beziehungen. Es legt zur Entlastung der Staatsanwaltschaft gewisse Arten der Strafverfolgung in die Hände des verletzten Privaten, und ringt sich — in Anknüpfung an vereinzelte Überreste des Akkusationsprozesses in einzelstaatlichen Kriminalordnungen, und trotz teilweiser völliger Verbannung dieser Prozeßformen (wie in Bayern und Hessen) — zu einem wohlverständlichen und billigenswerten Ausbau des Privatklageverfahrens durch. Aber die theoretischen Bestrebungen gehen in direkt staatsanwaltsfeindlicher Tendenz weit darüber hinaus, sie wollen den Verletzten zu einer Kontrollinstanz für die amtliche Thätigkeit machen. Was dagegen den Reparationstrieb des Verletzten angeht, so können wir ein Zurückweichen vom Standpunkt des Adhäsionsprozesses auf der ganzen Linie der partikulären Gesetzgebung beobachten. Während schließlich nur noch Österreich an dem alten Institut festgehalten hat, ist es im Deutschen Reich in den Beratungen der Entwürfe zur StPO. stillschweigend zu Grabe getragen.

Der Reichsstrafprozeß hält nur, was die vorhergehende Epoche versprach. Der Adhäsionsprozeß ist gestrichen, aber dem Satisfaktionstrieb ist weiter Raum gegeben. Schwankte man anfangs noch, ob man nicht den privaten accusator als Ersatz des widerwilligen Staatsanwalts aufnehmen und als Surrogat der verweigerten öffentlichen Anklage die subsidiäre Privatanklage zulassen solle, so entschloß man sich schließlich doch aus doktrinären Erwägungen zu Zwangs- und Druckmaßregeln gegen eine Behörde, die doch in ihren Entschließungen nur durch ihr Pflichtgefühl und nicht durch Zweckmäßigkeitserwägungen geleitet wird. Zu diesen Zwangs- und Druckmaßregeln (vgl. §§ 170ff., 206) gehört auch die Neben-Anklage. Praktisch selten angewendet und unbeliebt bei Gericht und Staatsanwaltschaft, legislativ undurchdacht und ungenügend ausgebaut — hat sie theoretisch nur den einen Wert, zu einer schärferen Beleuchtung der Einrichtung der Staatsanwaltschaft anzuregen und zu reinlicher Scheidung zwischen den der

Amtsstellung und den der Parteistellung dieser Behörde entfließenden Rechten und Pflichten zu nötigen.

Nach den Motiven hat für die Nichtaufnahme des Adhäsionsprozesses die Verschiedenheit des Rechtsmittelsystems im bürgerlichen und kriminellen Verfahren den Ausschlag gegeben. Inkonsequenter Weise hat man gleichwohl für die Fälle der Buße die Verbindung zugelassen. Sind aber hier die Unterschiede im Instanzenzug gleichgiltig, so werden sie es auch in allen anderen Fällen sein, in denen der durch eine strafbare Handlung Verletzte aus diesem Rechtsgrunde zivilrechtliche Ansprüche ableitet. Der schlechte Erfolg, den auch die Buße im Rechtsleben zu verzeichnen hat, ist freilich auf diesen Punkt und auf die Abweichungen von der zivilprozessualen Kompetenz am wenigsten zurückzuführen. Die Gründe dafür, daß Bußklagen überaus selten erhoben werden, dürften vielmehr die folgenden sein. Einmal tritt der Umstand, daß im Bußprozesse nur eine Summe, keine Rente, und auch die Summe nur in beschränkter Höhe verlangt werden kann, in vielen Fällen der Geltendmachung entgegen. Sodann bildet ein Hindernis die unglaubliche Unbekanntschaft unserer Mitbürger mit den rechtlichen Einrichtungen: ist es doch selbst dem gebildeten Laien oft genug schwer, die Zivil- und Kriminaljurisdiktion auseinander zuhalten, und sind doch vollends die Ungebildeten hierüber so sehr im Unklaren, daß sie z. B. die meisten Betrugsanzeigen in der Erwartung erstatten, nunmehr durch den Staatsanwalt ihr Geld zu bekommen. Eine weitere Schwierigkeit bildet die Lückenhaftigkeit und Unsicherheit der prozessualen Regelung durch §§ 443—445 StPO., während auf dem Zivilrechtswege alles wohlbekannt und klar ist. Endlich aber muß abschreckend wirken die zwangsweise Zusammenkoppelung der Bußklage mit der Neben-Anklage.

Der Hauptfehler des Reichsstrafprozesses in der uns interessierenden Beziehung ist es, daß für die beiden Bestrebungen des Verletzten eine und die nämliche Rechtsform zur Verfügung gestellt wird. Da sowohl der Satisfaktions- wie der Reparationstrieb sich in die Form der Nebenklage fügen müssen, so haben wir unter der gemeinschaftlichen Einkleidung als Nebenkläger bald eine Person zu erwarten, die eigene materielle Rechte geltend macht, bald eine solche, die nur Prozeßbetriebsrechte hat. Diese Zwiespältigkeit des ganzen Begriffs der Nebenklage ist eine notwendige und durchaus unglückliche Konsequenz aus der Mißachtung der geschichtlich gegebenen Trennung der beiden Tendenzen, aus der unhistorischen und unlogischen Zusammenwürfelung inhaltlich verschiedener Dinge.

Eine Verbesserung des geltenden Rechts wird damit zu beginnen haben, daß Neben-Anklage und Bußeklage von einander getrennt werden. Die ganze Neben-Anklage wird aber ferner über Bord zu werfen sein. Der Satisfaktionstrieb des Verletzten hat seine guten Seiten, sobald er in den Dienst öffentlicher Interessen gestellt wird. Wenn aber alle Rücksichten, die vom Gesichtspunkt des Staates und der Gesellschaft zu nehmen sind, bereits in einem eigenen behördlichen Organ ihre Vertretung finden, und wenn diese Behörde im konkreten Fall den Übelthäter thatsächlich verfolgt, so kann jedes weitere Überschießen des Satisfaktionstriebes nur selbstischen und über die Einzelperson nicht hinausgehenden Erwägungen entspringen. Hier sind den Genugthuungsgelüsten des Verletzten feste Zügel anzulegen, und eine Gesetzgebung, die ihm sogar die Kontrolle über die Staatsanwaltschaft überläßt, dürfte ethisch nicht zu rechtfertigen sein. Verfolgt bereits der Staatsanwalt den Verbrecher, so ist der Gekränkte im Prozeß überflüssig und lästig. Anders dagegen, wenn der Staatsanwalt die Verfolgung ablehnt. Hier mag die subsidiäre Privatklage als bester Ersatz der Neben-Anklage eingreifen. Man mag außerdem ruhig in einer größeren Zahl von Fällen als bisher den Staatsanwalt seiner Verpflichtung entheben, selbst ohne jedes öffentliche Interesse einzuschreiten. So würde ich mir an Stelle der heutigen „Nebenklage" das Folgende denken.

I. Erweiterung der prinzipalen Privatanklage. Das Verfahren, wie es jetzt die §§ 415—434 StPO. regeln, könnte etwa auf folgende Fälle ausgedehnt werden: gefährliche Körperverletzung (§ 223a), ausgenommen Messerstecherei; Hausfriedensbruch (§ 123, auch Abs. 3); Sachbeschädigung (§ 303); Bedrohung (§ 241); Pfandbruch (§ 289); Jagdfrevel (§§ 292, 293); unberechtigtes Fischen (§§ 370 Ziffer 4; 296); Brieferöffnung (§ 299); Ehebruch (§ 172). Auch folgende Übertretungen könnten herbezogen werden: § 366 Ziffer 3, 6, 7 und 8; § 367 Ziffer 10; § 370 Ziffer 1 bis 6. In allen diesen Fällen würde dann der Staatsanwalt die öffentliche Klage nur nach Opportunitätsgrundsätzen

(„wenn es im öffentlichen Interesse liegt") erheben. Der Verletzte könnte unter Umgehung der Staatsanwaltschaft allein oder im Beistande eines Anwalts zur Privatklage schreiten, oder auch zunächst jene anrufen. Die Staatsanwaltschaft dürfte wegen öffentlichen Interesses intervenieren und die private in die öffentliche Anklage überführen. Alsdann hätte der Verletzte aus dem Verfahren endgültig auszuscheiden und wäre nicht etwa als Nebenkläger ex lege beizubehalten. Der Privatkläger dürfte in diesem Falle aber nicht, wie es jetzt der Fall ist, mit den Kosten des bisherigen Verfahrens belastet bleiben.

II. Subsidiäre Privatklage. Das Verfahren aus § 170ff. und § 435 Abs. 2 StPO. hätte zu entfallen. Wenn in irgend welchen Fällen, bei denen Interessen eines einzelnen verletzt oder gefährdet sind, die Staatsanwaltschaft die Verfolgung ablehnt, so würde zunächst der Verletzte (im Falle der Tötung seine Erben) an die vorgesetzte Behörde Beschwerde einlegen können. Nach deren endgiltiger abweisender Erledigung sollte ihm das Recht zustehen, binnen einem Monat eine Anklage zu erheben, für welche Anwaltszwang bestände. Die Staatsanwaltschaft hätte hier ganz auszuscheiden — der Rechtsanwalt würde an ihrer Statt in ihre Parteistellung einrücken (aber nicht in ihre Amtsstellung, so daß z. B. Rechtsmittel zu Gunsten des Angeklagten ausgeschlossen wären). Die Stellung des Gerichtes wäre genau die sonstige; insbesondere könnte die Eröffnung des Hauptverfahrens abgelehnt werden, und es würde sofortige Beschwerde dagegen zustehen.

III. Adhäsionsprozeß. Wenn durch den in der Strafsache erhobenen Beweis zugleich für irgend welche — nicht einem exzeptionellen Verfahren, wie in Ehesachen, vorbehaltene — Zivilansprüche aus Delikten der Beweis hergestellt würde, oder wenn für die zivilrechtlichen Zwecke eine Beweisergänzung ohne Terminsverlegung möglich wäre, so sollte ohne weiteres der Strafrichter auf Klage des Verletzten über die Zivilansprüche mitentscheiden. Die singulären, durch die ZPO. und das BGB. überholten Bußbestimmungen wären als antiquiert abzuschaffen und jedem beliebigen bürgerlich-rechtlichen Anspruch aus unerlaubter Handlung freie Bahn zu lassen. Höchstens wäre ein Maximalbetrag für die im Adhäsionsprozeß zulässigen Forderungen angebracht; jedoch möchte die Zuerkennung einer Rente zulässig sein. Auch

Auch erscheint die Möglichkeit eines Teilurteils und einer Vorabentscheidung über den Grund des Entschädigungsanspruches als wünschenswert. Ich halte das Bedürfnis zu solcher Vereinfachung der Rechtspflege für so dringend, daß ich, ohne von dem Erfordernis der Klagerhebung in erster Instanz abzugehen, doch auch eine nachträgliche Adhäsion nach bereits erlassenem Urteil zulassen möchte: nämlich dann, wenn sofort und ohne jeden Eintritt in Beweisverhandlungen die Verpflichtung zum Schadensersatz — sei es ziffermäßig, sei es auch nur dem Grunde nach — durch Urteilsergänzung ausgesprochen werden könnte und der Angeklagte keine Einreden vorbrächte.

Ich hoffe hiermit Forderungen ausgesprochen zu haben, die zum besten Teil dem Rechtsgefühl unseres Volkes nicht fremd sind und unser Strafverfahren auf eine volkstümlichere und allgemeiner verständliche Basis stellen würden.

FSC
www.fsc.org
MIX
Papier | Fördert gute Waldnutzung
FSC® C083411

Kolibri 360 GmbH
Ferdinand-Jühlke-Straße 7
99095 Erfurt, Deutschland
produktsicherheit@kolibri360.de